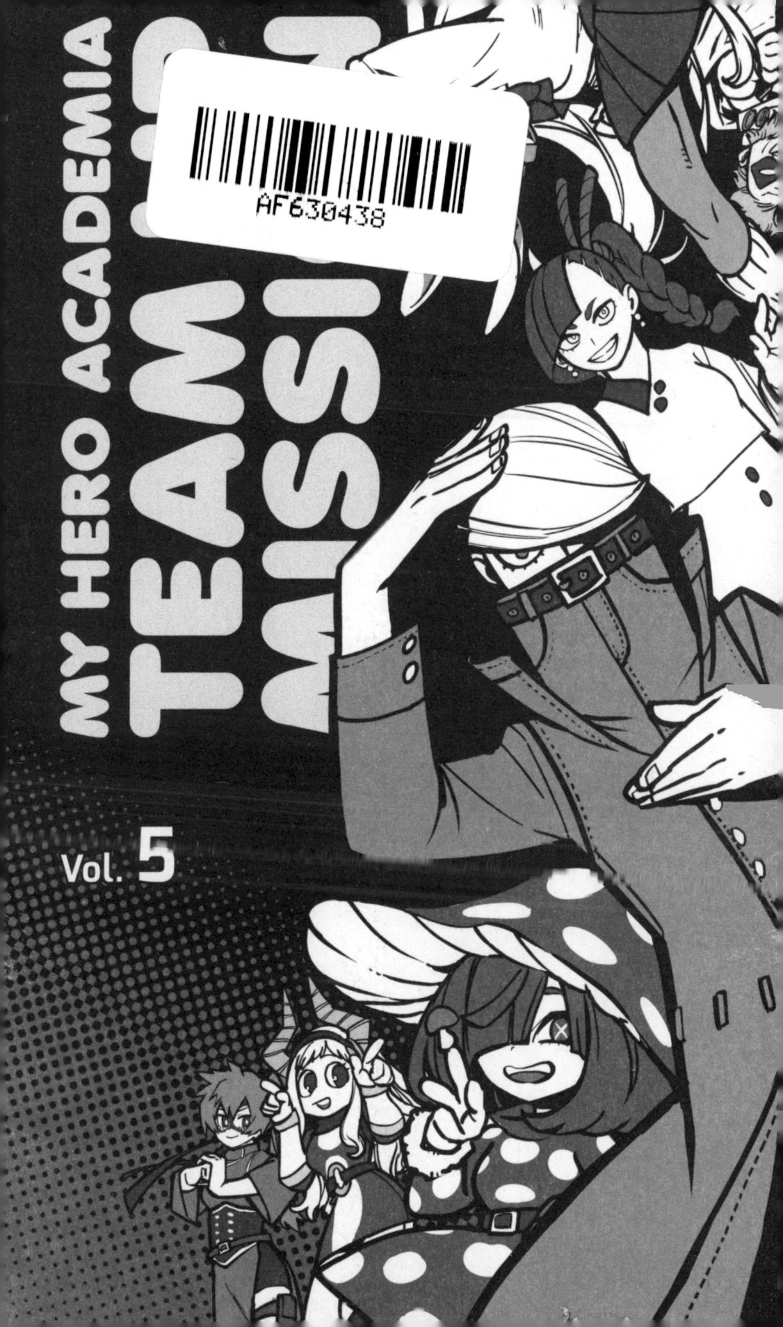
MY HERO ACADEMIA
Vol. 5

Handlung dieser Geschichte ist frei
ınden. Ähnlichkeiten mit lebenden Personen,
len Organisationen oder Ereignissen sind
ı zufällig und unbeabsichtigt.

RLSEN MANGA

ckersstraße 14–20, 22765 Hamburg
dem Japanischen von Antje Bockel

t published in Japan in 2019
SHUEISHA Inc., Tokyo.
man translation rights in Germany,
tria, Luxembourg and German-speaking
itzerland arranged by SHUEISHA Inc.
ough VME PLB SAS, France.

laktion: Anne Berling
tbearbeitung: Steffen Haubner
fik: Sonnenfisch Production – Laura Bartels
duktionsmanagement: Wiebke Düsedau

N: 978-3-551-77710-2

MIX
Papier | Fördert gute Waldnutzung
FSC® C083411
FSC
www.fsc.org

Wir produzieren nachhaltig

- Klimaneutrales Produkt
- Papiere aus nachhaltigen und kontrollierten Quellen
- Hergestellt in Europa

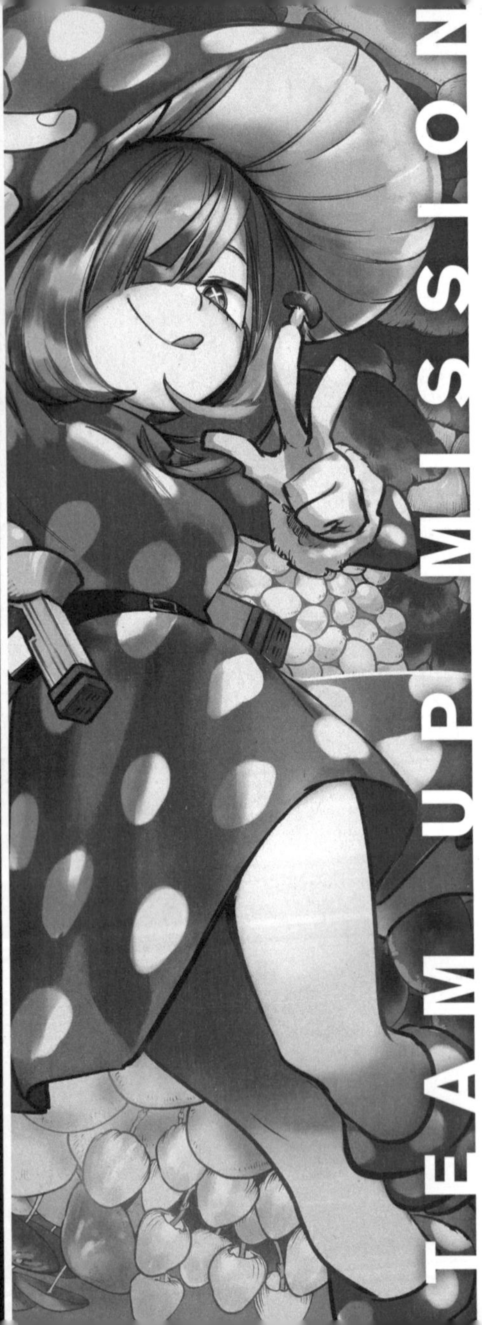

MY HERO ACADEMIA TEAM UP MISSION 5

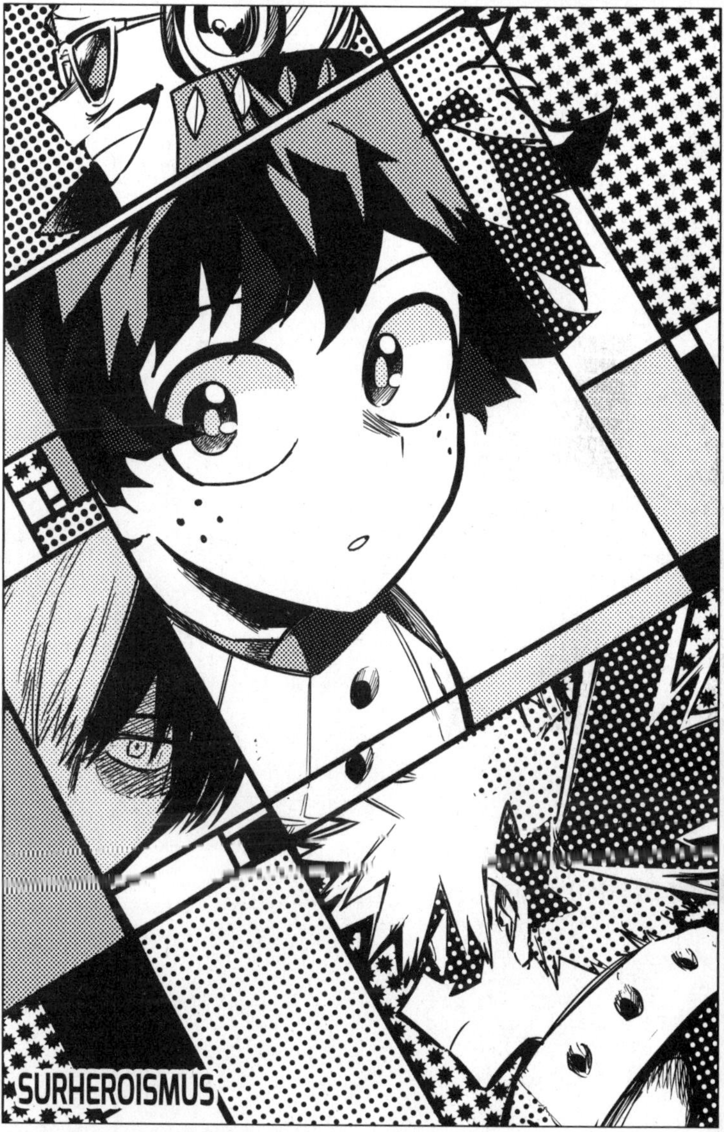

YOKO AKIYAMA

MY HERO ACADEMIA
ORIGINAL VON KOHEI HORIKOSHI

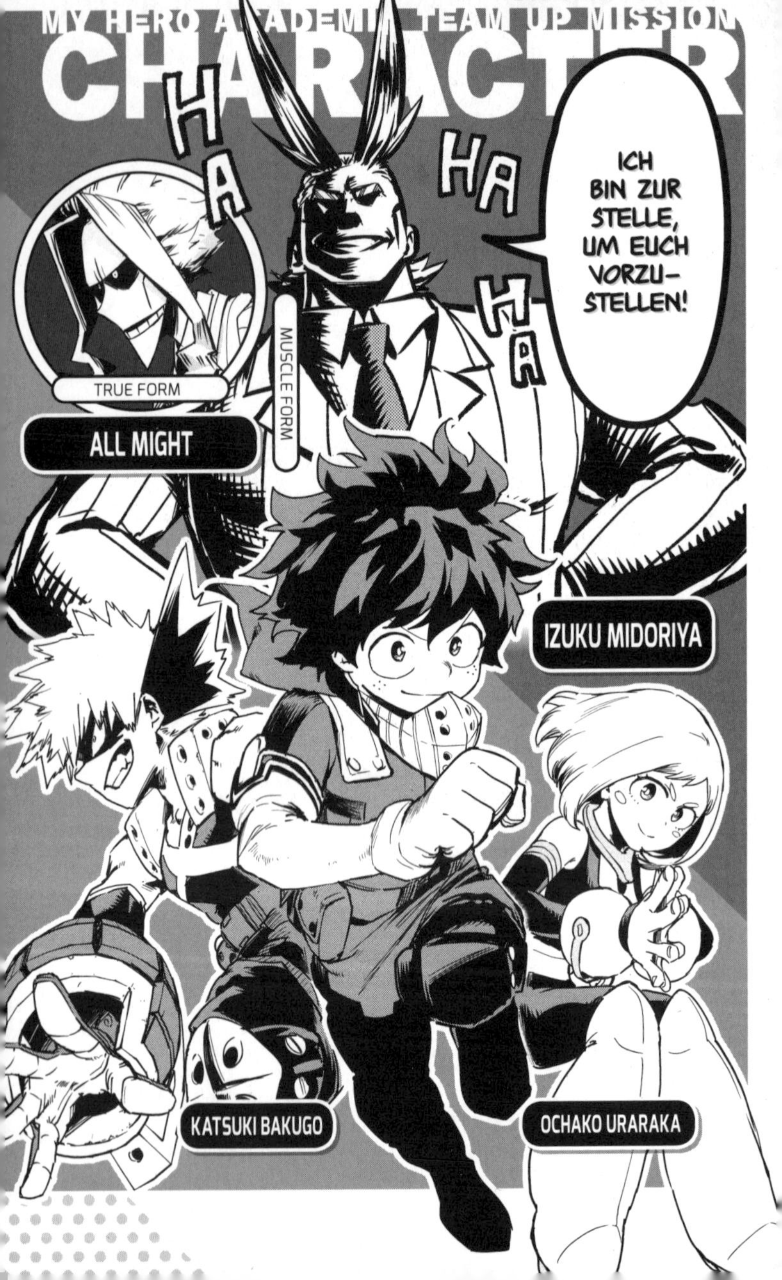
MY HERO ACADEMIA TEAM UP MISSION
CHARACTER
ICH BIN ZUR STELLE, UM EUCH VORZUSTELLEN!
HA
HA
HA
TRUE FORM
MUSCLE FORM
ALL MIGHT
IZUKU MIDORIYA
KATSUKI BAKUGO
OCHAKO URARAKA

STORY

MY HERO ACADEMIA

EINES TAGES BEGANNEN SICH BEI DEN MENSCHEN PARANORMALE PHÄNOMENE ZU ZEIGEN. MAN NANNTE DIESE ANLAGEN »MACKEN«, UND NACH UND NACH ENTSTAND EINE GESELLSCHAFT VON SUPERHELDEN, IN DER DIE MEISTEN MENSCHEN IRGENDEINE BESONDERE VERANLAGUNG BESITZEN. ALLERDINGS FÜHRTE DAS AUCH ZU EINER ZUNAHME DER KRIMINALITÄT DURCH SCHURKEN, DIE AUFGRUND IHRER KRÄFTE ZU VERBRECHEN VERLEITET WURDEN. DOCH GLEICHZEITIG TAUCHTEN DIE »HELDEN« AUF, UM DIE BEVÖLKERUNG VOR VERBRECHEN ZU BESCHÜTZEN. SIE MACHTEN DIESE TÄTIGKEIT ZU IHREM BERUF UND BEWAHREN SEITHER DEN FRIEDEN.

WAS SIND TEAM UP MISSIONS?

NACH DEM FAKTISCHEN RÜCKZUG VON ALL MIGHT, DER FÜR LANGE ZEIT ALS »SYMBOL DES FRIEDENS« EINEN ENTSCHEIDENDEN BEITRAG ZUR VERBRECHENSABSCHRECKUNG GELEISTET HATTE, WERDEN DIE STIMMEN IMMER LAUTER, DIE EINE NACHFOLGENDE HELDENGENERATION FORDERN. UM DARAUF ZU REAGIEREN, WIRD MIT DER »TEAM UP MISSION« EIN NEUES SYSTEM EINGEFÜHRT, IN DESSEN ZENTRUM DIE SCHÜLER STEHEN. DIE SCHULEN DES GANZEN LANDES ARBEITEN MIT PROFIHELDEN ZUSAMMEN UND STARTEN EIN TRAINING, DESSEN ZIEL ES IST, DAS TEAMWORK ZU VERSTÄRKEN!

U.A. HIGH SCHOOL

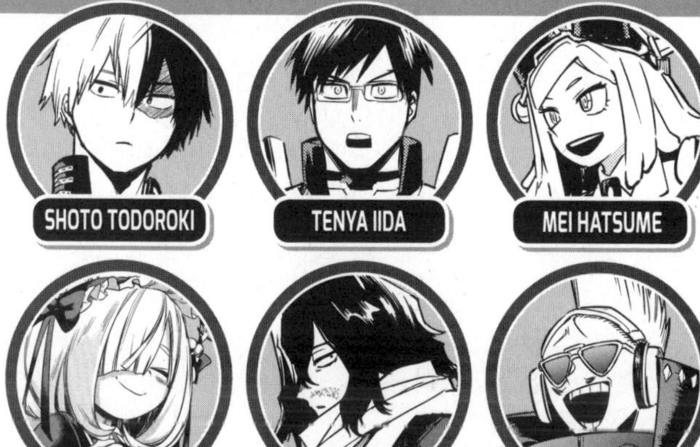

UND VIELE, VIELE ANDERE FREUNDE!

HELDEN

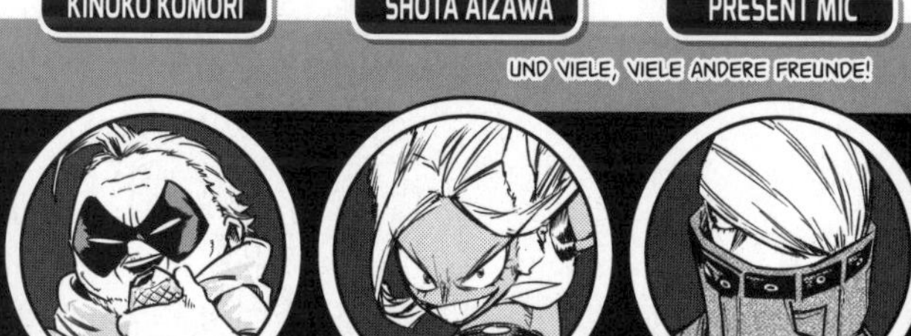

MY HERO ACADEMIA
TEAM UP MISSION 5

INHALT

Mission 24 DIE TRAUMINSEL ▶▶▶▶▶▶ 008

Mission 25 GROSSREINEMACHEN IN DER U.A. ▶▶▶▶▶▶ 032

Mission 26 SCHNUPPERTAG AN DER U.A. ▶▶▶▶▶▶ 056

Mission 27 SURHEROISMUS ▶▶▶▶▶▶ 080

Mission 28 PILZ-FANS ▶▶▶▶▶▶ 106

Mission 29 MOCHITSUKI RUSH ▶▶▶▶▶▶ 130

Mission 30 Die Freizeit nutzen ▶▶▶▶▶▶ 154

Mission 31 STRENGE MASSREGELUNG UND EINZIGARTIGE KLEIDUNG ▶▶▶▶▶▶ 178

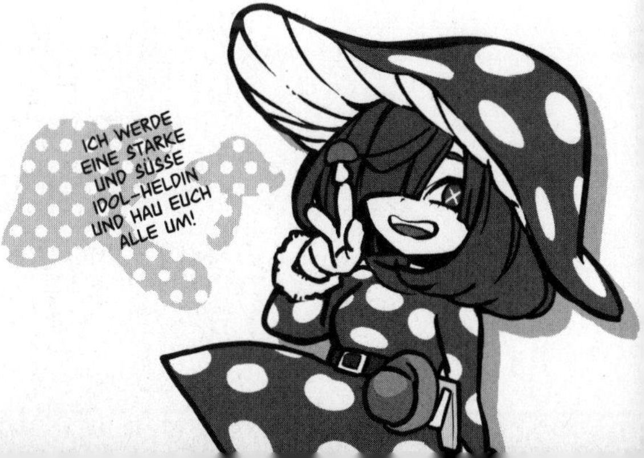
ICH WERDE
EINE STARKE
UND SÜSSE
IDOL-HELDIN
UND HAU EUCH
ALLE UM!

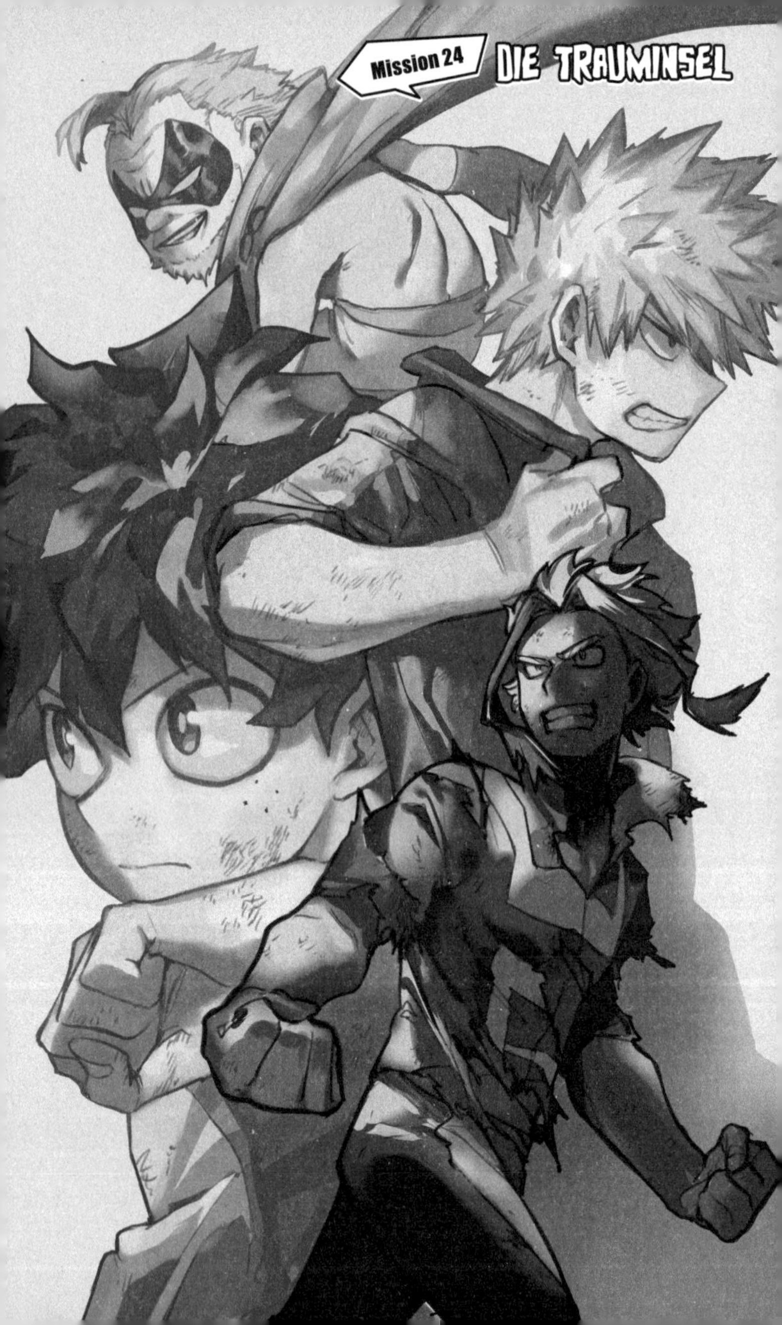
Mission 24
DIE TRAUMINSEL

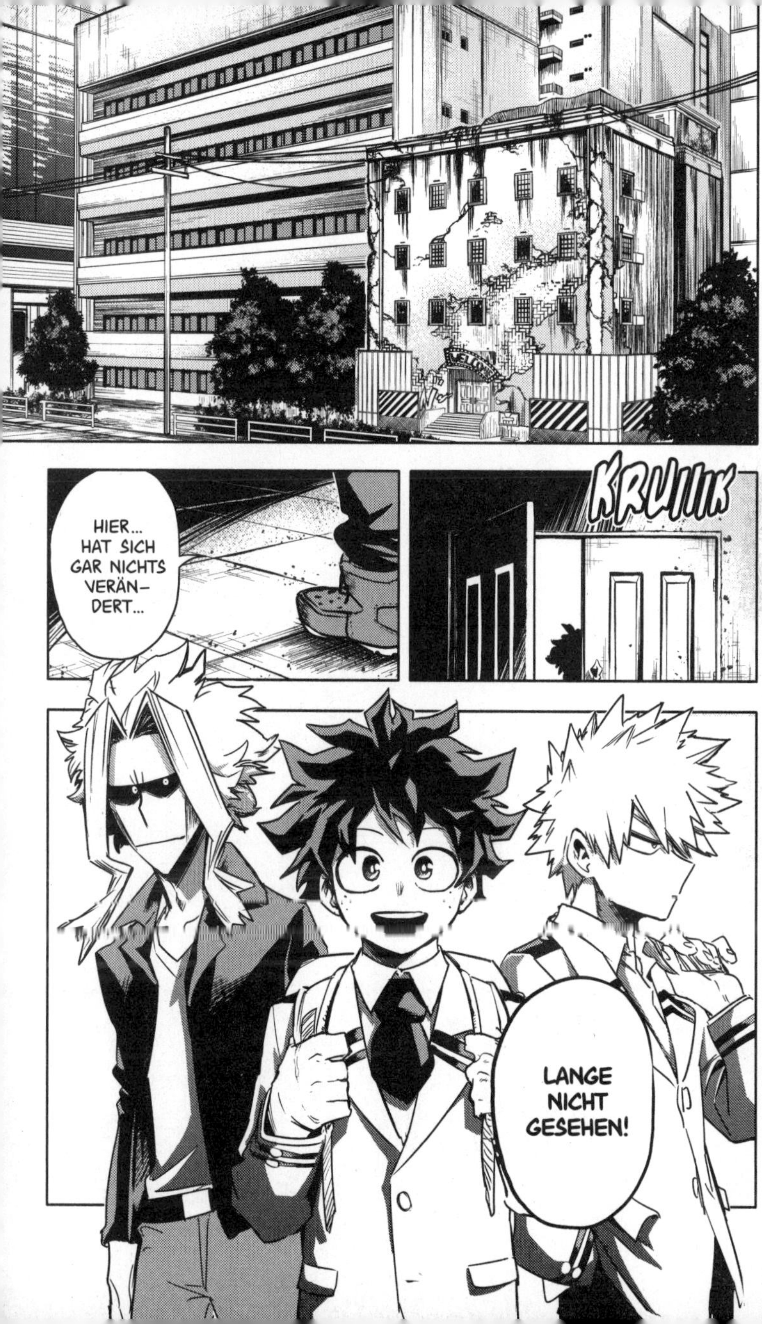
HIER… HAT SICH GAR NICHTS VERÄN-DERT…
KRUIIIK
LANGE NICHT GESEHEN!

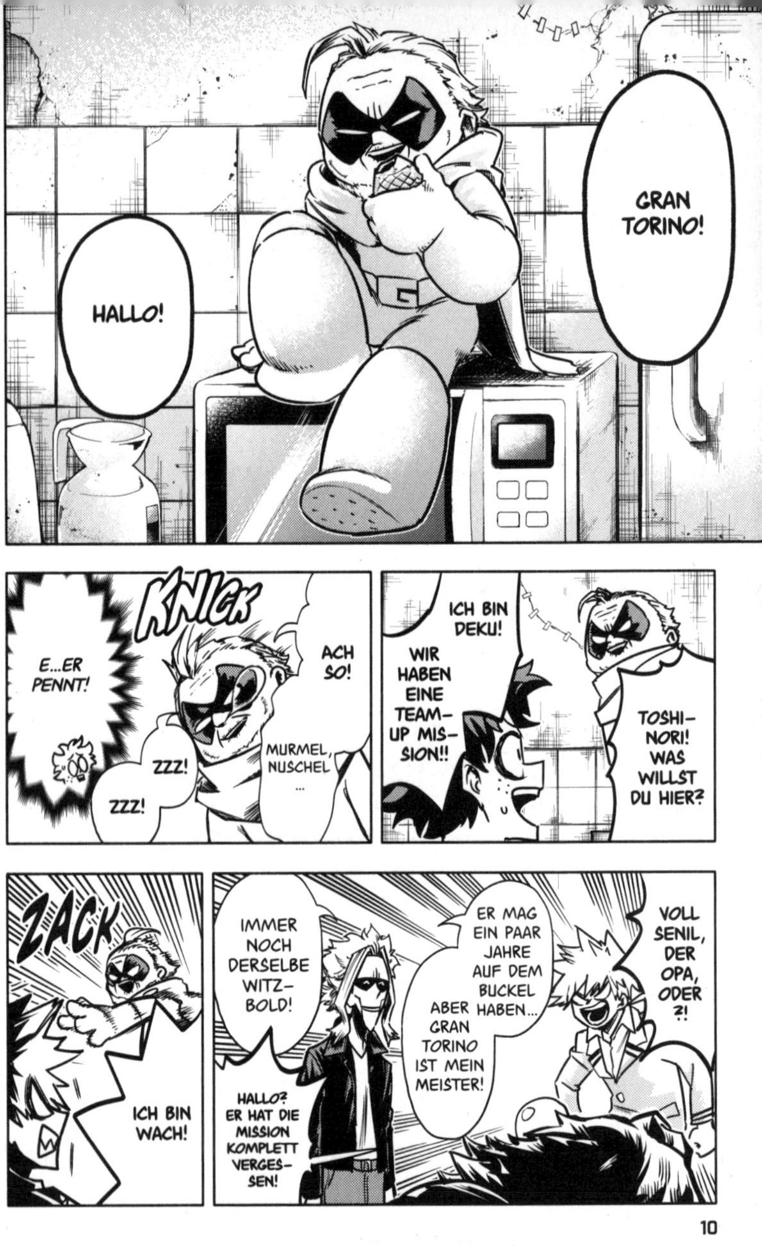
GRAN TORINO!
HALLO!
TOSHINORI! WAS WILLST DU HIER?
ICH BIN DEKU!
WIR HABEN EINE TEAM-UP MISSION!!
ACH SO!
KNICK
MURMEL, NUSCHEL ...
ZZZ!
ZZZ!
E...ER PENNT!
VOLL SENIL, DER OPA, ODER?!
ER MAG EIN PAAR JAHRE AUF DEM BUCKEL HABEN...
ABER GRAN TORINO IST MEIN MEISTER!
IMMER NOCH DERSELBE WITZBOLD!
HALLO? ER HAT DIE MISSION KOMPLETT VERGESSEN!
ZACK
ICH BIN WACH!

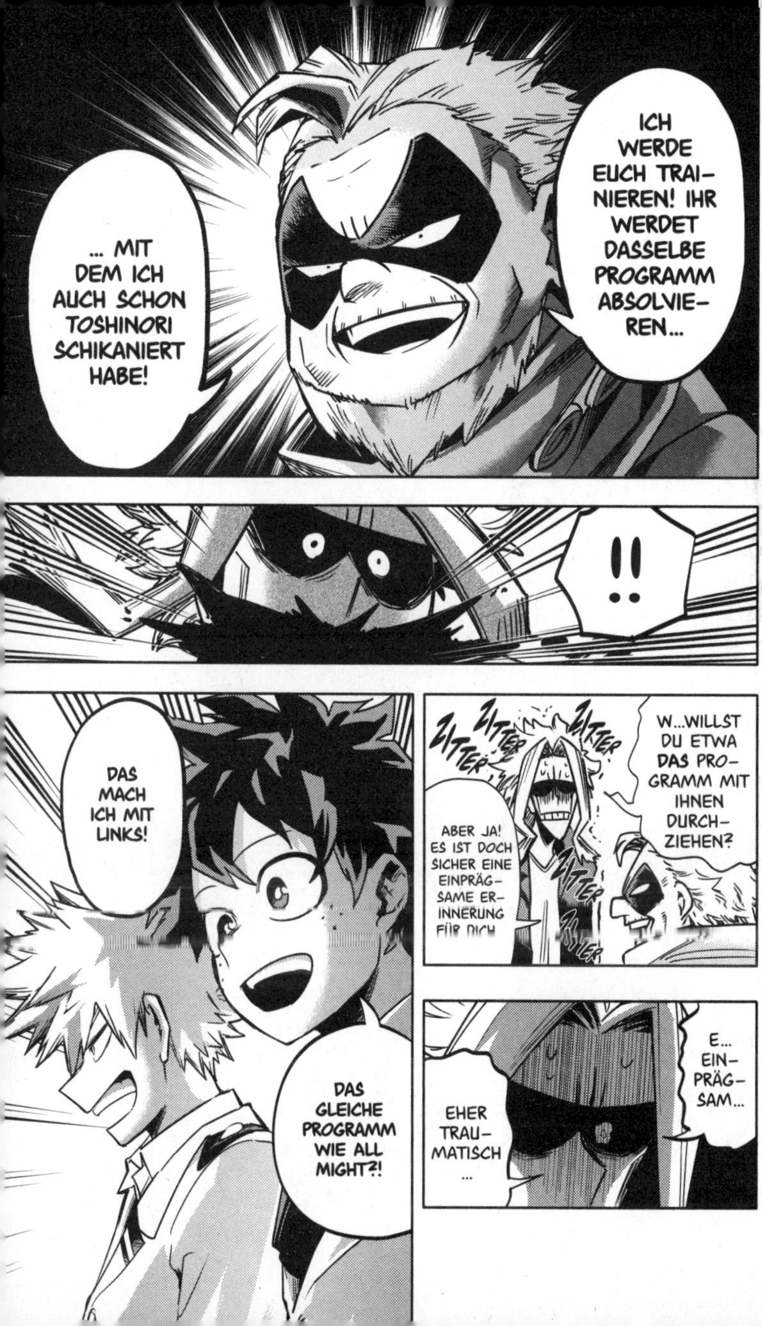
ICH WERDE EUCH TRAI-NIEREN! IHR WERDET DASSELBE PROGRAMM ABSOLVIE-REN...
... MIT DEM ICH AUCH SCHON TOSHINORI SCHIKANIERT HABE!
!!
W...WILLST DU ETWA DAS PRO-GRAMM MIT IHNEN DURCH-ZIEHEN?
ZITTER ZITTER ZITTER ZITTER
ABER JA! ES IST DOCH SICHER EINE EINPRÄG-SAME ER-INNERUNG FÜR DICH
E... EIN-PRÄG-SAM...
EHER TRAU-MATISCH ...
DAS MACH ICH MIT LINKS!
DAS GLEICHE PROGRAMM WIE ALL MIGHT?!

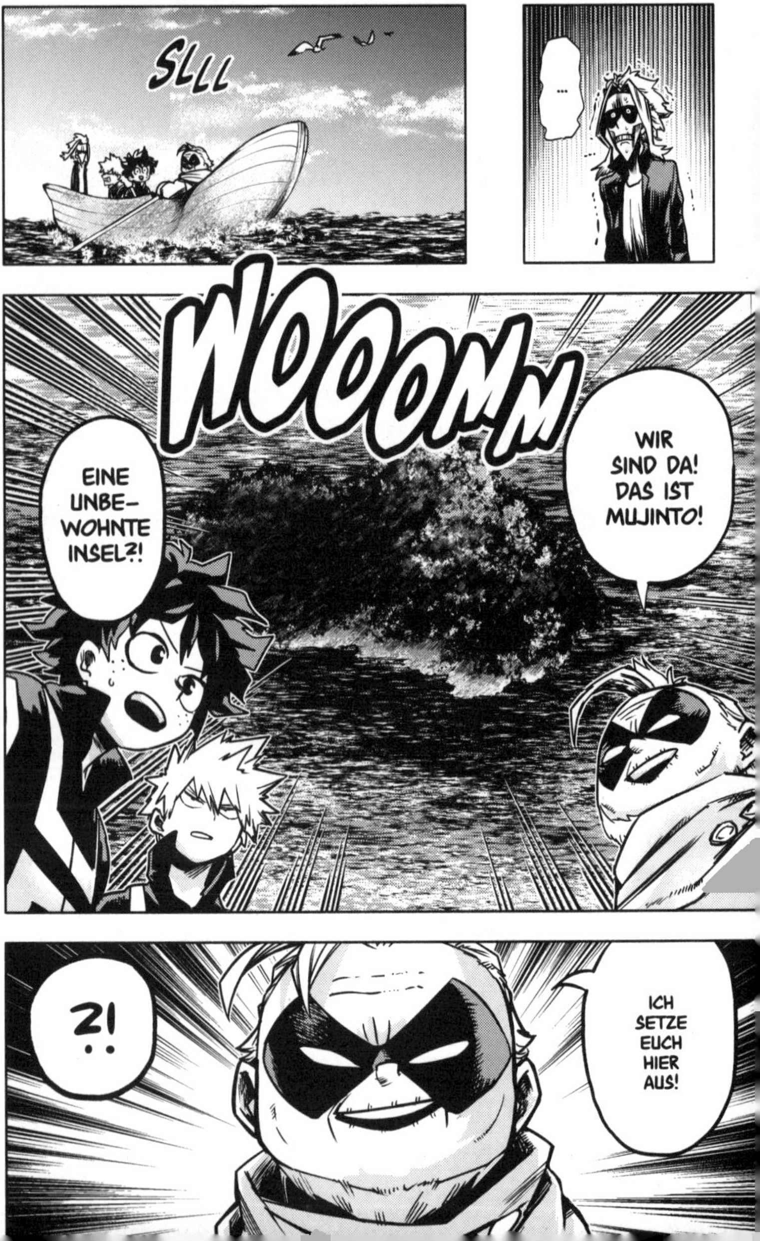
SLLL
...
WOOOMM
WIR SIND DA! DAS IST MUJINTO!
EINE UNBE-WOHNTE INSEL?!
ICH SETZE EUCH HIER AUS!
?!

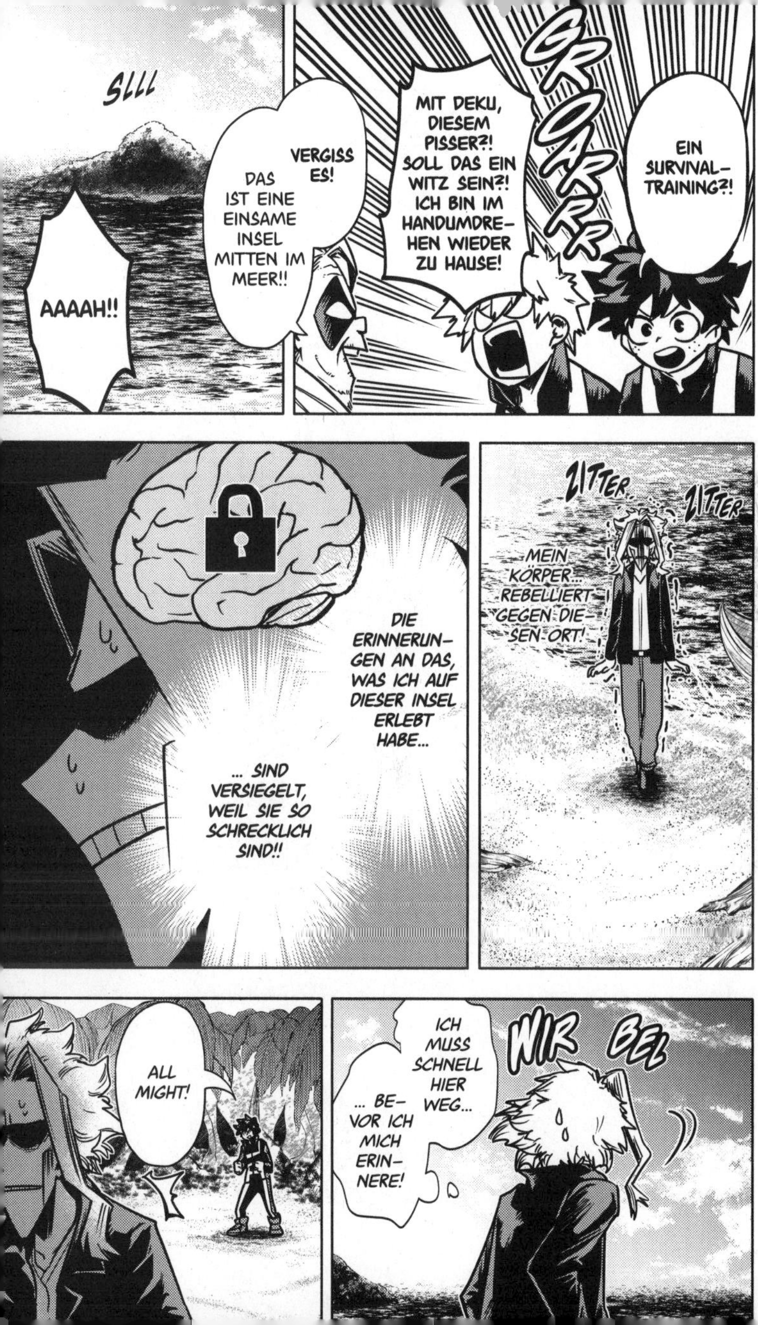
EIN SURVIVAL-TRAINING?!
GROARRR
MIT DEKU, DIESEM PISSER?! SOLL DAS EIN WITZ SEIN?! ICH BIN IM HANDUMDREHEN WIEDER ZU HAUSE!
VERGISS ES!
DAS IST EINE EINSAME INSEL MITTEN IM MEER!!
SLLL
AAAAH!!
ZITTER
ZITTER
MEIN KÖRPER... REBELLIERT GEGEN DIESEN ORT!
DIE ERINNERUNGEN AN DAS, WAS ICH AUF DIESER INSEL ERLEBT HABE...
... SIND VERSIEGELT, WEIL SIE SO SCHRECKLICH SIND!!
WIR BEL
ICH MUSS SCHNELL HIER WEG...
... BEVOR ICH MICH ERINNERE!
ALL MIGHT!

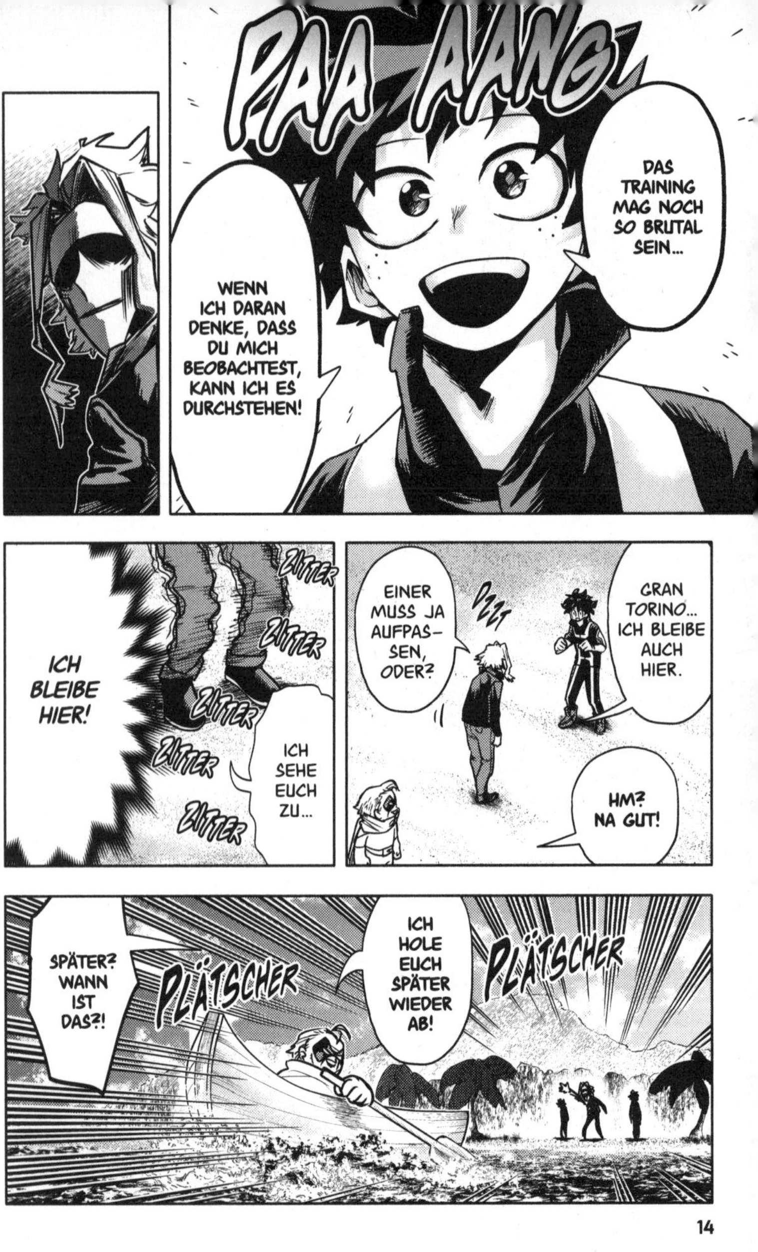
PAAAANG
DAS TRAINING MAG NOCH SO BRUTAL SEIN...
WENN ICH DARAN DENKE, DASS DU MICH BEOBACHTEST, KANN ICH ES DURCHSTEHEN!
GRAN TORINO... ICH BLEIBE AUCH HIER.
DZZT
EINER MUSS JA AUFPAS-SEN, ODER?
HM? NA GUT!
ZITTER
ZITTER
ZITTER
ZITTER
ZITTER
ICH SEHE EUCH ZU...
ICH BLEIBE HIER!
PLÄTSCHER
ICH HOLE EUCH SPÄTER WIEDER AB!
PLÄTSCHER
SPÄTER? WANN IST DAS?!

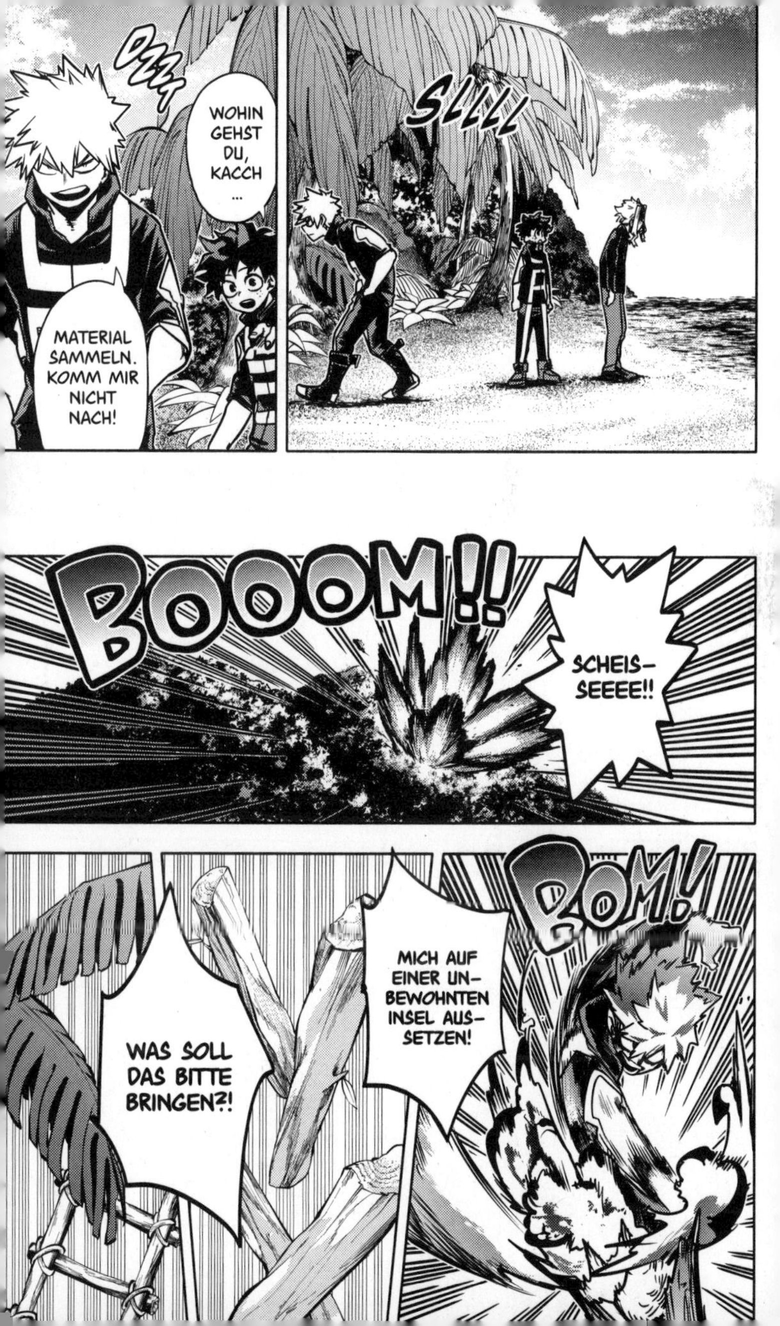
SLLLL
WOHIN GEHST DU, KACCH ...
MATERIAL SAMMELN. KOMM MIR NICHT NACH!
BOOOM!!
SCHEIS-SEEEE!!
BOM!
MICH AUF EINER UN-BEWOHNTEN INSEL AUS-SETZEN!
WAS SOLL DAS BITTE BRINGEN?!

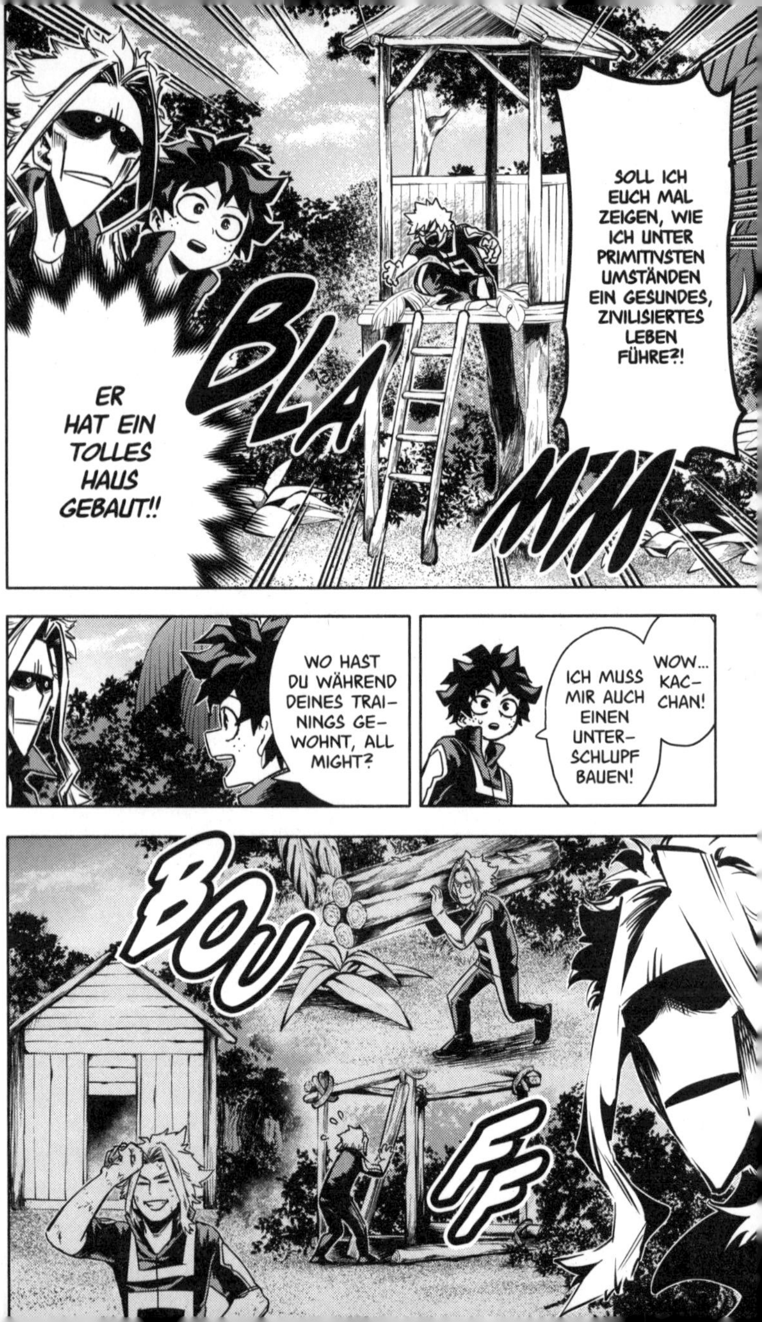
SOLL ICH EUCH MAL ZEIGEN, WIE ICH UNTER PRIMITIVSTEN UMSTÄNDEN EIN GESUNDES, ZIVILISIERTES LEBEN FÜHRE?!
BLAMM
ER HAT EIN TOLLES HAUS GEBAUT!!
WOW... KACCHAN!
ICH MUSS MIR AUCH EINEN UNTERSCHLUPF BAUEN!
WO HAST DU WÄHREND DEINES TRAININGS GEWOHNT, ALL MIGHT?
BOUFF

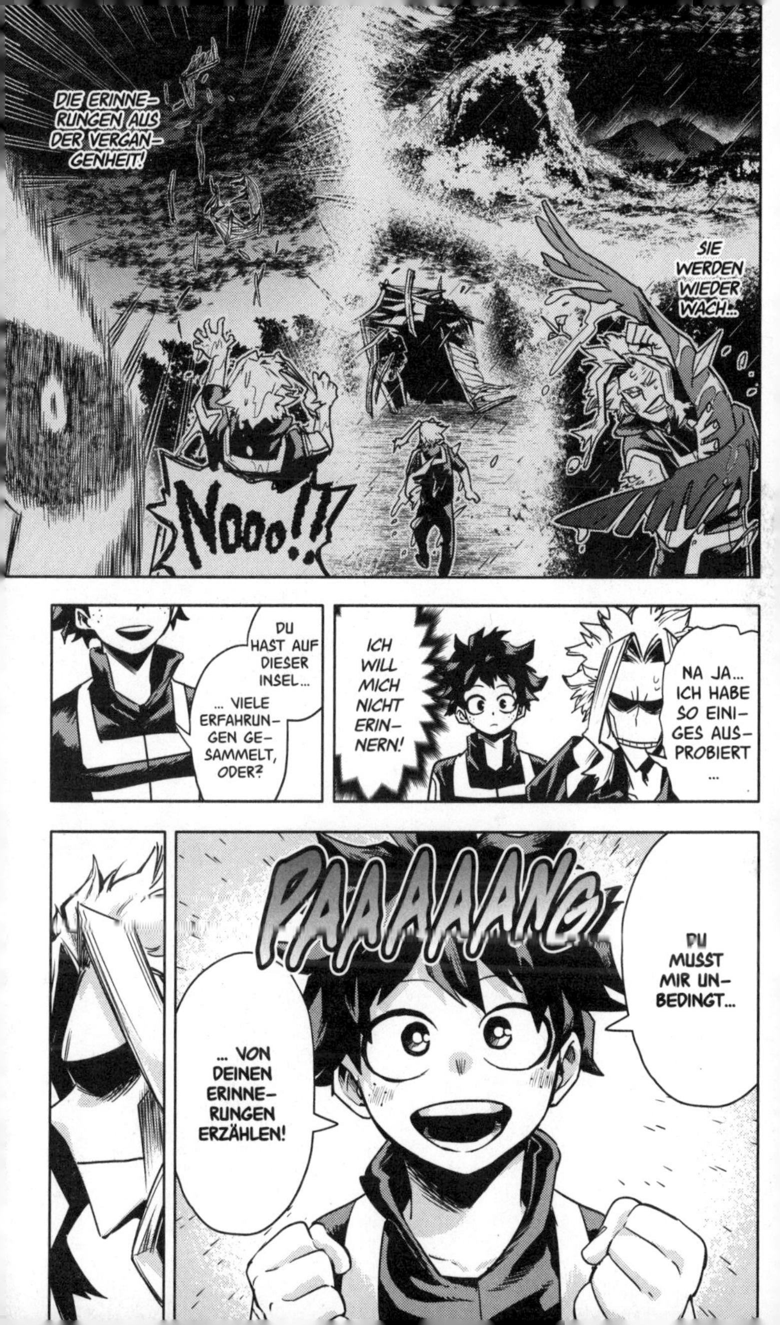
SIE WERDEN WIEDER WACH...
DIE ERINNERUNGEN AUS DER VERGANGENHEIT!
NOOO!!
NA JA... ICH HABE SO EINIGES AUSPROBIERT ...
ICH WILL MICH NICHT ERINNERN!
DU HAST AUF DIESER INSEL...
... VIELE ERFAHRUNGEN GESAMMELT, ODER?
PAAAAANG
DU MUSST MIR UNBEDINGT...
... VON DEINEN ERINNERUNGEN ERZÄHLEN!

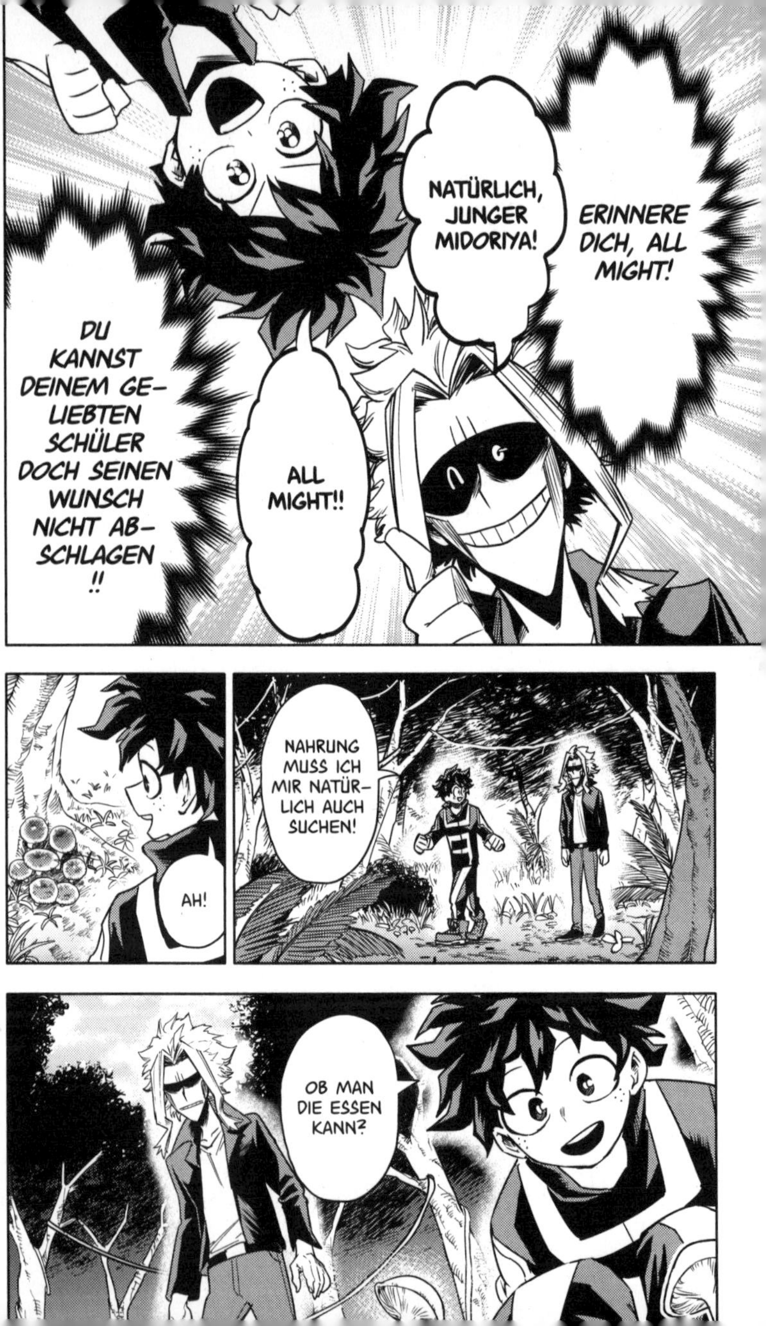
ERINNERE DICH, ALL MIGHT!
NATÜRLICH, JUNGER MIDORIYA!
ALL MIGHT!!
DU KANNST DEINEM GE-LIEBTEN SCHÜLER DOCH SEINEN WUNSCH NICHT AB-SCHLAGEN!!
NAHRUNG MUSS ICH MIR NATÜR-LICH AUCH SUCHEN!
AH!
OB MAN DIE ESSEN KANN?

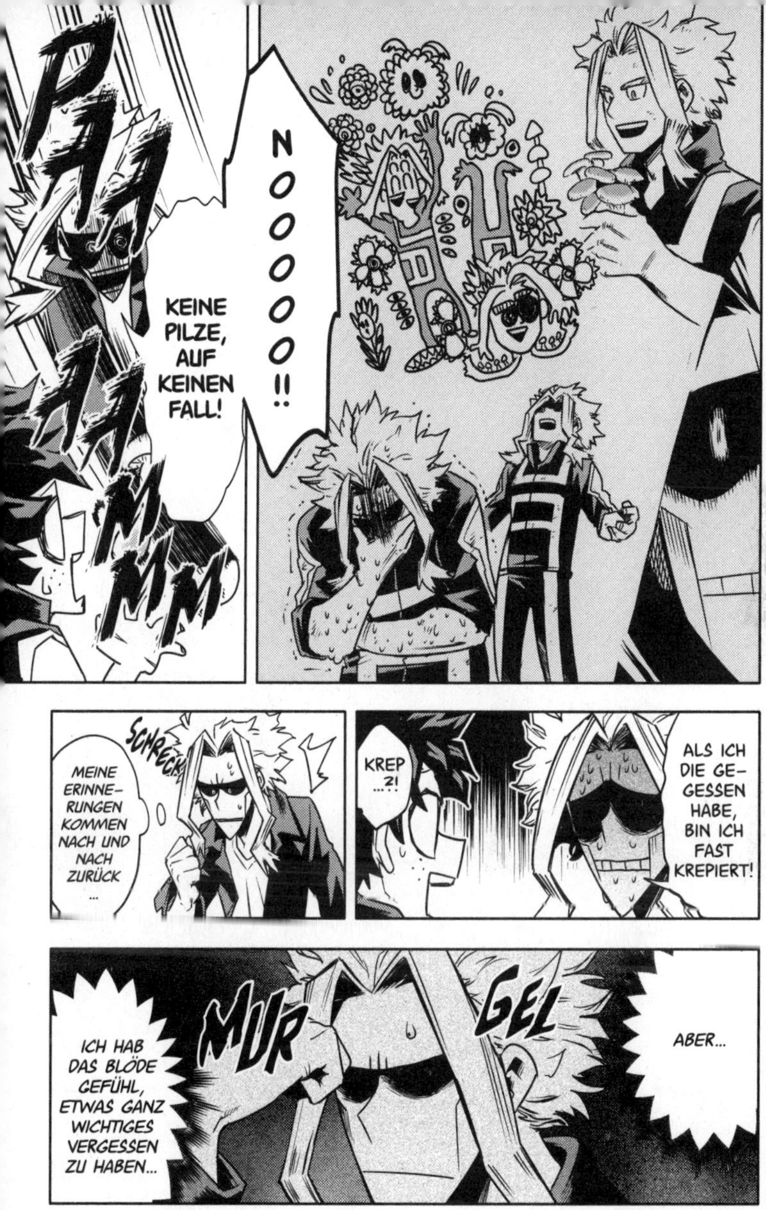
NOOOOOO!!
KEINE PILZE, AUF KEINEN FALL!
PAAAAMMM
ALS ICH DIE GE-GESSEN HABE, BIN ICH FAST KREPIERT!
KREP ...?!
SCHRECK
MEINE ERINNE-RUNGEN KOMMEN NACH UND NACH ZURÜCK ...
ABER...
MUR GEL
ICH HAB DAS BLÖDE GEFÜHL, ETWAS GANZ WICHTIGES VERGESSEN ZU HABEN...

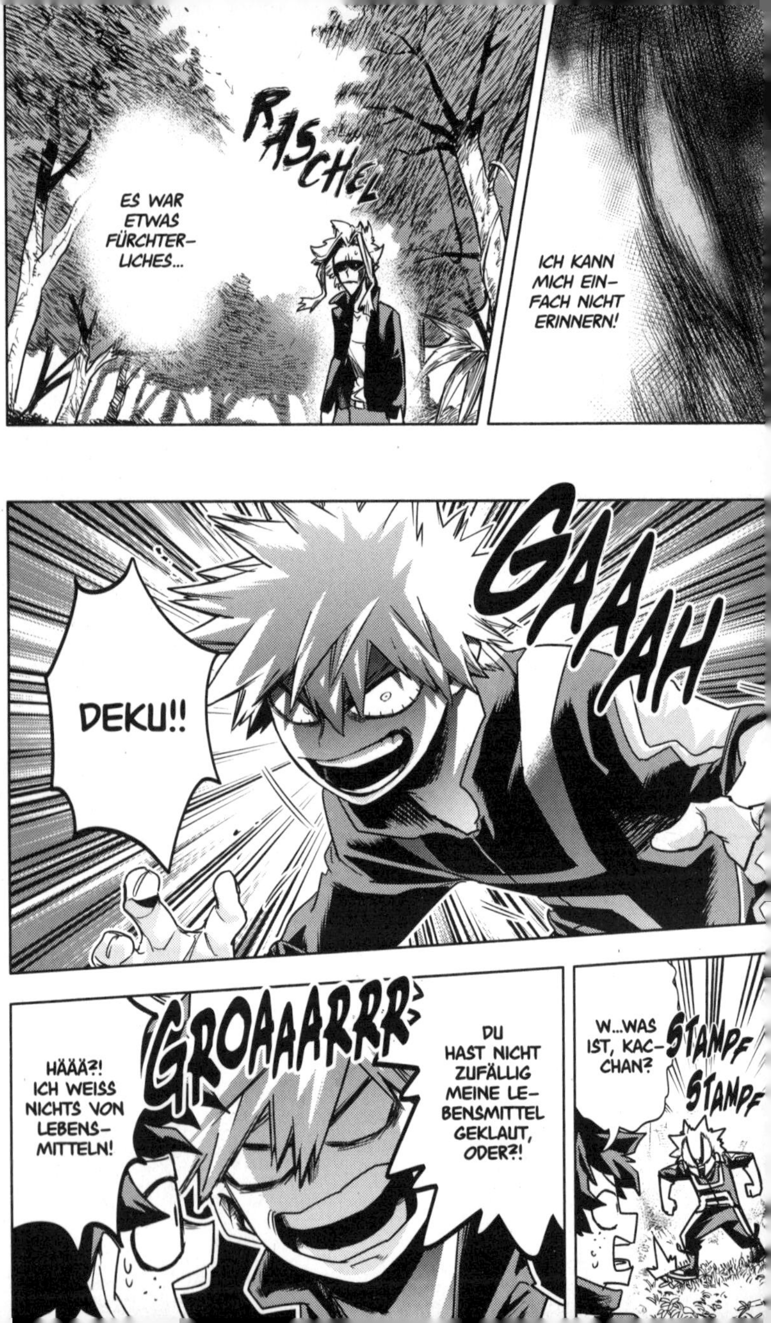
ICH KANN MICH EIN-FACH NICHT ERINNERN!
RASCHEL
ES WAR ETWAS FÜRCHTER-LICHES...
GAAAH
DEKU!!
STAMPF STAMPF
W...WAS IST, KAC-CHAN?
DU HAST NICHT ZUFÄLLIG MEINE LE-BENSMITTEL GEKLAUT, ODER?!
GROAAARRR
HÄÄÄ?! ICH WEISS NICHTS VON LEBENS-MITTELN!

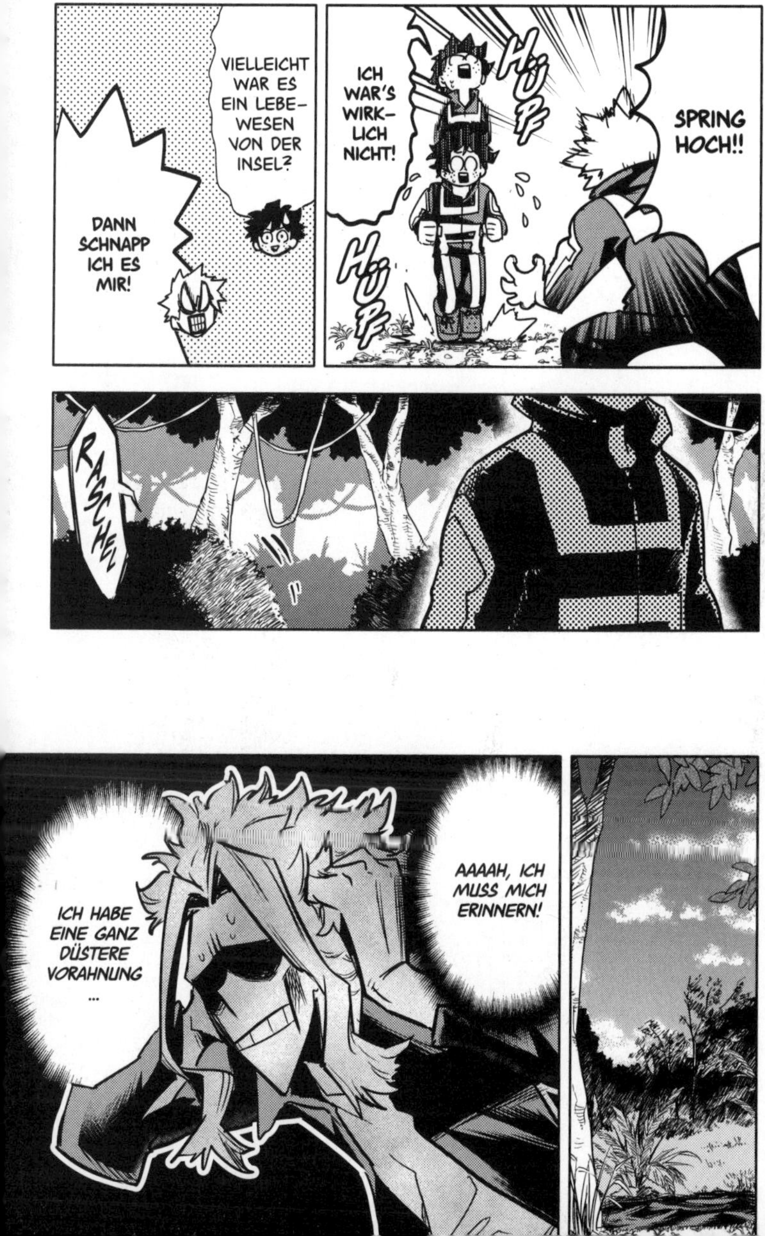
SPRING HOCH!!
HÜPF
ICH WAR'S WIRKLICH NICHT!
HÜPF
VIELLEICHT WAR ES EIN LEBEWESEN VON DER INSEL?
DANN SCHNAPP ICH ES MIR!
RASCHEL
AAAAH, ICH MUSS MICH ERINNERN!
ICH HABE EINE GANZ DÜSTERE VORAHNUNG ...

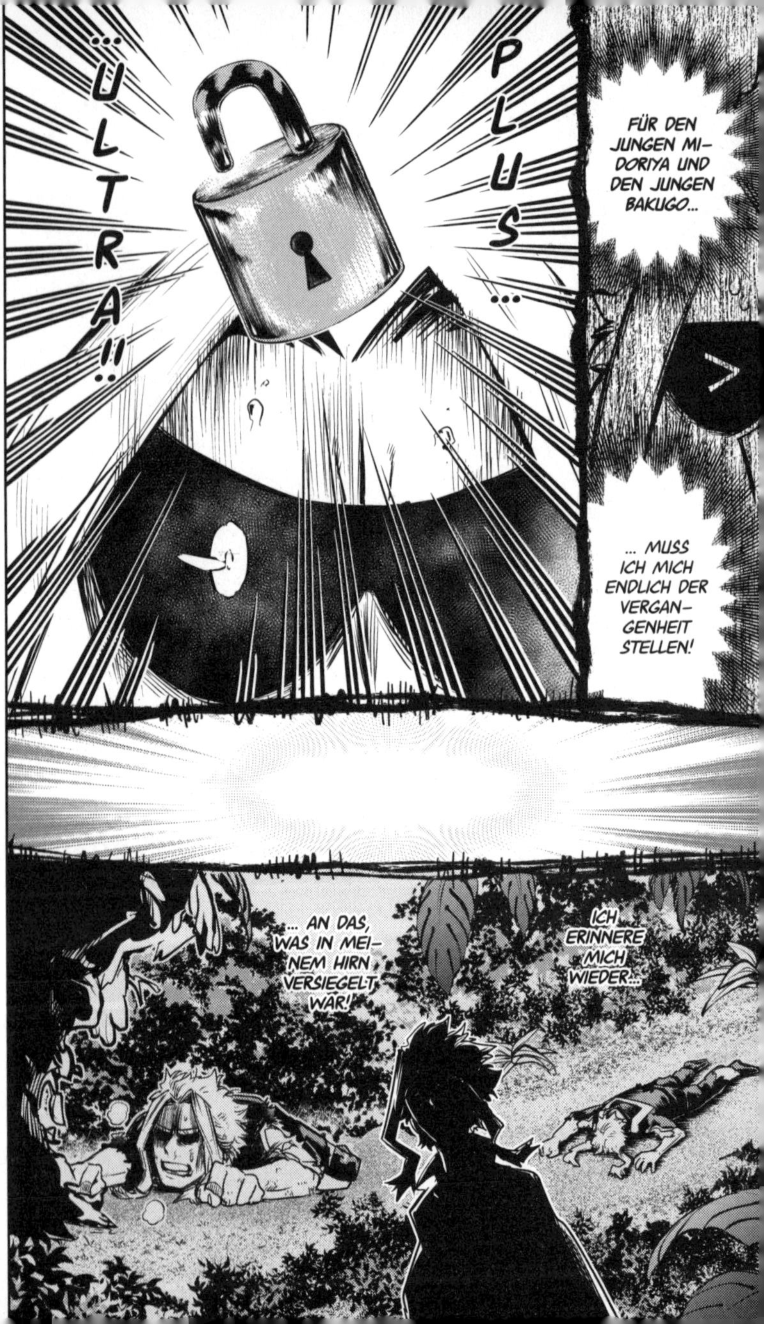
FÜR DEN JUNGEN MI-DORIYA UND DEN JUNGEN BAKUGO...
... MUSS ICH MICH ENDLICH DER VERGAN-GENHEIT STELLEN!
PLUS...
...ULTRA!!
ICH ERINNERE MICH WIEDER...
... AN DAS, WAS IN MEI-NEM HIRN VERSIEGELT WAR!

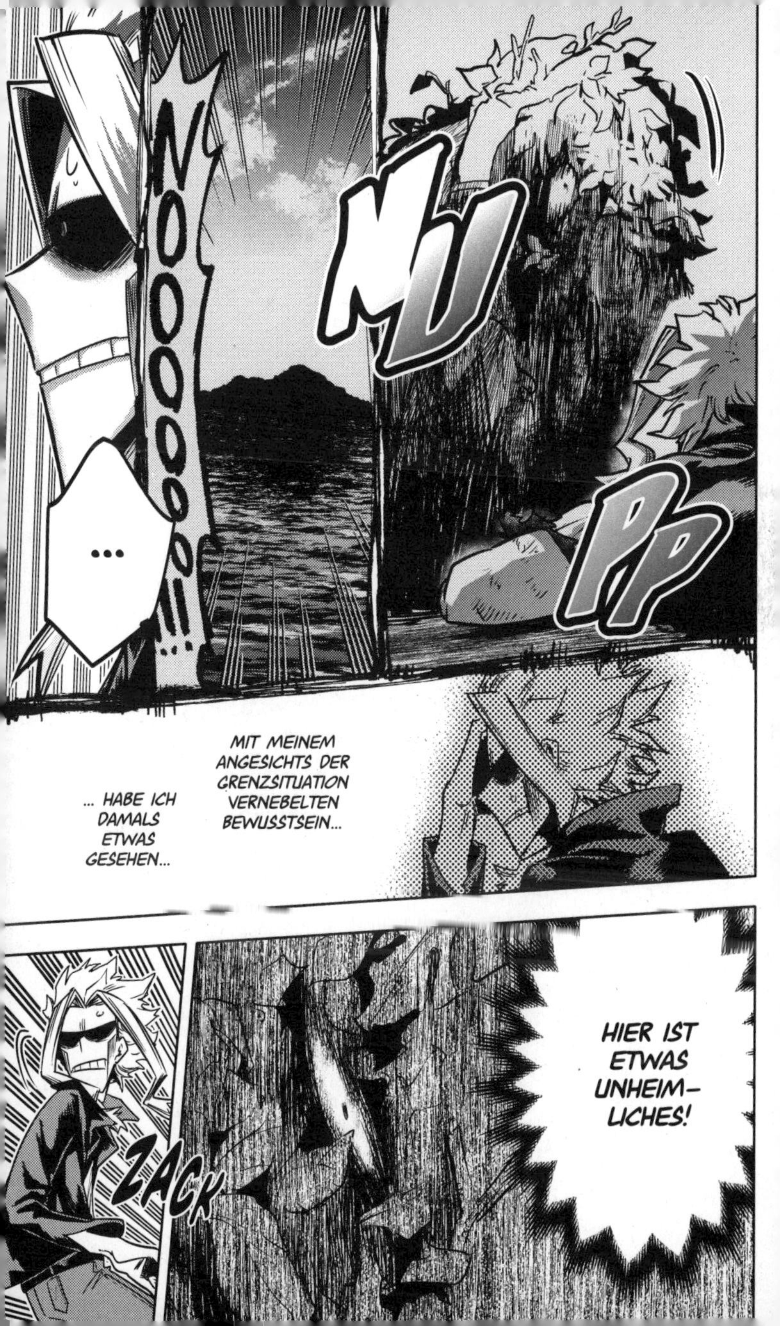

NOOOOOOO!!...
...
MUPP
MIT MEINEM ANGESICHTS DER GRENZSITUATION VERNEBELTEN BEWUSSTSEIN...
... HABE ICH DAMALS ETWAS GESEHEN...
HIER IST ETWAS UNHEIM-LICHES!
ZACK

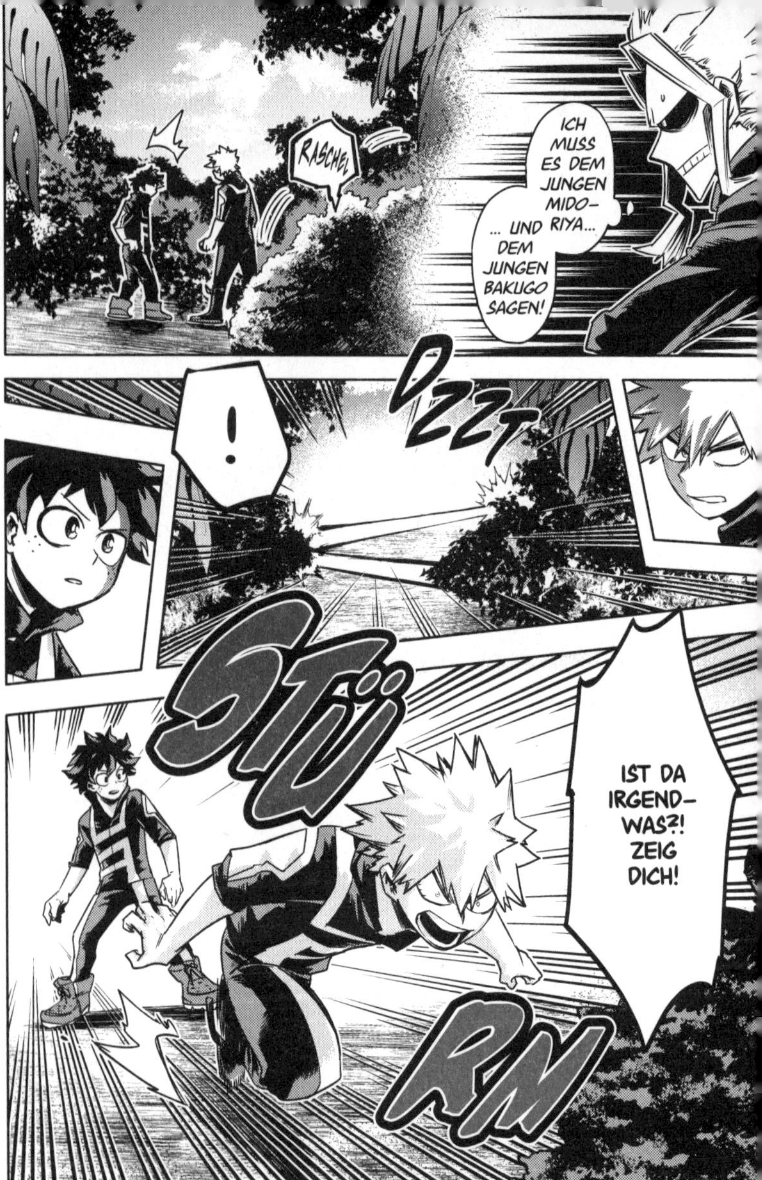
ICH MUSS ES DEM JUNGEN MIDO-RIYA...
... UND DEM JUNGEN BAKUGO SAGEN!
RASCHEL
!
DZZT
STÜRM
IST DA IRGEND-WAS?! ZEIG DICH!

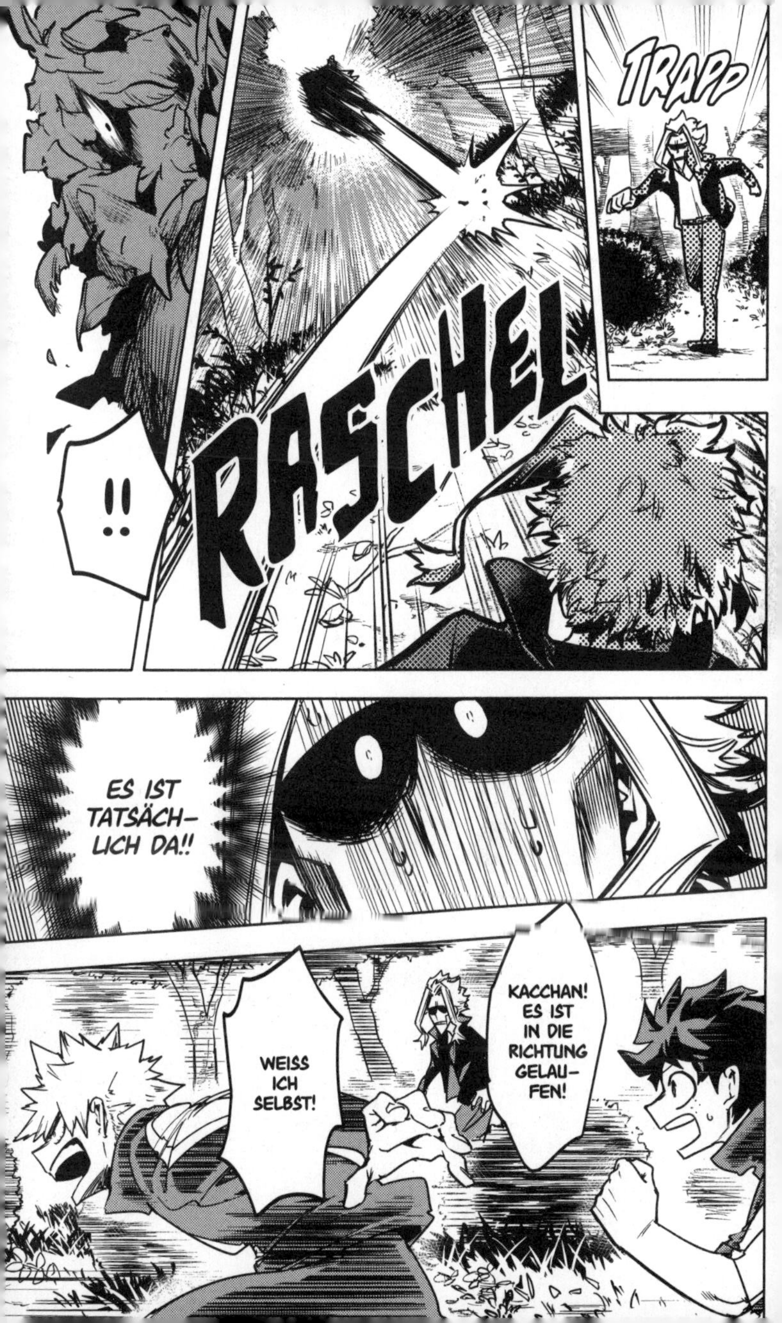
TRAPP
RASCHEL
!!
ES IST TATSÄCH-LICH DA!!
KACCHAN! ES IST IN DIE RICHTUNG GELAU-FEN!
WEISS ICH SELBST!

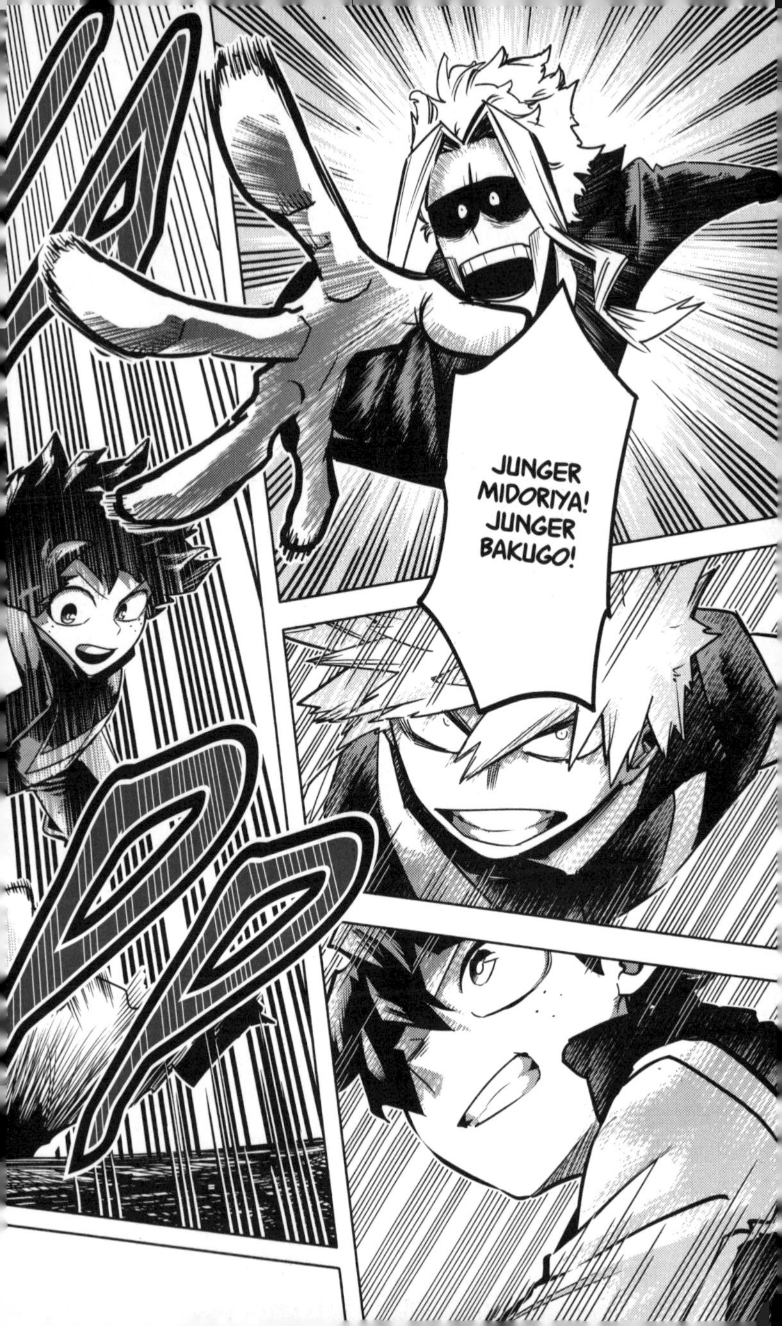
JUNGER MIDORIYA! JUNGER BAKUGO!

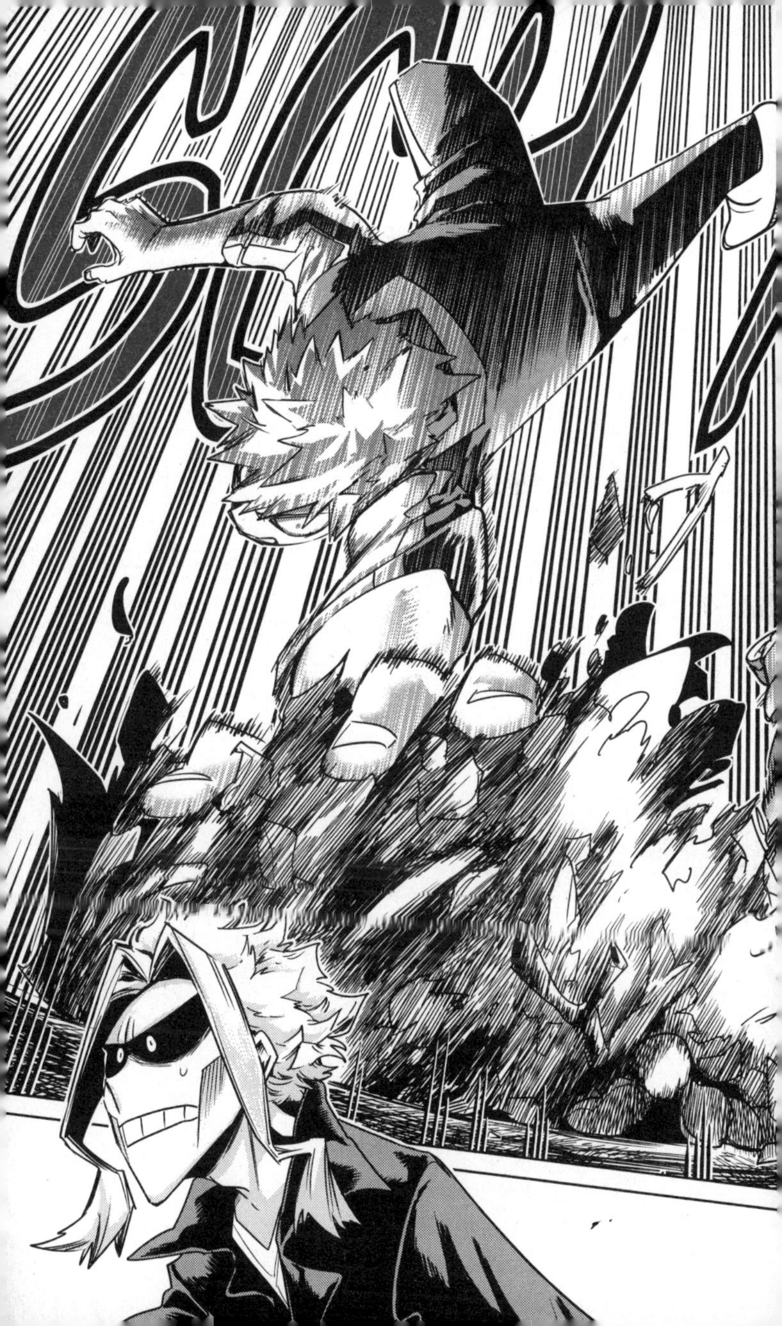

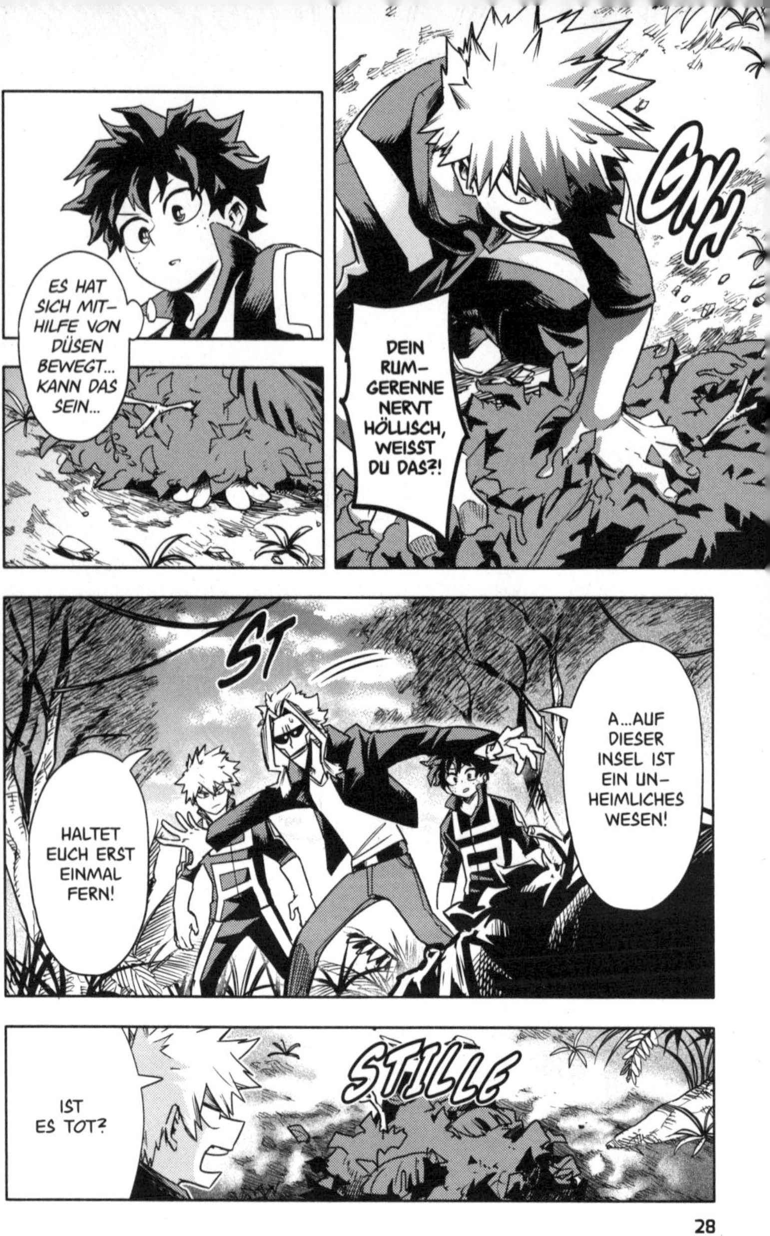
GNH
DEIN RUMGERENNE NERVT HÖLLISCH, WEISST DU DAS?!
ES HAT SICH MITHILFE VON DÜSEN BEWEGT... KANN DAS SEIN...
ST
A...AUF DIESER INSEL IST EIN UNHEIMLICHES WESEN!
HALTET EUCH ERST EINMAL FERN!
STILLE
IST ES TOT?

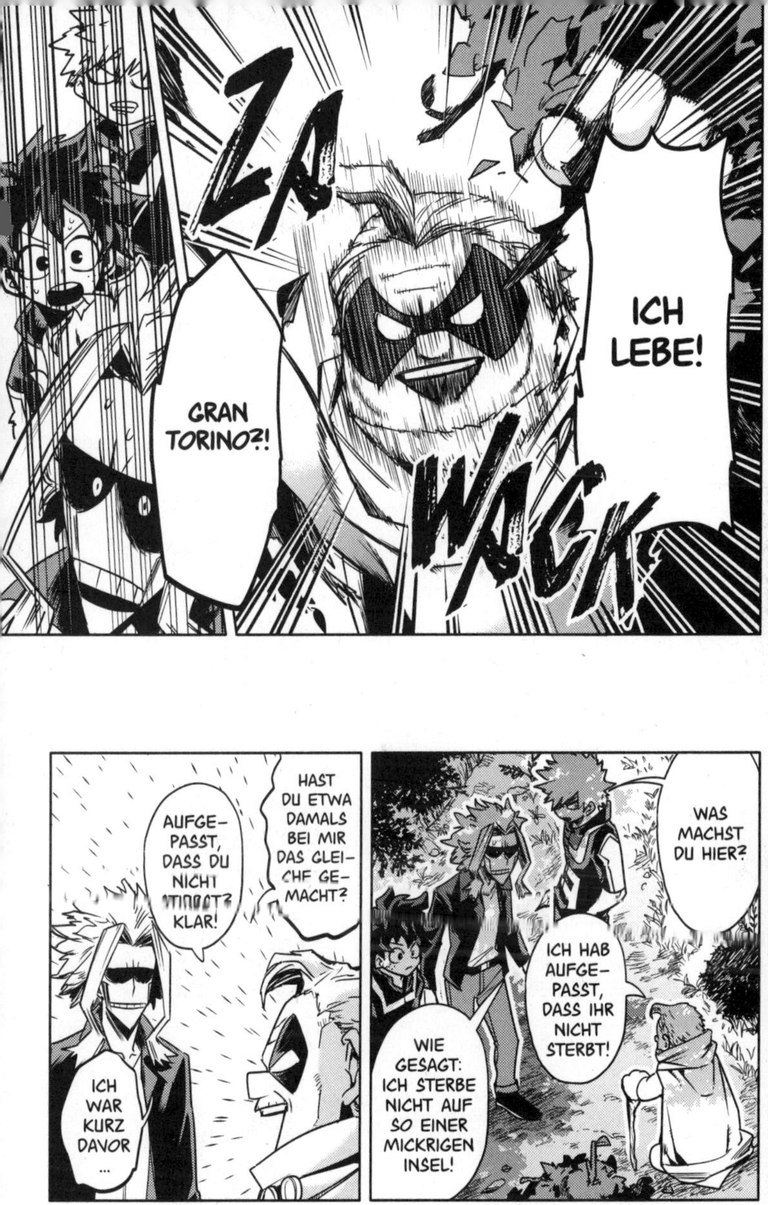
ZA
ICH LEBE!
WACK
GRAN TORINO?!
WAS MACHST DU HIER?
ICH HAB AUFGEPASST, DASS IHR NICHT STERBT!
WIE GESAGT: ICH STERBE NICHT AUF SO EINER MICKRIGEN INSEL!
HAST DU ETWA DAMALS BEI MIR DAS GLEICHE GEMACHT?
AUFGEPASST, DASS DU NICHT
KLAR!
ICH WAR KURZ DAVOR ...

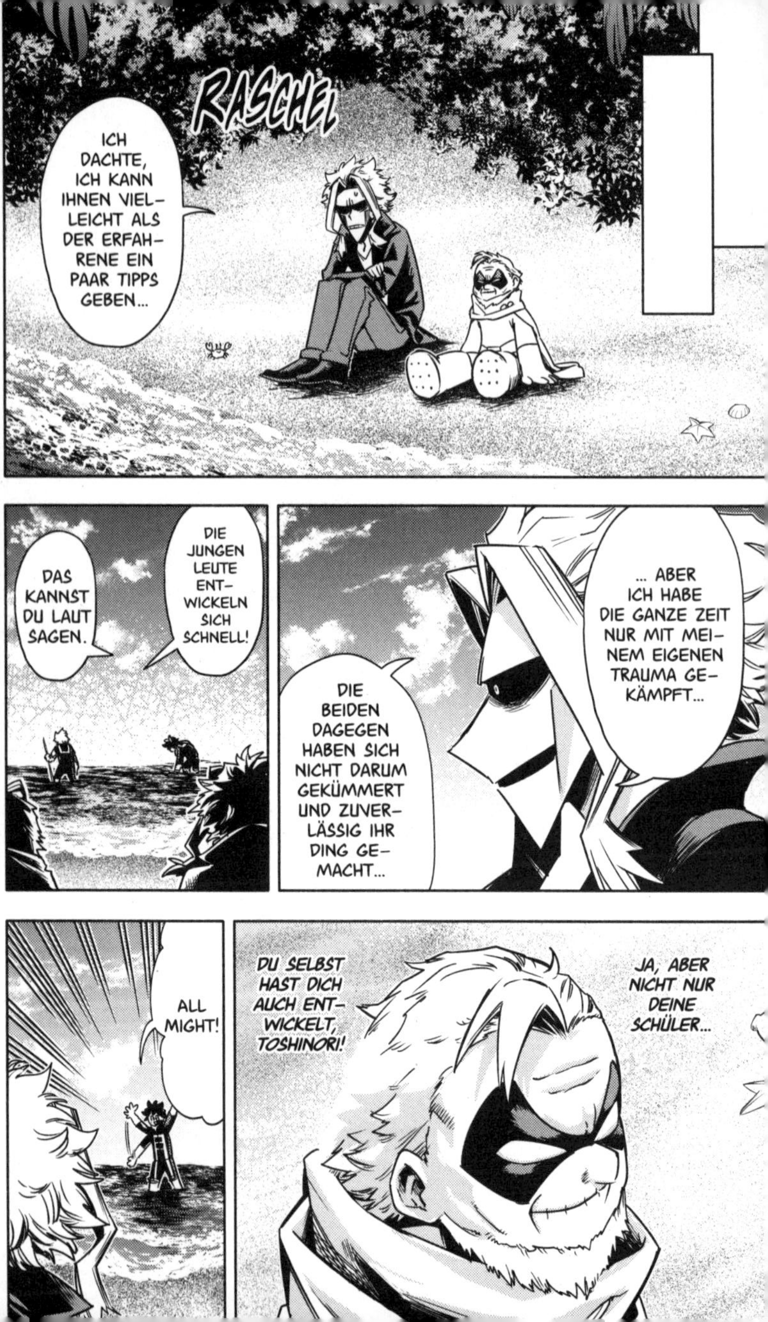
RASCHEL
ICH DACHTE, ICH KANN IHNEN VIELLEICHT ALS DER ERFAHRENE EIN PAAR TIPPS GEBEN…
… ABER ICH HABE DIE GANZE ZEIT NUR MIT MEINEM EIGENEN TRAUMA GEKÄMPFT…
DIE BEIDEN DAGEGEN HABEN SICH NICHT DARUM GEKÜMMERT UND ZUVERLÄSSIG IHR DING GEMACHT…
DIE JUNGEN LEUTE ENTWICKELN SICH SCHNELL!
DAS KANNST DU LAUT SAGEN.
JA, ABER NICHT NUR DEINE SCHÜLER…
DU SELBST HAST DICH AUCH ENTWICKELT, TOSHINORI!
ALL MIGHT!

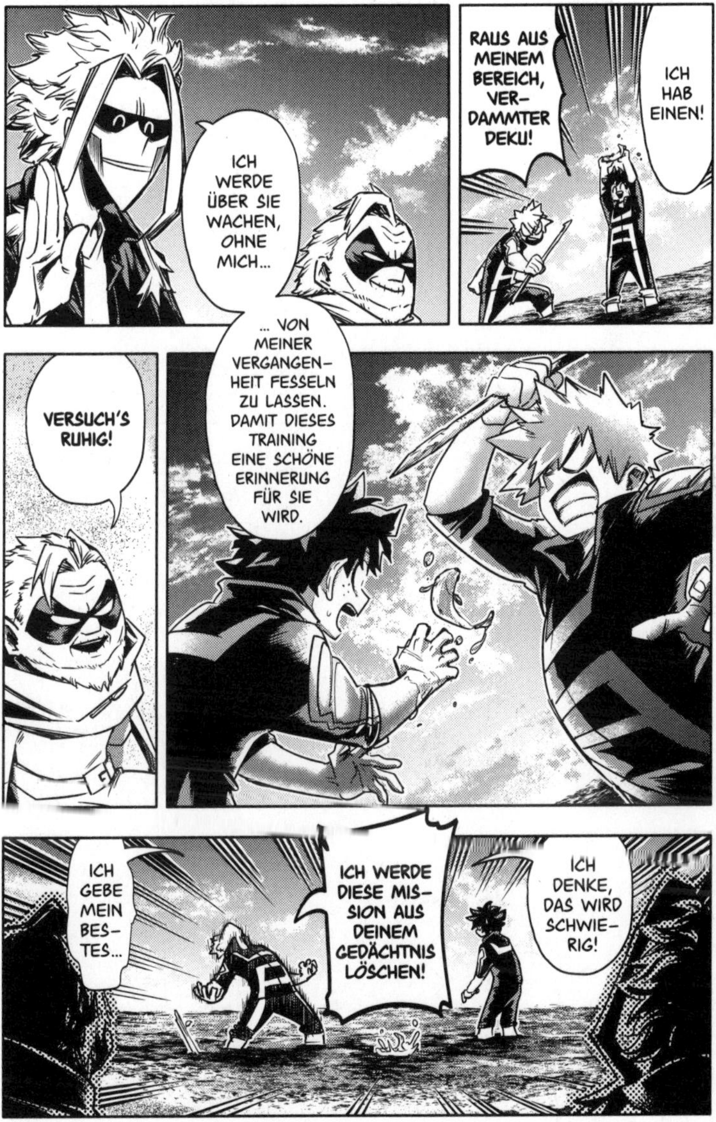
ICH HAB EINEN!
RAUS AUS MEINEM BEREICH, VERDAMMTER DEKU!
ICH WERDE ÜBER SIE WACHEN, OHNE MICH…
… VON MEINER VERGANGENHEIT FESSELN ZU LASSEN. DAMIT DIESES TRAINING EINE SCHÖNE ERINNERUNG FÜR SIE WIRD.
VERSUCH'S RUHIG!
ICH DENKE, DAS WIRD SCHWIERIG!
ICH WERDE DIESE MISSION AUS DEINEM GEDÄCHTNIS LÖSCHEN!
ICH GEBE MEIN BESTES…

Mission 25 GROSSREINEMACHEN IN DER U.A.

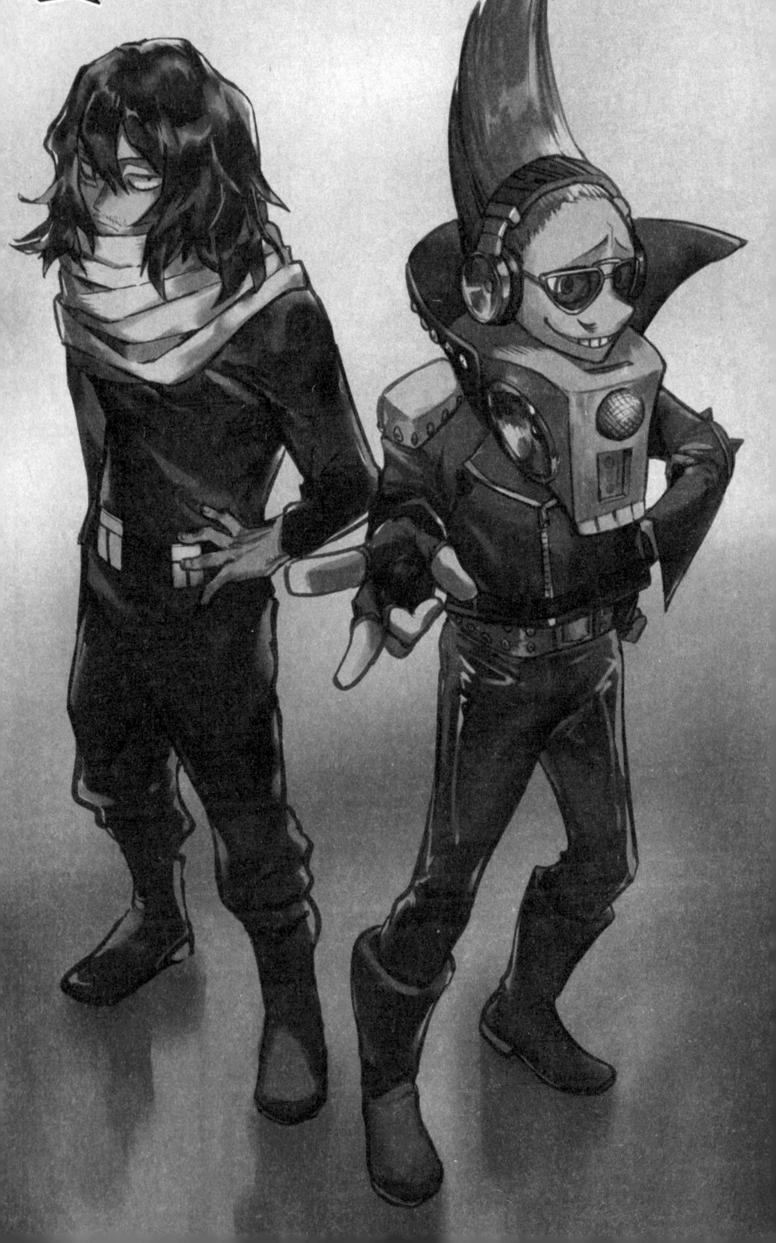

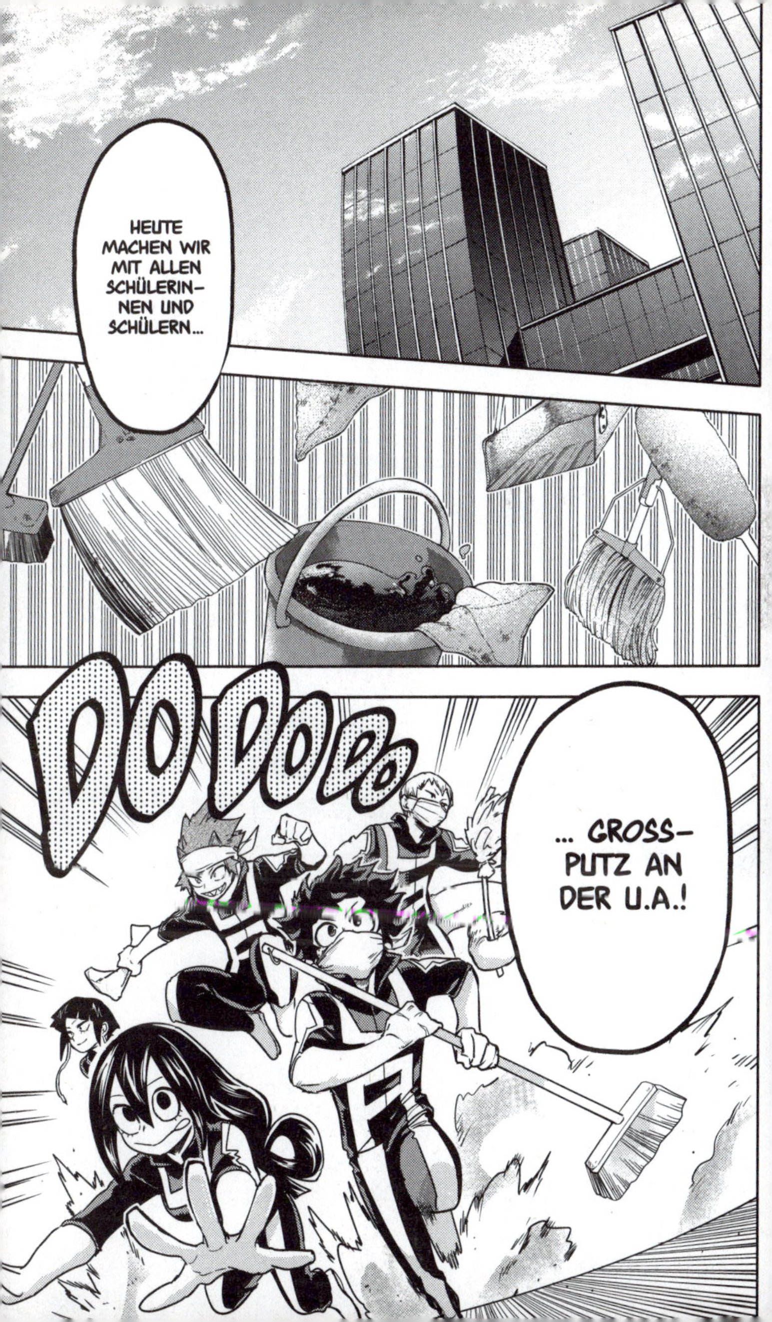
HEUTE MACHEN WIR MIT ALLEN SCHÜLERIN-NEN UND SCHÜLERN...
DO DO DO
... GROSS-PUTZ AN DER U.A.!

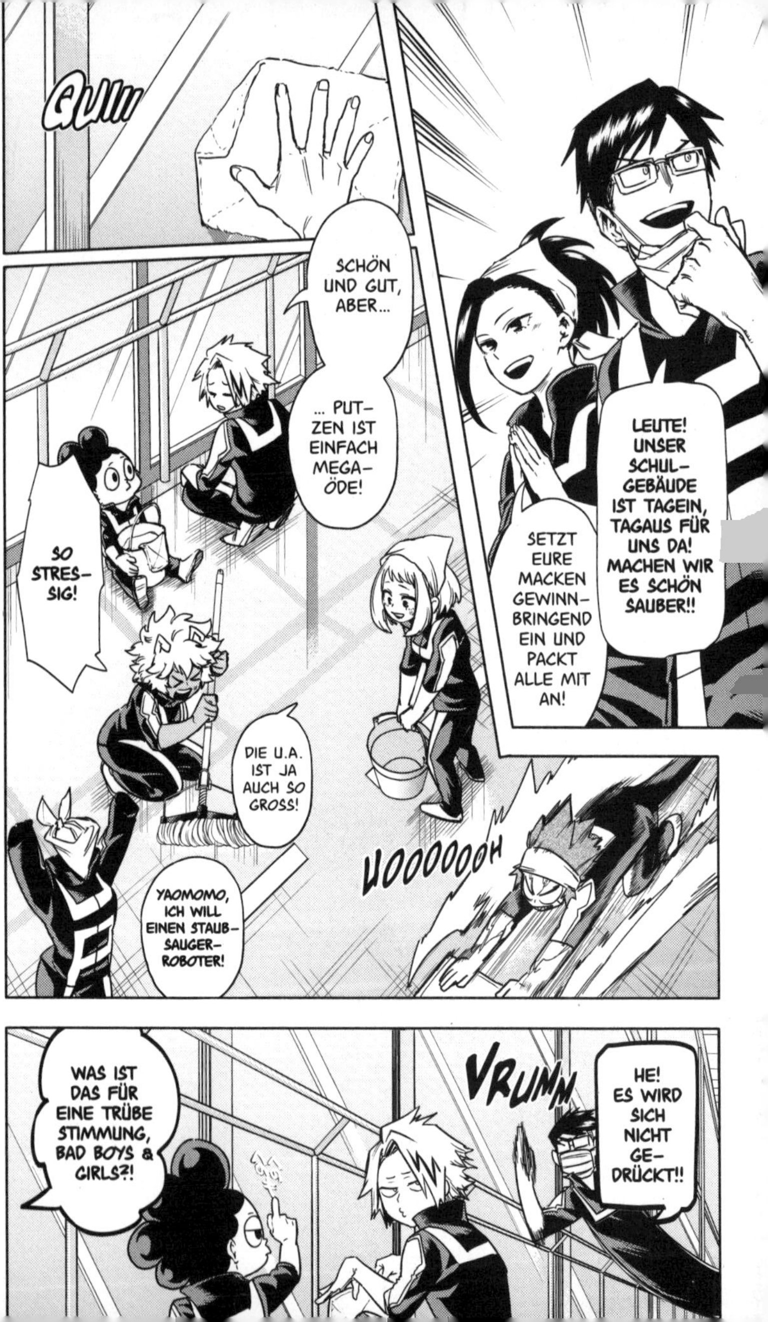
LEUTE! UNSER SCHULGEBÄUDE IST TAGEIN, TAGAUS FÜR UNS DA! MACHEN WIR ES SCHÖN SAUBER!!
SETZT EURE MACKEN GEWINNBRINGEND EIN UND PACKT ALLE MIT AN!
QUIII
SCHÖN UND GUT, ABER...
... PUTZEN IST EINFACH MEGA-ÖDE!
SO STRESSIG!
DIE U.A. IST JA AUCH SO GROSS!
YAOMOMO, ICH WILL EINEN STAUBSAUGER-ROBOTER!
UOOOOOOH
HE! ES WIRD SICH NICHT GEDRÜCKT!!
VRUMM
WAS IST DAS FÜR EINE TRÜBE STIMMUNG, BAD BOYS & GIRLS?!

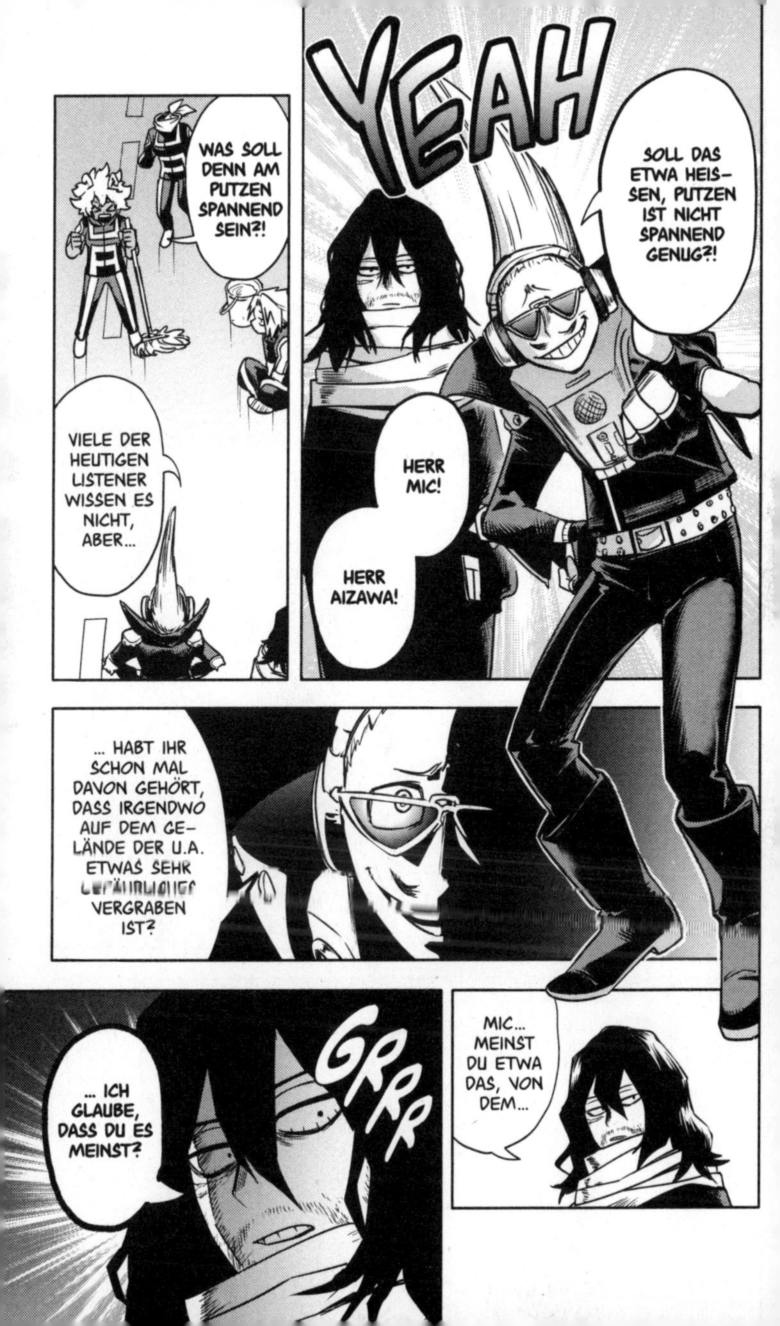
YEAH
SOLL DAS ETWA HEISSEN, PUTZEN IST NICHT SPANNEND GENUG?!
HERR MIC!
HERR AIZAWA!
WAS SOLL DENN AM PUTZEN SPANNEND SEIN?!
VIELE DER HEUTIGEN LISTENER WISSEN ES NICHT, ABER…
… HABT IHR SCHON MAL DAVON GEHÖRT, DASS IRGENDWO AUF DEM GELÄNDE DER U.A. ETWAS SEHR
VERGRABEN IST?
MIC… MEINST DU ETWA DAS, VON DEM…
GRRR
… ICH GLAUBE, DASS DU ES MEINST?

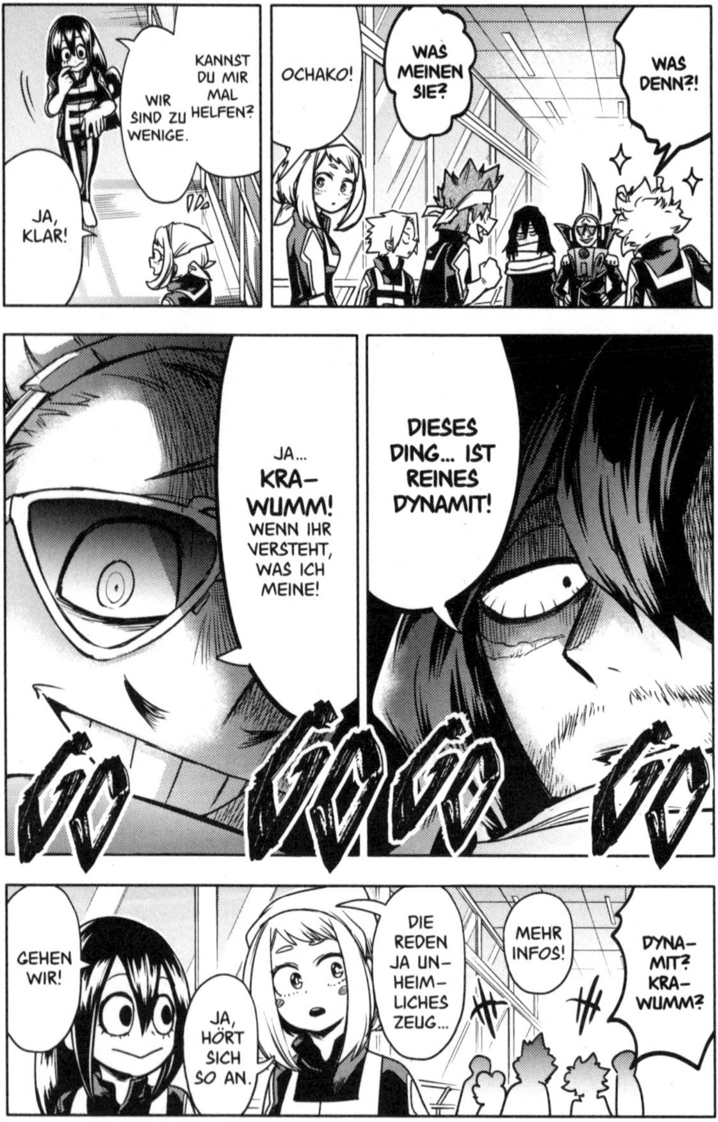
WAS DENN?!
WAS MEINEN SIE?
OCHAKO!
KANNST DU MIR MAL HELFEN?
WIR SIND ZU WENIGE.
JA, KLAR!
DIESES DING... IST REINES DYNAMIT!
JA... KRA-WUMM! WENN IHR VERSTEHT, WAS ICH MEINE!
DYNA-MIT? KRA-WUMM?
MEHR INFOS!
DIE REDEN JA UN-HEIM-LICHES ZEUG...
JA, HÖRT SICH SO AN.
GEHEN WIR!

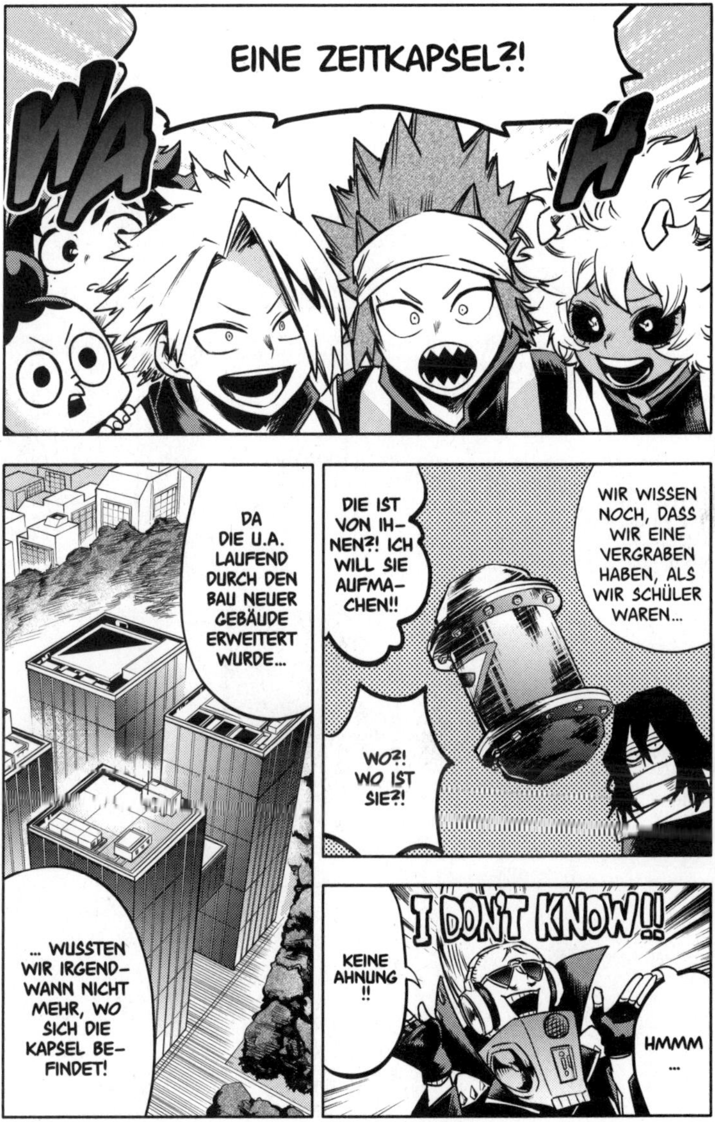
EINE ZEITKAPSEL?!
WA
H
WIR WISSEN NOCH, DASS WIR EINE VERGRABEN HABEN, ALS WIR SCHÜLER WAREN...
DIE IST VON IHNEN?! ICH WILL SIE AUFMACHEN!!
WO?! WO IST SIE?!
I DON'T KNOW!!
KEINE AHNUNG!!
HMMM...
DA DIE U.A. LAUFEND DURCH DEN BAU NEUER GEBÄUDE ERWEITERT WURDE...
... WUSSTEN WIR IRGENDWANN NICHT MEHR, WO SICH DIE KAPSEL BEFINDET!

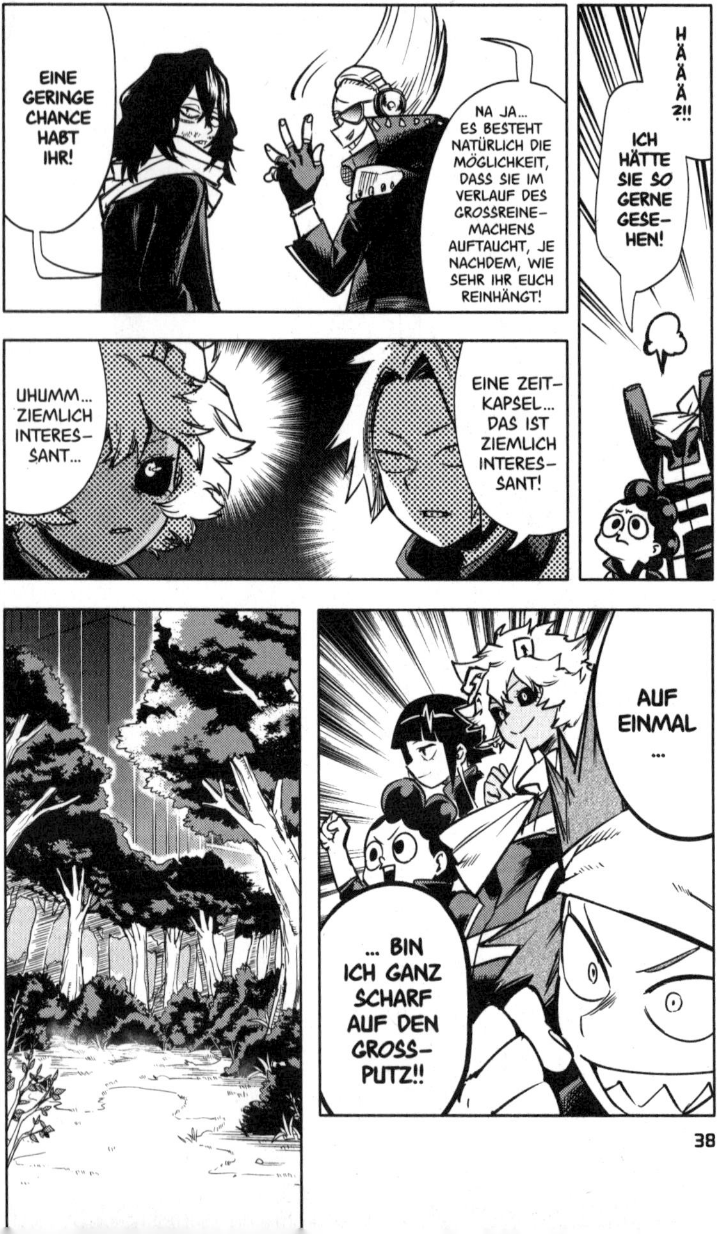

NA JA… ES BESTEHT NATÜRLICH DIE MÖGLICHKEIT, DASS SIE IM VERLAUF DES GROSSREINE-MACHENS AUFTAUCHT, JE NACHDEM, WIE SEHR IHR EUCH REINHÄNGT!
EINE GERINGE CHANCE HABT IHR!
HÄÄÄ?!!
ICH HÄTTE SIE SO GERNE GESE-HEN!
EINE ZEIT-KAPSEL… DAS IST ZIEMLICH INTERES-SANT!
UHUMM… ZIEMLICH INTERES-SANT…
AUF EINMAL …
… BIN ICH GANZ SCHARF AUF DEN GROSS-PUTZ!!

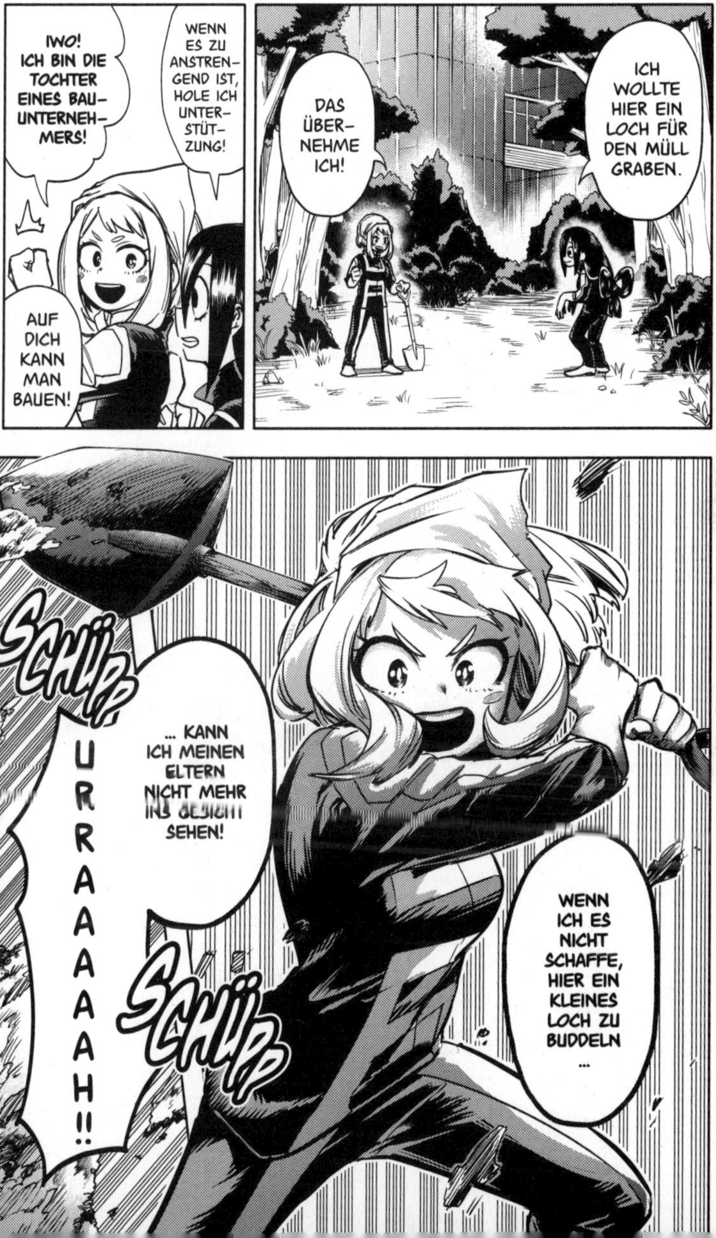
ICH WOLLTE HIER EIN LOCH FÜR DEN MÜLL GRABEN.
DAS ÜBERNEHME ICH!
WENN ES ZU ANSTRENGEND IST, HOLE ICH UNTERSTÜTZUNG!
IWO! ICH BIN DIE TOCHTER EINES BAUUNTERNEHMERS!
AUF DICH KANN MAN BAUEN!
WENN ICH ES NICHT SCHAFFE, HIER EIN KLEINES LOCH ZU BUDDELN ...
... KANN ICH MEINEN ELTERN NICHT MEHR INS GESICHT SEHEN!
SCHÜPP
URRAAAAAAAH!!
SCHÜPP

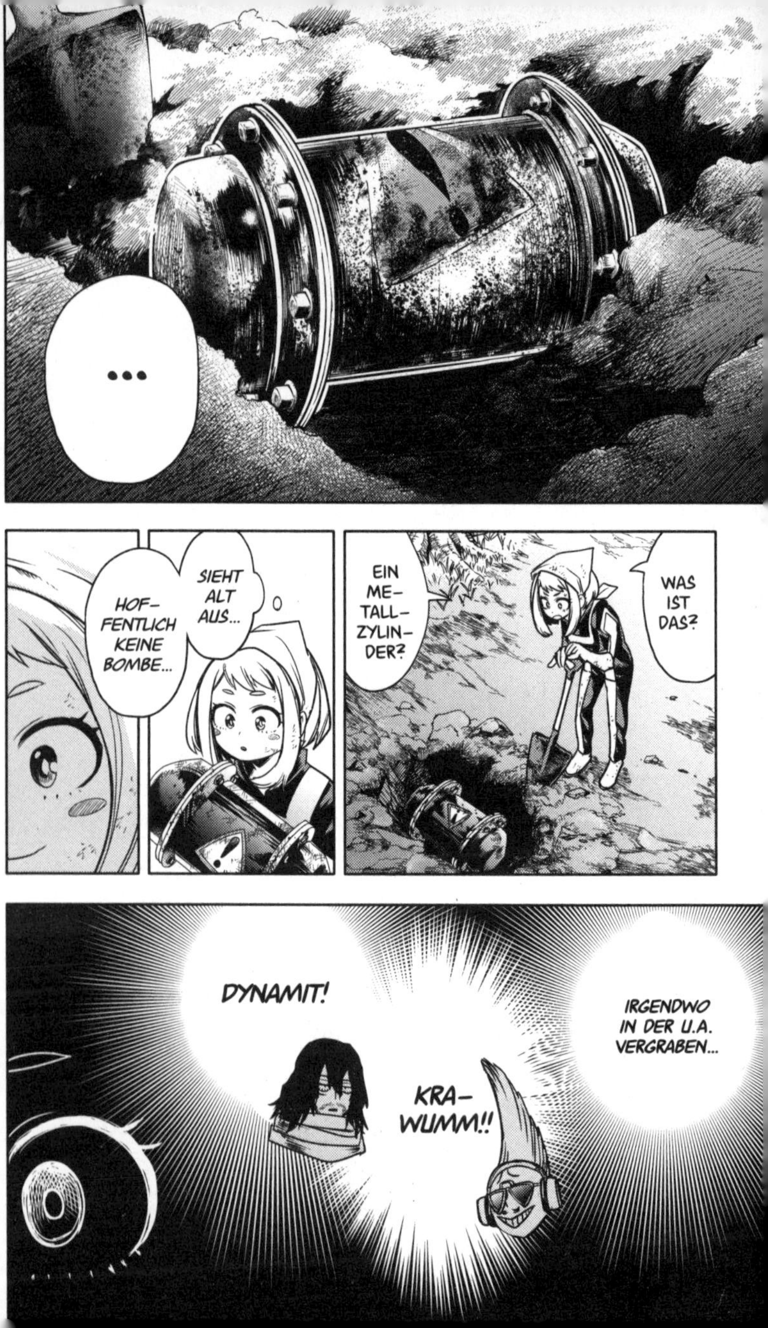
...
WAS IST DAS?
EIN METALL-ZYLINDER?
SIEHT ALT AUS...
HOFFENTLICH KEINE BOMBE...
IRGENDWO IN DER U.A. VERGRABEN...
KRA-WUMM!!
DYNAMIT!

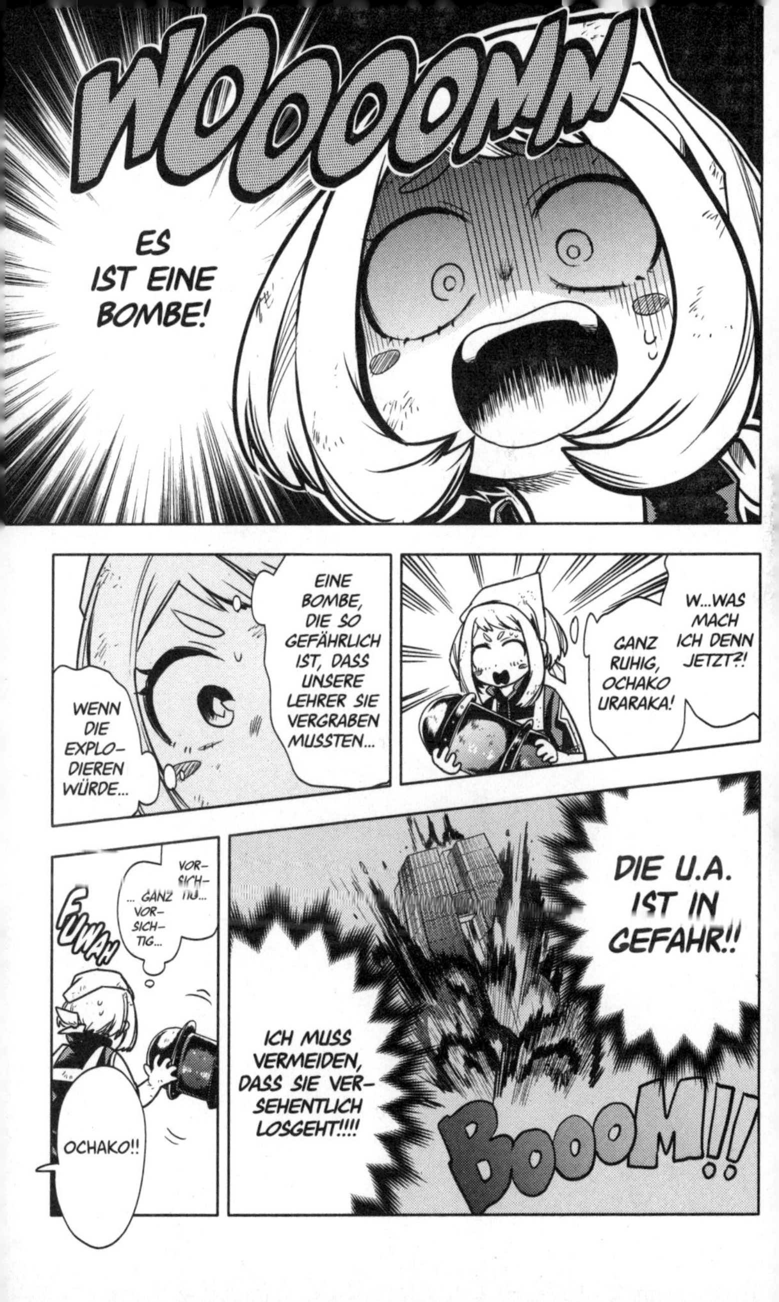
WOOOOMM
ES IST EINE BOMBE!
W...WAS MACH ICH DENN JETZT?!
GANZ RUHIG, OCHAKO URARAKA!
EINE BOMBE, DIE SO GEFÄHRLICH IST, DASS UNSERE LEHRER SIE VERGRABEN MUSSTEN...
WENN DIE EXPLODIEREN WÜRDE...
DIE U.A. IST IN GEFAHR!!
BOOOM!!
ICH MUSS VERMEIDEN, DASS SIE VERSEHENTLICH LOSGEHT!!!!
VORSICHTIG...
... GANZ VORSICHTIG...
FUWAH
OCHAKO!!

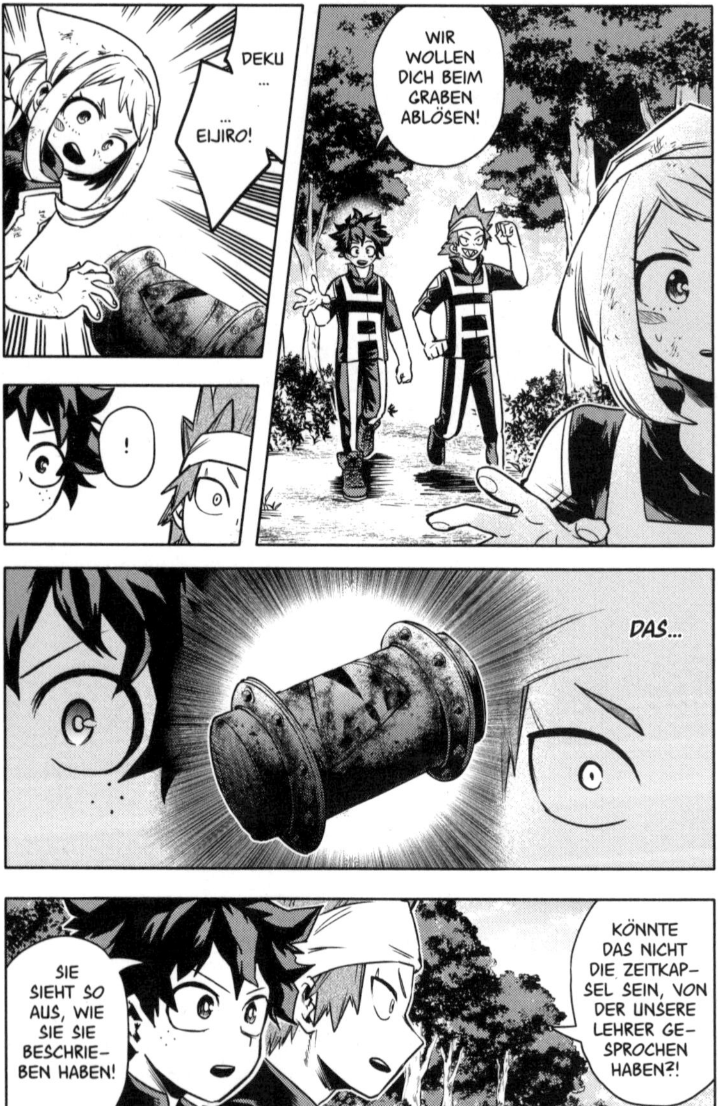
WIR WOLLEN DICH BEIM GRABEN ABLÖSEN!
DEKU ... ... EIJIRO!
!
DAS...
KÖNNTE DAS NICHT DIE ZEITKAPSEL SEIN, VON DER UNSERE LEHRER GESPROCHEN HABEN?!
SIE SIEHT SO AUS, WIE SIE SIE BESCHRIEBEN HABEN!

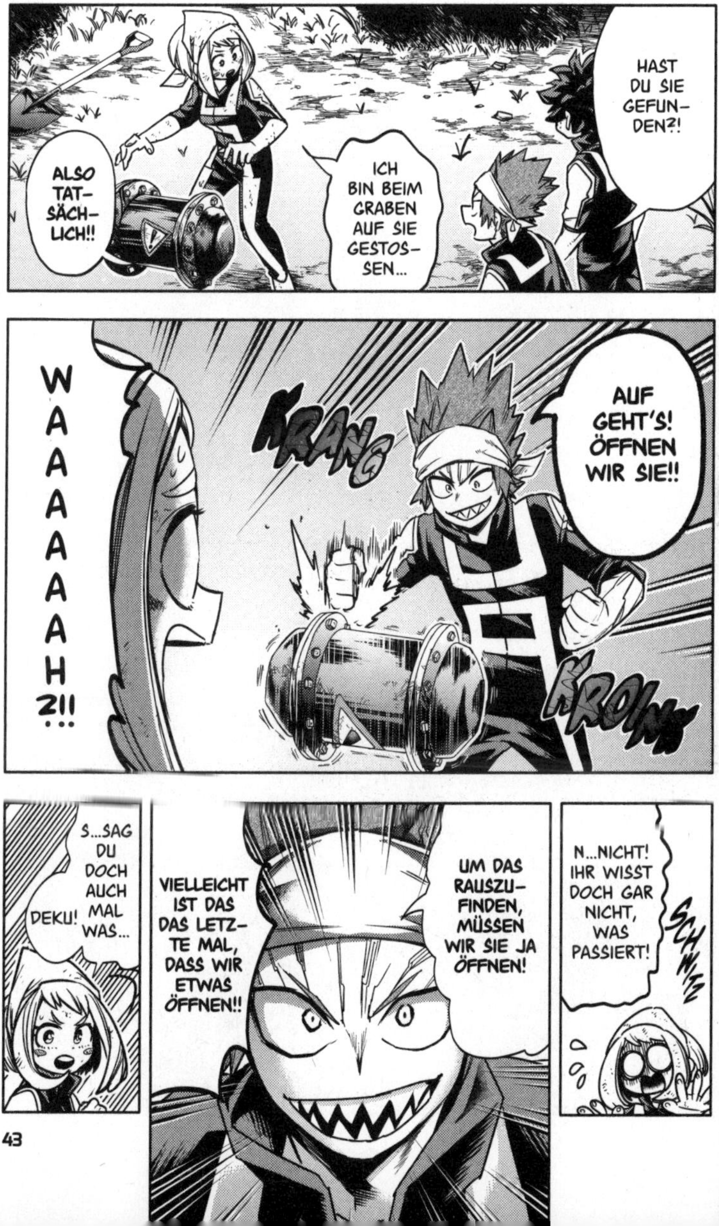
HAST DU SIE GEFUNDEN?!
ICH BIN BEIM GRABEN AUF SIE GESTOSSEN...
ALSO TATSÄCHLICH!!
AUF GEHT'S! ÖFFNEN WIR SIE!!
KRANG
KROINK
WAAAAAAH?!!
N...NICHT! IHR WISST DOCH GAR NICHT, WAS PASSIERT!
SCHWIM
UM DAS RAUSZUFINDEN, MÜSSEN WIR SIE JA ÖFFNEN!
VIELLEICHT IST DAS DAS LETZTE MAL, DASS WIR ETWAS ÖFFNEN!!
S...SAG DU DOCH AUCH MAL WAS...
DEKU!

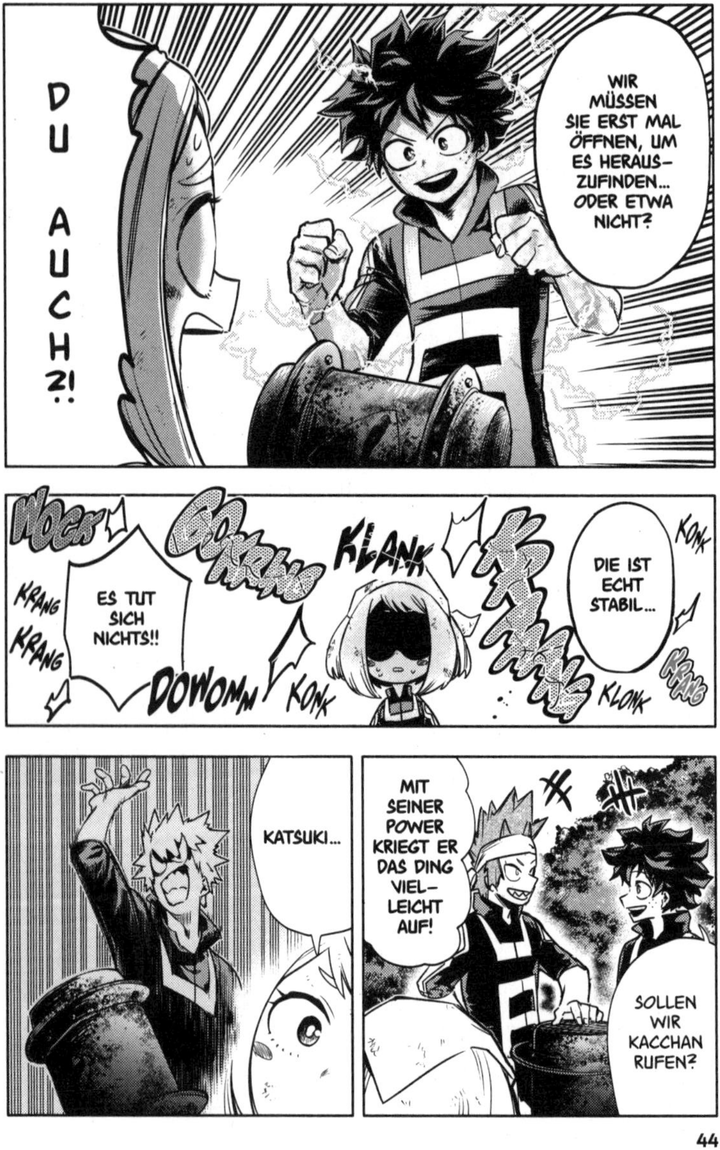
WIR MÜSSEN SIE ERST MAL ÖFFNEN, UM ES HERAUS-ZUFINDEN... ODER ETWA NICHT?
DU AUCH?!
KONK
DIE IST ECHT STABIL...
KLONK
KRANG
KLANK
KONK
DOWOMM
ES TUT SICH NICHTS!!
WOCK
KRANG
KRANG
SOLLEN WIR KACCHAN RUFEN?
MIT SEINER POWER KRIEGT ER DAS DING VIEL-LEICHT AUF!
KATSUKI...

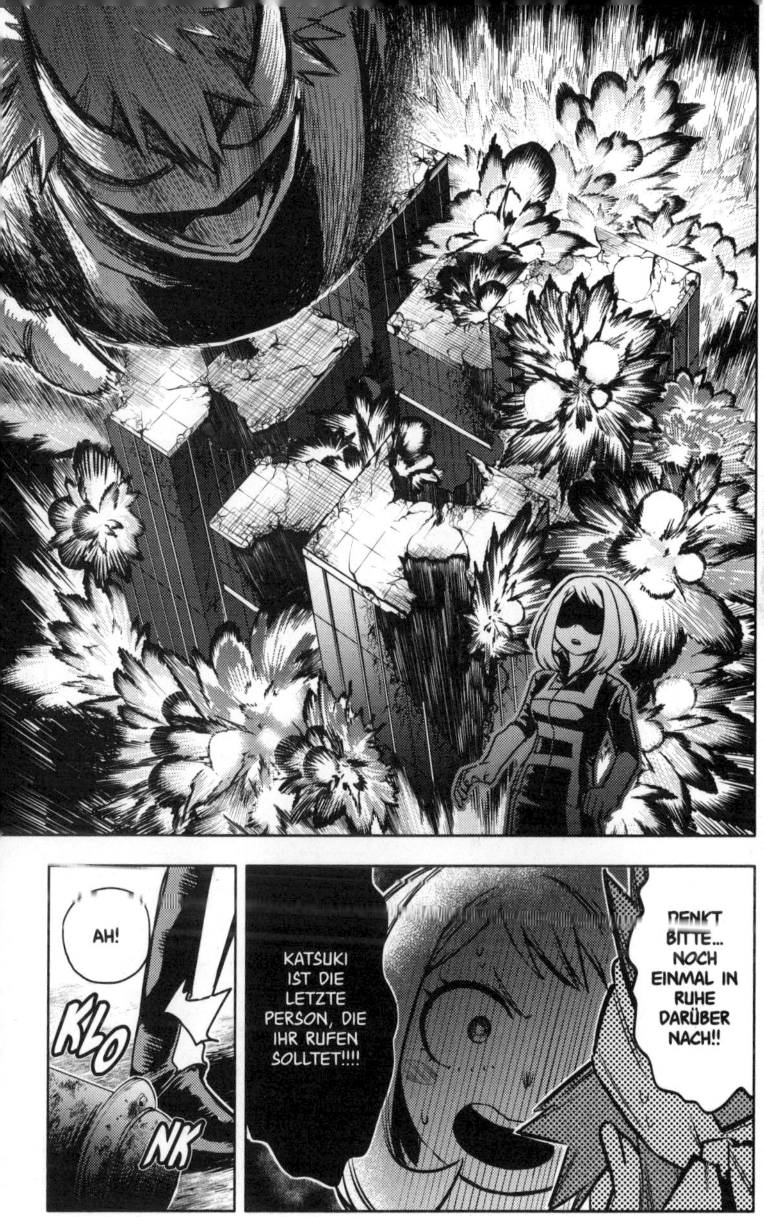
DENKT BITTE... NOCH EINMAL IN RUHE DARÜBER NACH!!
KATSUKI IST DIE LETZTE PERSON, DIE IHR RUFEN SOLLTET!!!!
AH!
KLONK

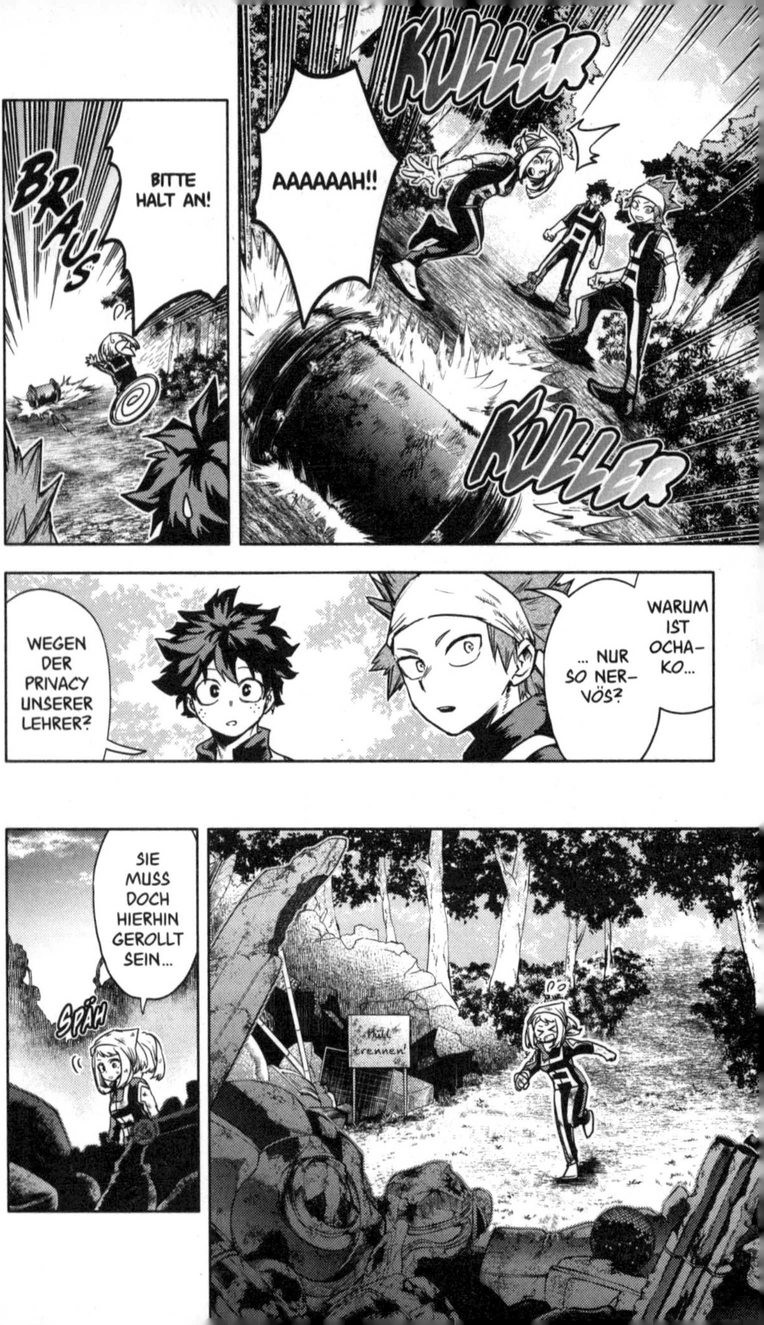
KULLER
AAAAAAH!!
KULLER
BRAUS
BITTE HALT AN!
WARUM IST OCHAKO...
... NUR SO NERVÖS?
WEGEN DER PRIVACY UNSERER LEHRER?
Müll trennen
SPÄH
SIE MUSS DOCH HIERHIN GEROLLT SEIN...

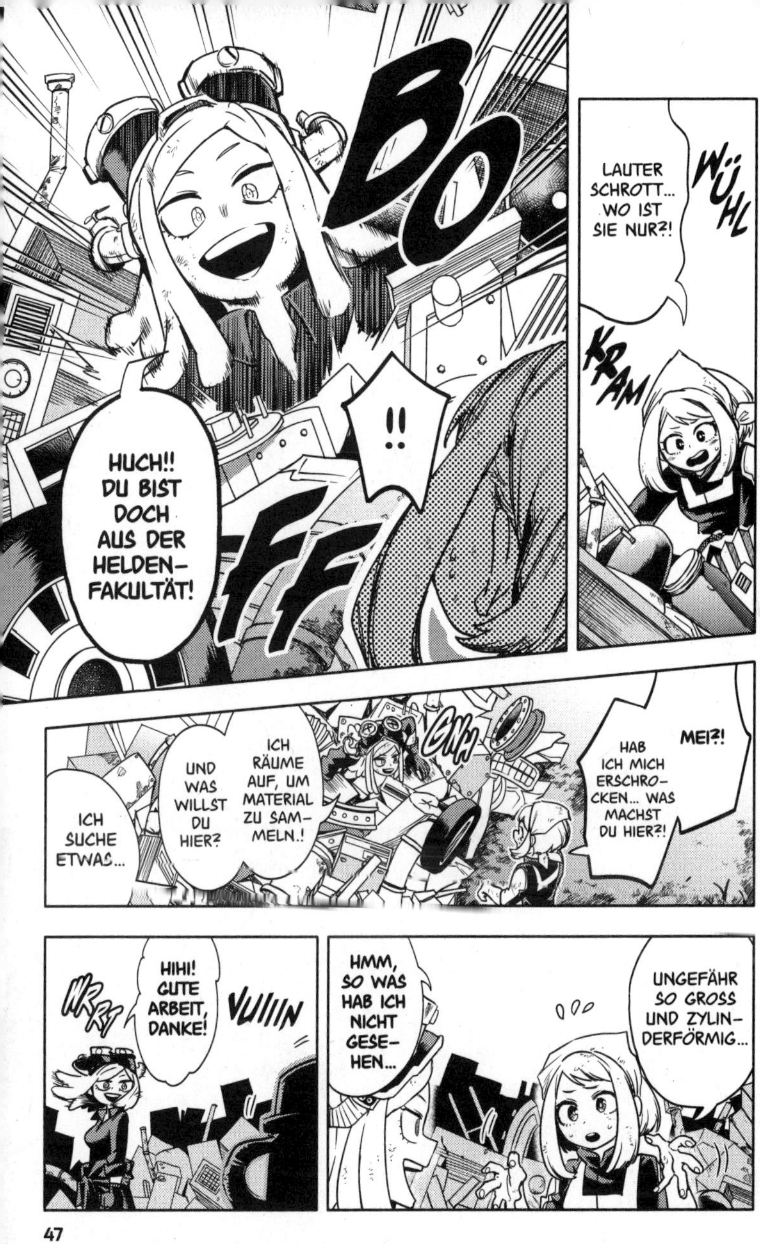
WÜHL
LAUTER SCHROTT... WO IST SIE NUR?!
KRAM
BOO
!!
HUCH!! DU BIST DOCH AUS DER HELDEN-FAKULTÄT!
MEI?!
HAB ICH MICH ERSCHROCKEN... WAS MACHST DU HIER?!
ICH RÄUME AUF, UM MATERIAL ZU SAMMELN.!
UND WAS WILLST DU HIER?
ICH SUCHE ETWAS...
UNGEFÄHR SO GROSS UND ZYLINDERFÖRMIG...
HMM, SO WAS HAB ICH NICHT GESEHEN...
VUIIIN
HIHI! GUTE ARBEIT, DANKE!

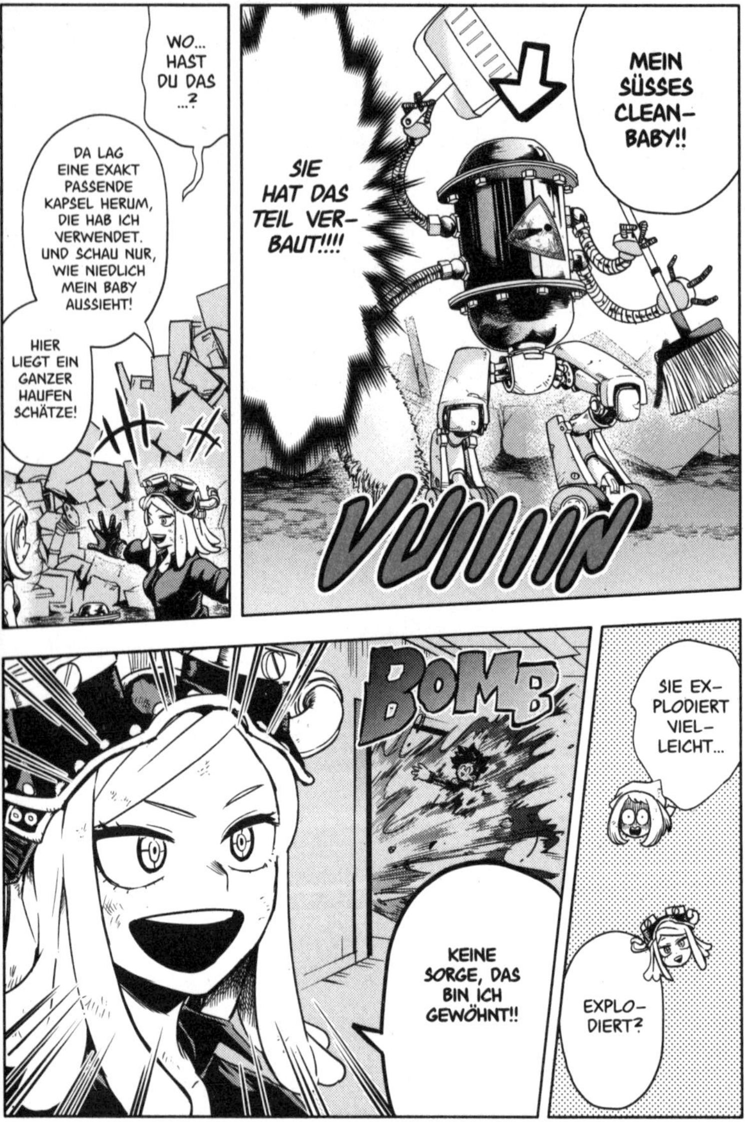
MEIN SÜSSES CLEAN-BABY!!
SIE HAT DAS TEIL VERBAUT!!!!
VUIIIIN
WO... HAST DU DAS ...?
DA LAG EINE EXAKT PASSENDE KAPSEL HERUM, DIE HAB ICH VERWENDET. UND SCHAU NUR, WIE NIEDLICH MEIN BABY AUSSIEHT!
HIER LIEGT EIN GANZER HAUFEN SCHÄTZE!
SIE EXPLODIERT VIELLEICHT...
EXPLODIERT?
BOMB
KEINE SORGE, DAS BIN ICH GEWÖHNT!!

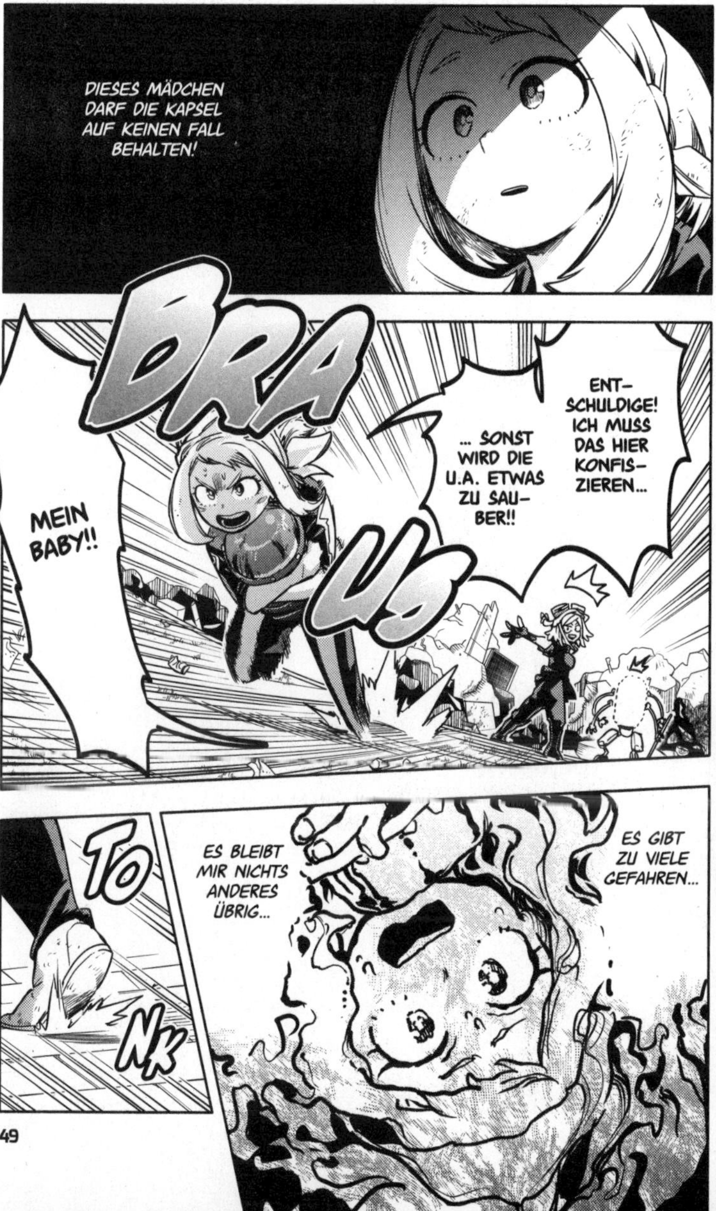
DIESES MÄDCHEN DARF DIE KAPSEL AUF KEINEN FALL BEHALTEN!
ENT-SCHULDIGE! ICH MUSS DAS HIER KONFIS-ZIEREN...
... SONST WIRD DIE U.A. ETWAS ZU SAU-BER!!
MEIN BABY!!
BRAUS
ES GIBT ZU VIELE GEFAHREN...
ES BLEIBT MIR NICHTS ANDERES ÜBRIG...
TONK

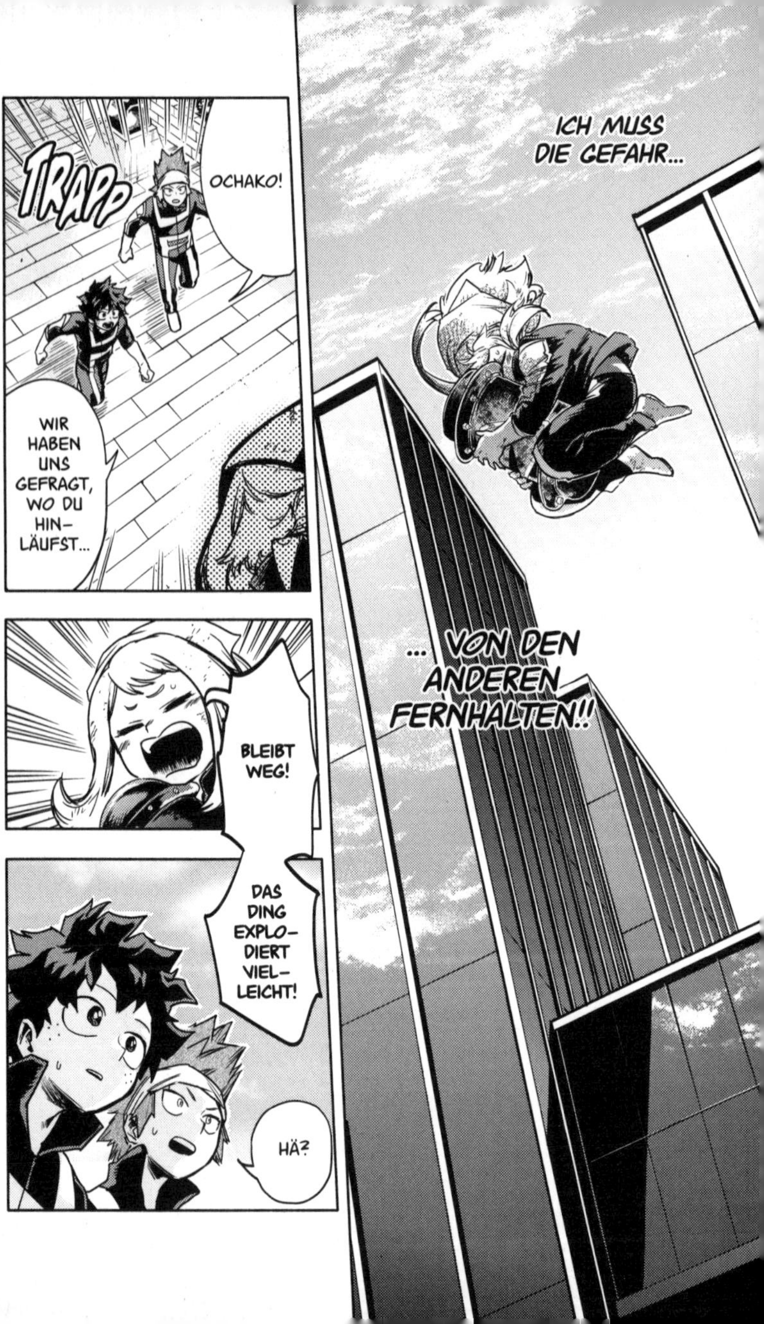
ICH MUSS DIE GEFAHR...
... VON DEN ANDEREN FERNHALTEN!!
TRAPP
OCHAKO!
WIR HABEN UNS GEFRAGT, WO DU HIN-LÄUFST...
BLEIBT WEG!
DAS DING EXPLO-DIERT VIEL-LEICHT!
HÄ?

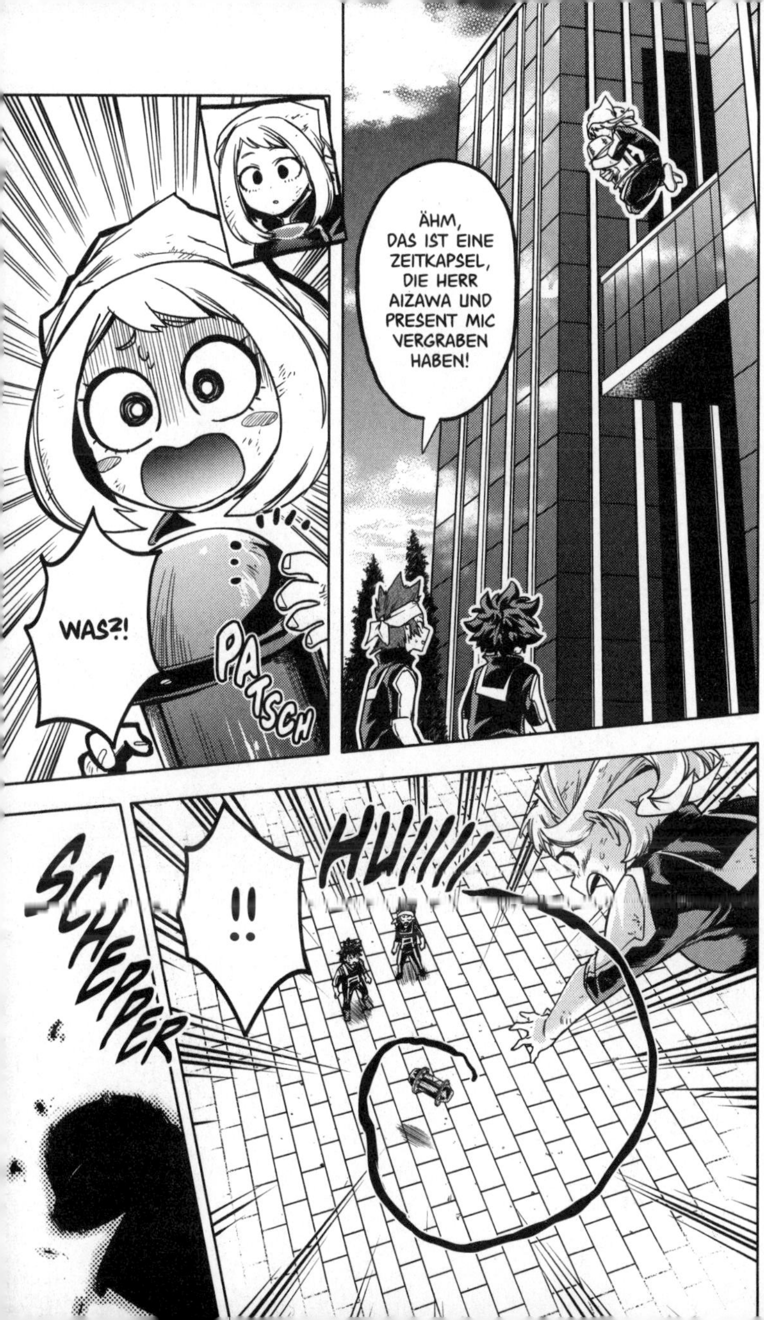
ÄHM, DAS IST EINE ZEITKAPSEL, DIE HERR AIZAWA UND PRESENT MIC VERGRABEN HABEN!
WAS?!
PATSCH
HUIIII
!!
SCHEPPER

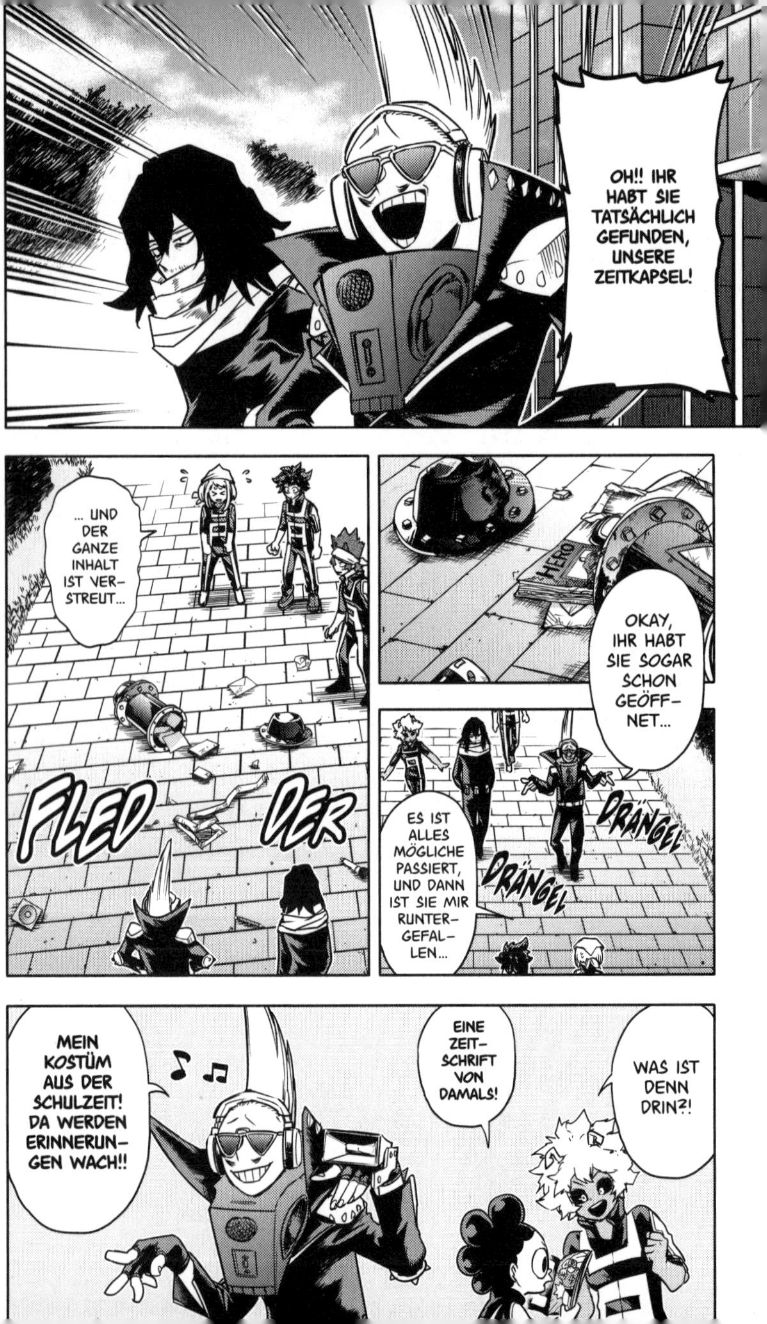
OH!! IHR HABT SIE TATSÄCHLICH GEFUNDEN, UNSERE ZEITKAPSEL!
OKAY, IHR HABT SIE SOGAR SCHON GEÖFFNET...
DRÄNGEL
DRÄNGEL
ES IST ALLES MÖGLICHE PASSIERT, UND DANN IST SIE MIR RUNTERGEFALLEN...
... UND DER GANZE INHALT IST VERSTREUT...
FLED DER
HERO
WAS IST DENN DRIN?!
EINE ZEITSCHRIFT VON DAMALS!
MEIN KOSTÜM AUS DER SCHULZEIT! DA WERDEN ERINNERUNGEN WACH!!

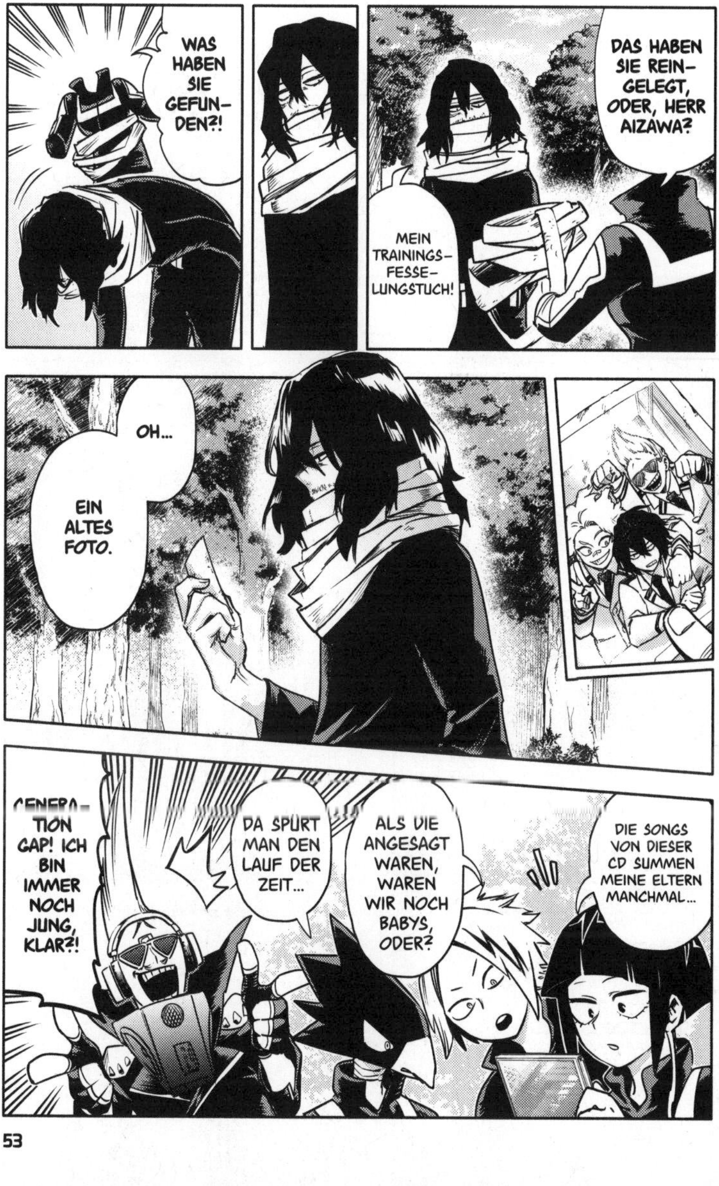
DAS HABEN SIE REIN-GELEGT, ODER, HERR AIZAWA?
MEIN TRAININGS-FESSE-LUNGSTUCH!
WAS HABEN SIE GEFUN-DEN?!
OH...
EIN ALTES FOTO.
DIE SONGS VON DIESER CD SUMMEN MEINE ELTERN MANCHMAL...
ALS DIE ANGESAGT WAREN, WAREN WIR NOCH BABYS, ODER?
DA SPÜRT MAN DEN LAUF DER ZEIT...
GENERA-TION GAP! ICH BIN IMMER NOCH JUNG, KLAR?!

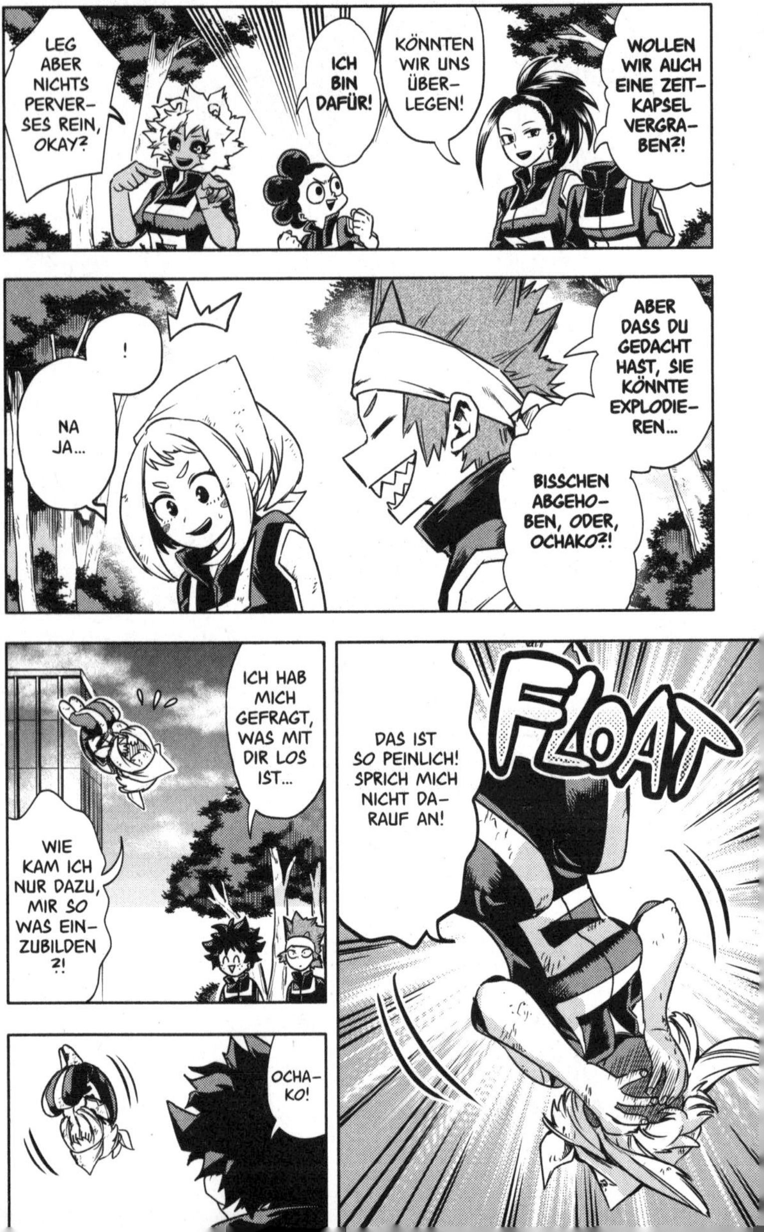
WOLLEN WIR AUCH EINE ZEIT-KAPSEL VERGRA-BEN?!
KÖNNTEN WIR UNS ÜBER-LEGEN!
ICH BIN DAFÜR!
LEG ABER NICHTS PERVER-SES REIN, OKAY?
ABER DASS DU GEDACHT HAST, SIE KÖNNTE EXPLODIE-REN...
BISSCHEN ABGEHO-BEN, ODER, OCHAKO?!
!
NA JA...
FLOAT
DAS IST SO PEINLICH! SPRICH MICH NICHT DA-RAUF AN!
ICH HAB MICH GEFRAGT, WAS MIT DIR LOS IST...
WIE KAM ICH NUR DAZU, MIR SO WAS EIN-ZUBILDEN ?!
OCHA-KO!

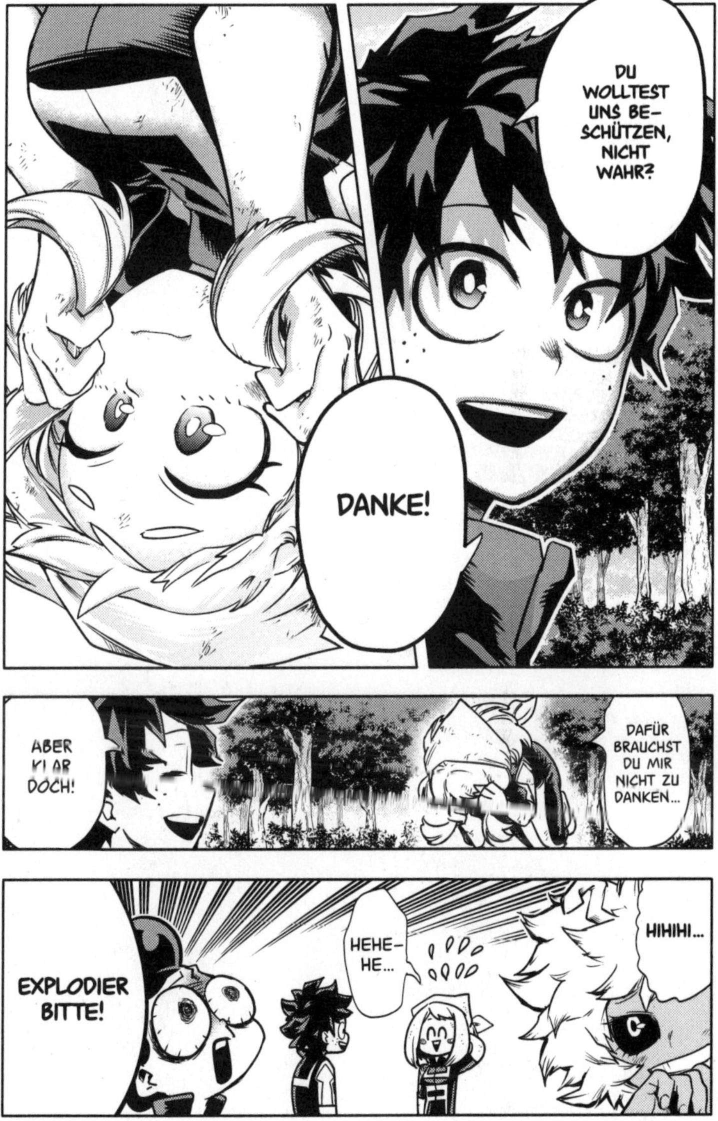
DU WOLLTEST UNS BE-SCHÜTZEN, NICHT WAHR?
DANKE!
DAFÜR BRAUCHST DU MIR NICHT ZU DANKEN...
ABER KLAR DOCH!
HIHIHI...
HEHE-HE...
EXPLODIER BITTE!

Mission 26
SCHNUPPERTAG AN DER U.A.
Helden Analysenheft
für meine Zukunft
Vol. 13
Camp

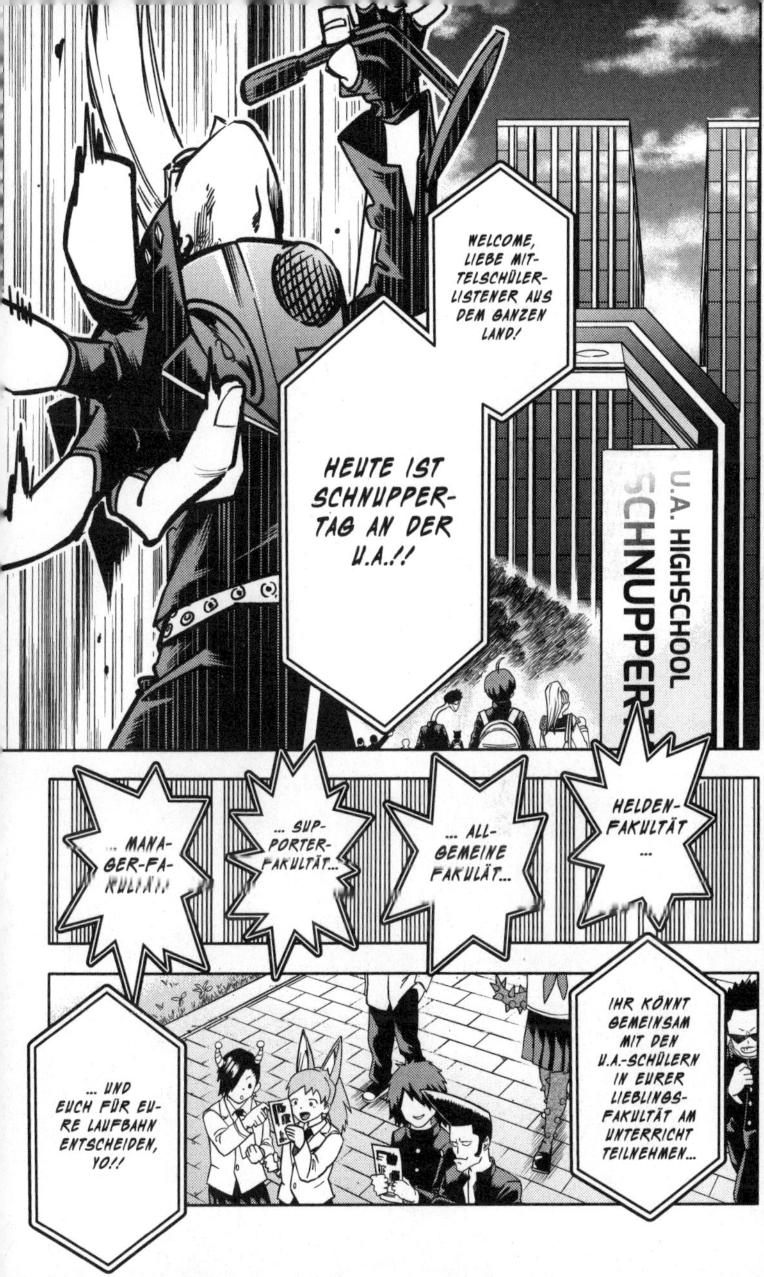
WELCOME, LIEBE MITTELSCHÜLER-LISTENER AUS DEM GANZEN LAND!
HEUTE IST SCHNUPPERTAG AN DER U.A.!!
U.A. HIGHSCHOOL
HELDEN-FAKULTÄT ...
... ALLGEMEINE FAKULÄT...
... SUPPORTERFAKULTÄT...
... MANAGER-FAKULTÄT!!
IHR KÖNNT GEMEINSAM MIT DEN U.A.-SCHÜLERN IN EURER LIEBLINGSFAKULTÄT AM UNTERRICHT TEILNEHMEN...
... UND EUCH FÜR EURE LAUFBAHN ENTSCHEIDEN, YO!!

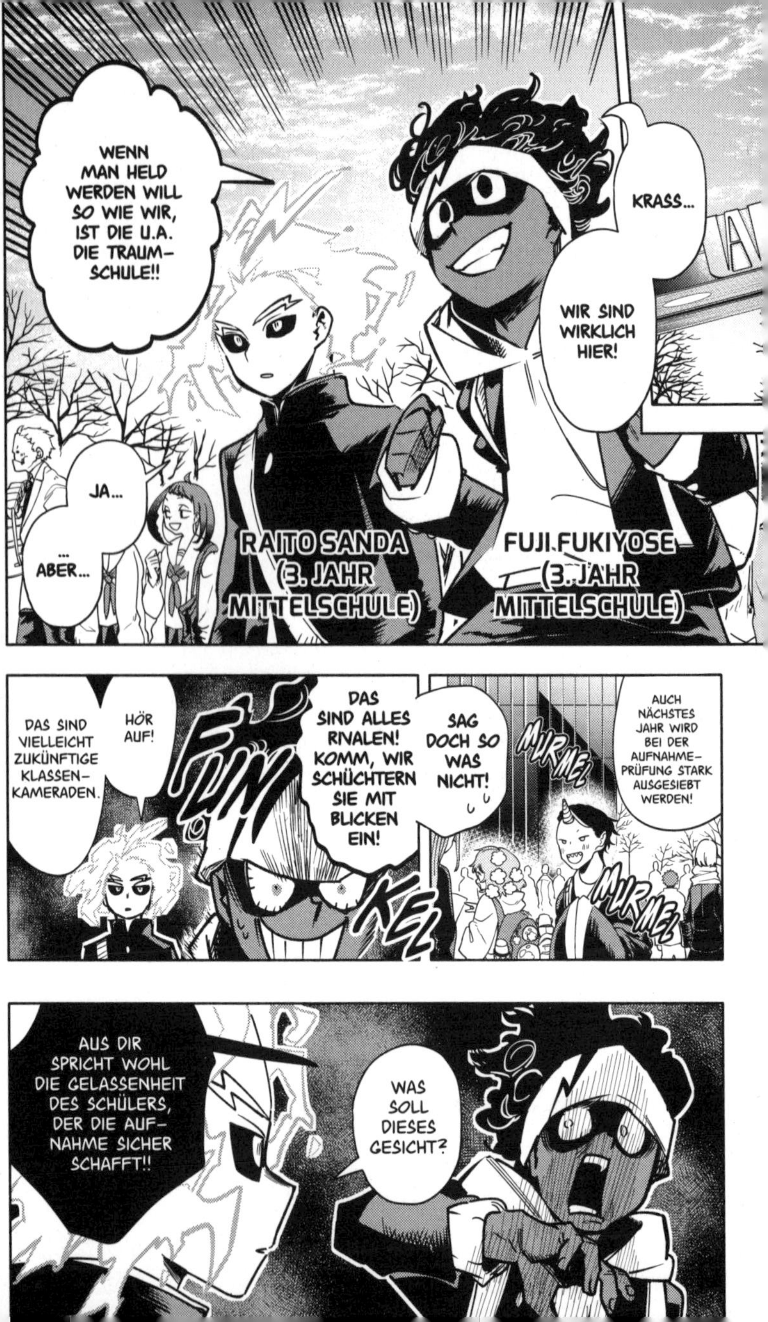
KRASS...
WIR SIND WIRKLICH HIER!
WENN MAN HELD WERDEN WILL SO WIE WIR, IST DIE U.A. DIE TRAUM-SCHULE!!
FUJI FUKIYOSE (3. JAHR MITTELSCHULE)
RAITO SANDA (3. JAHR MITTELSCHULE)
JA...
... ABER...
AUCH NÄCHSTES JAHR WIRD BEI DER AUFNAHME-PRÜFUNG STARK AUSGESIEBT WERDEN!
MURMEL
MURMEL
SAG DOCH SO WAS NICHT!
DAS SIND ALLES RIVALEN! KOMM, WIR SCHÜCHTERN SIE MIT BLICKEN EIN!
FUNKEL
HÖR AUF!
DAS SIND VIELLEICHT ZUKÜNFTIGE KLASSEN-KAMERADEN.
WAS SOLL DIESES GESICHT?
AUS DIR SPRICHT WOHL DIE GELASSENHEIT DES SCHÜLERS, DER DIE AUF-NAHME SICHER SCHAFFT!!

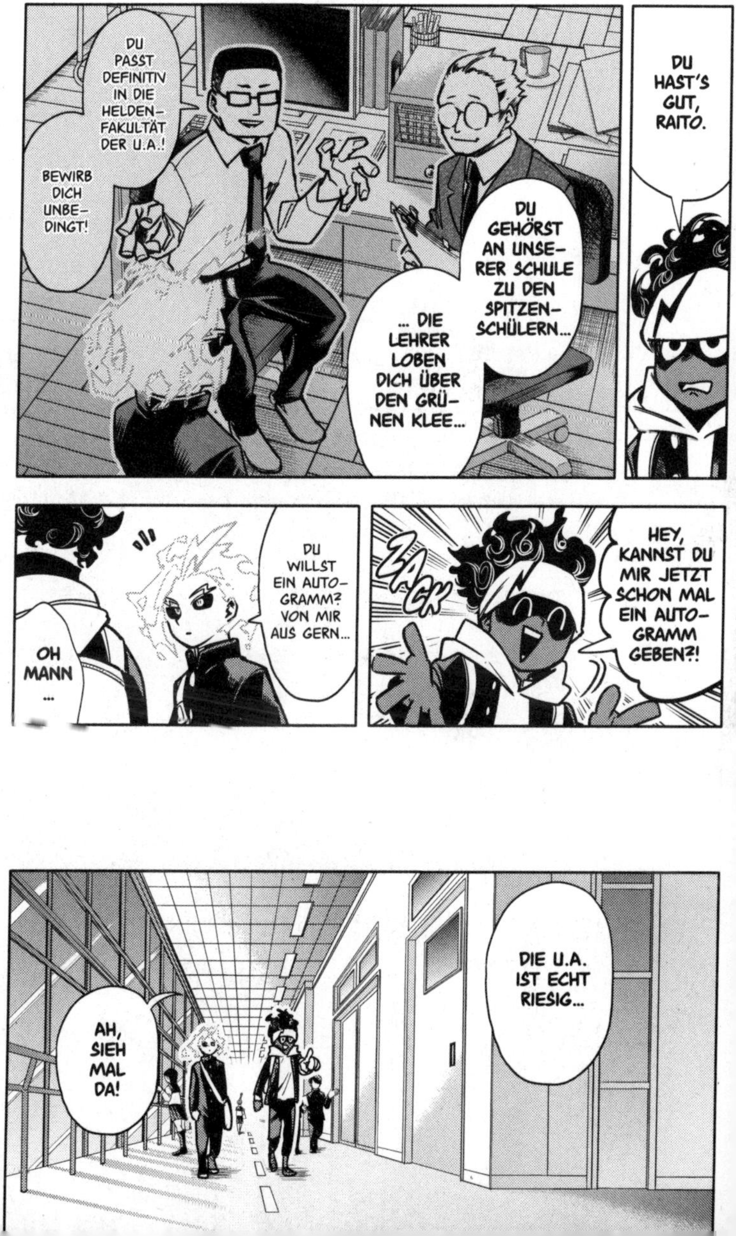
DU HAST'S GUT, RAITO.
DU GEHÖRST AN UNSERER SCHULE ZU DEN SPITZENSCHÜLERN...
... DIE LEHRER LOBEN DICH ÜBER DEN GRÜNEN KLEE...
DU PASST DEFINITIV IN DIE HELDENFAKULTÄT DER U.A.!
BEWIRB DICH UNBEDINGT!
ZACK
HEY, KANNST DU MIR JETZT SCHON MAL EIN AUTOGRAMM GEBEN?!
DU WILLST EIN AUTOGRAMM? VON MIR AUS GERN...
OH MANN ...
DIE U.A. IST ECHT RIESIG...
AH, SIEH MAL DA!

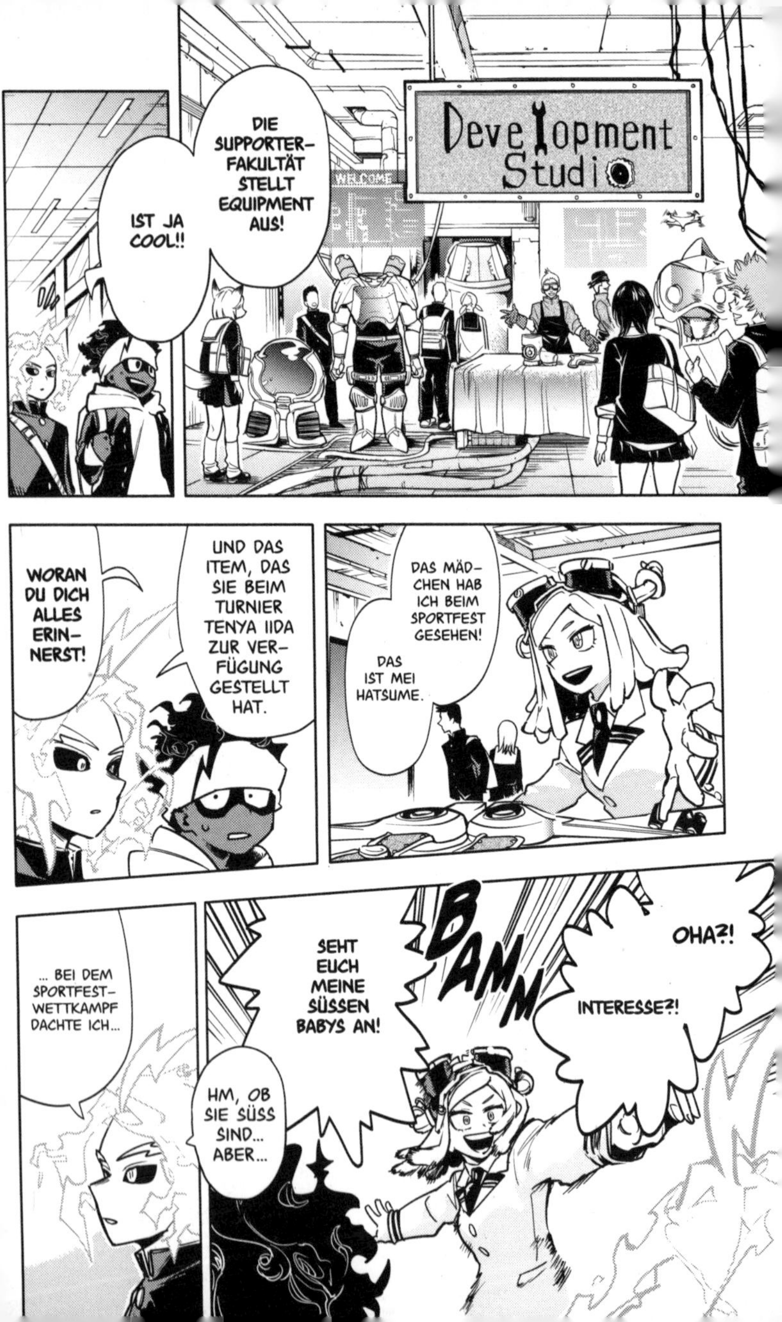
Development Studio
DIE SUPPORTER-FAKULTÄT STELLT EQUIPMENT AUS!
IST JA COOL!!
DAS MÄDCHEN HAB ICH BEIM SPORTFEST GESEHEN!
DAS IST MEI HATSUME.
UND DAS ITEM, DAS SIE BEIM TURNIER TENYA IIDA ZUR VERFÜGUNG GESTELLT HAT.
WORAN DU DICH ALLES ERINNERST!
OHA?!
INTERESSE?!
BAMM
SEHT EUCH MEINE SÜSSEN BABYS AN!
HM, OB SIE SÜSS SIND... ABER...
... BEI DEM SPORTFEST-WETTKAMPF DACHTE ICH...

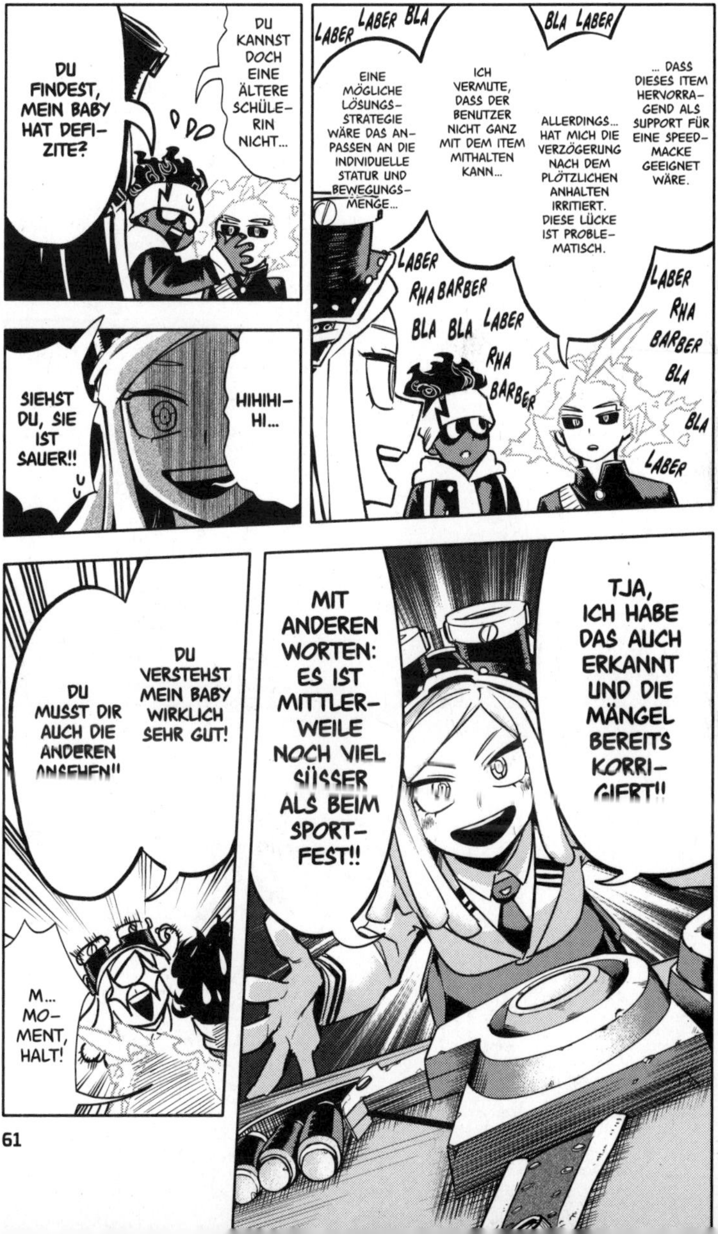
LABER LABER BLA
BLA LABER
... DASS DIESES ITEM HERVORRA-GEND ALS SUPPORT FÜR EINE SPEED-MACKE GEEIGNET WÄRE.
ALLERDINGS... HAT MICH DIE VERZÖGERUNG NACH DEM PLÖTZLICHEN ANHALTEN IRRITIERT. DIESE LÜCKE IST PROBLE-MATISCH.
ICH VERMUTE, DASS DER BENUTZER NICHT GANZ MIT DEM ITEM MITHALTEN KANN...
EINE MÖGLICHE LÖSUNGS-STRATEGIE WÄRE DAS AN-PASSEN AN DIE INDIVIDUELLE STATUR UND BEWEGUNGS-MENGE...
LABER RHABARBER BLA BLA LABER RHABARBER
LABER RHABARBER BLA BLA LABER
DU KANNST DOCH EINE ÄLTERE SCHÜLE-RIN NICHT...
DU FINDEST, MEIN BABY HAT DEFI-ZITE?
HIHIHI-HI...
SIEHST DU, SIE IST SAUER!!
TJA, ICH HABE DAS AUCH ERKANNT UND DIE MÄNGEL BEREITS KORRI-GIERT!!
MIT ANDEREN WORTEN: ES IST MITTLER-WEILE NOCH VIEL SÜSSER ALS BEIM SPORT-FEST!!
DU VERSTEHST MEIN BABY WIRKLICH SEHR GUT!
DU MUSST DIR AUCH DIE ANDEREN ANSEHEN!!
M... MO-MENT, HALT!

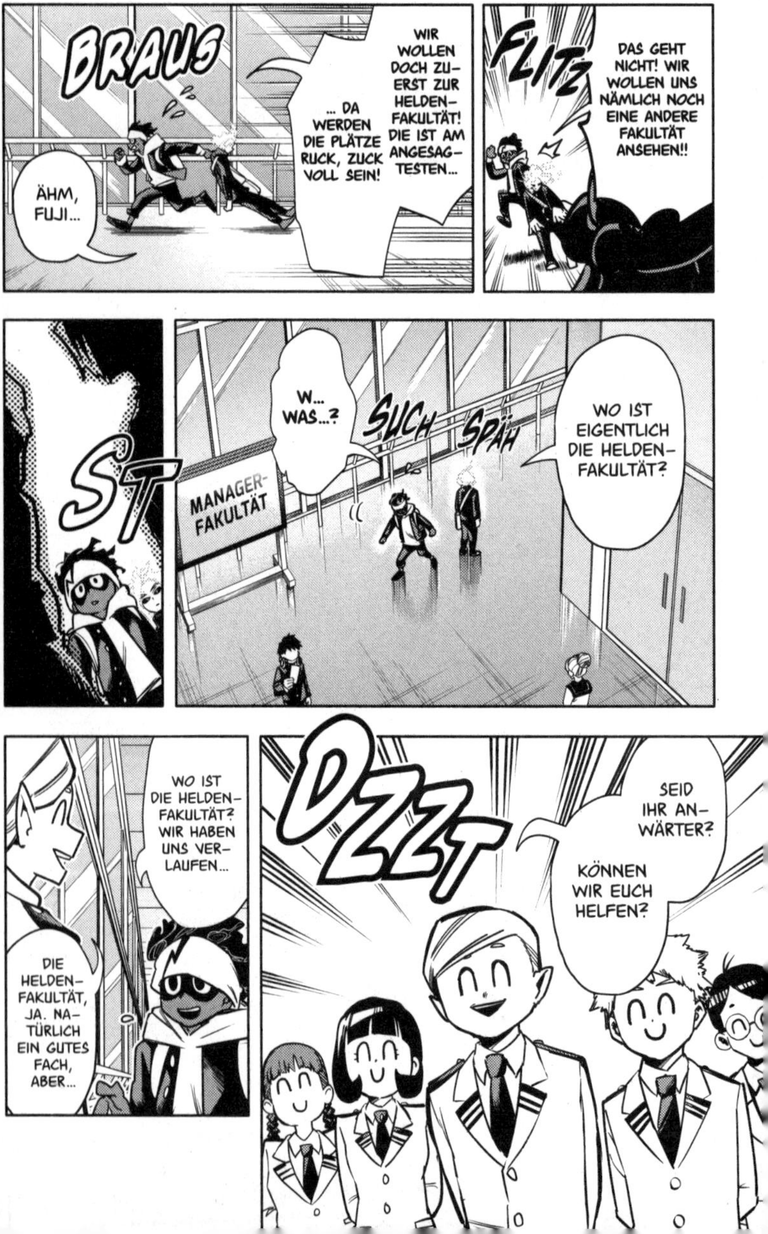
FLITZ
DAS GEHT NICHT! WIR WOLLEN UNS NÄMLICH NOCH EINE ANDERE FAKULTÄT ANSEHEN!!
BRAUS
WIR WOLLEN DOCH ZUERST ZUR HELDEN-FAKULTÄT! DIE IST AM ANGESAGTESTEN...
... DA WERDEN DIE PLÄTZE RUCK, ZUCK VOLL SEIN!
ÄHM, FUJI...
WO IST EIGENTLICH DIE HELDEN-FAKULTÄT?
SPÄH
SUCH
W... WAS...?
MANAGER-FAKULTÄT
ST
DZZT
SEID IHR ANWÄRTER?
KÖNNEN WIR EUCH HELFEN?
WO IST DIE HELDEN-FAKULTÄT? WIR HABEN UNS VERLAUFEN...
DIE HELDEN-FAKULTÄT, JA. NATÜRLICH EIN GUTES FACH, ABER...

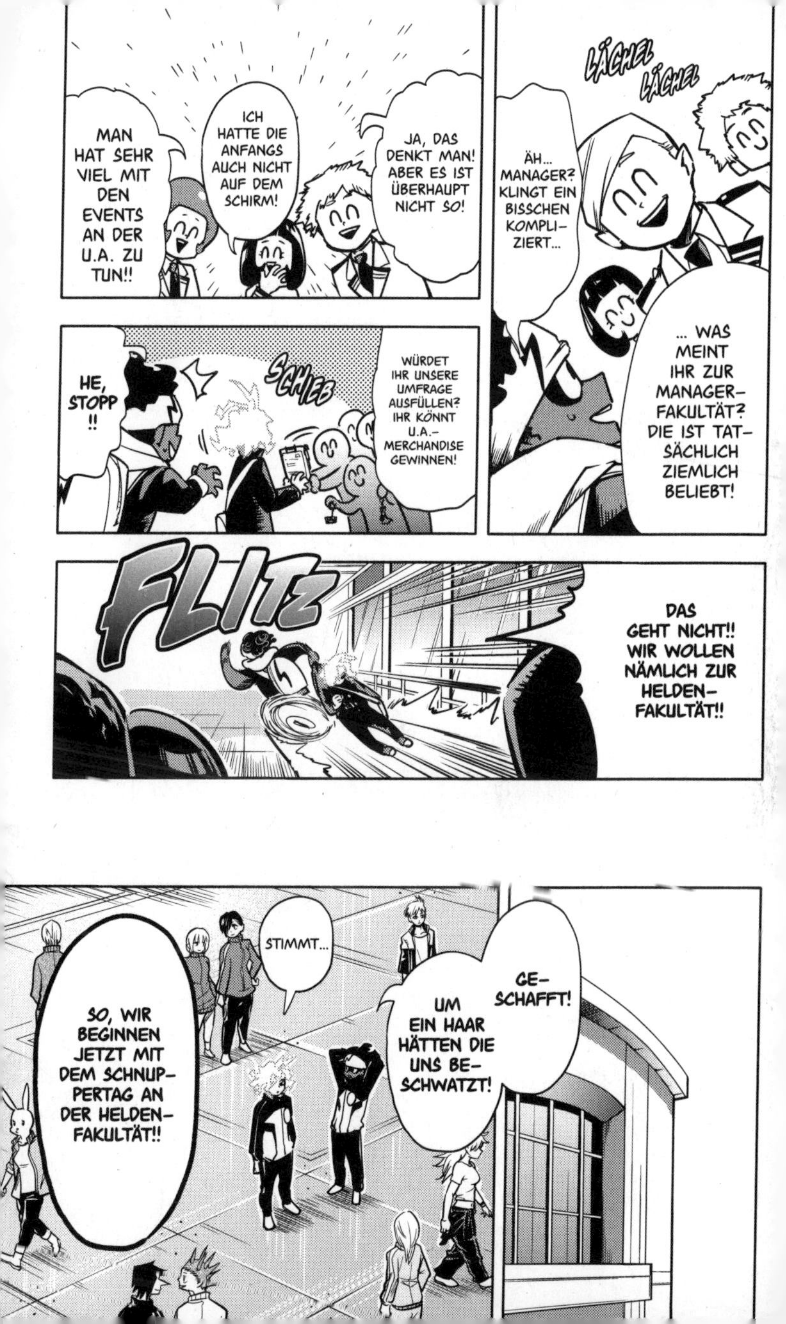
LÄCHEL LÄCHEL
ÄH... MANAGER? KLINGT EIN BISSCHEN KOMPLI-ZIERT...
... WAS MEINT IHR ZUR MANAGER-FAKULTÄT? DIE IST TAT-SÄCHLICH ZIEMLICH BELIEBT!
JA, DAS DENKT MAN! ABER ES IST ÜBERHAUPT NICHT SO!
ICH HATTE DIE ANFANGS AUCH NICHT AUF DEM SCHIRM!
MAN HAT SEHR VIEL MIT DEN EVENTS AN DER U.A. ZU TUN!!
WÜRDET IHR UNSERE UMFRAGE AUSFÜLLEN? IHR KÖNNT U.A.-MERCHANDISE GEWINNEN!
SCHIEB
HE, STOPP!!
FLITZ
DAS GEHT NICHT!! WIR WOLLEN NÄMLICH ZUR HELDEN-FAKULTÄT!!
GE-SCHAFFT!
UM EIN HAAR HÄTTEN DIE UNS BE-SCHWATZT!
STIMMT...
SO, WIR BEGINNEN JETZT MIT DEM SCHNUP-PERTAG AN DER HELDEN-FAKULTÄT!!

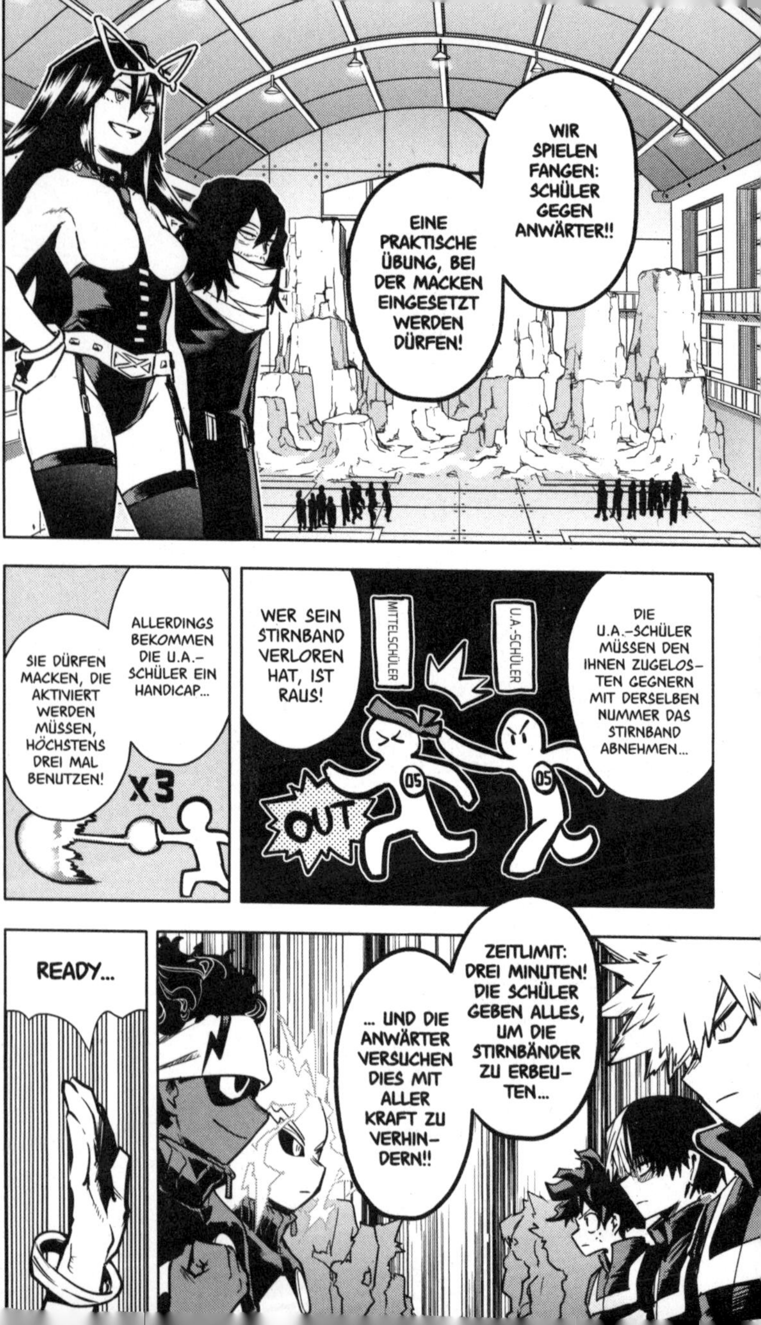
WIR SPIELEN FANGEN: SCHÜLER GEGEN ANWÄRTER!!
EINE PRAKTISCHE ÜBUNG, BEI DER MACKEN EINGESETZT WERDEN DÜRFEN!
DIE U.A.-SCHÜLER MÜSSEN DEN IHNEN ZUGELOSTEN GEGNERN MIT DERSELBEN NUMMER DAS STIRNBAND ABNEHMEN…
U.A.-SCHÜLER
MITTELSCHÜLER
05
05
WER SEIN STIRNBAND VERLOREN HAT, IST RAUS!
OUT
ALLERDINGS BEKOMMEN DIE U.A.-SCHÜLER EIN HANDICAP…
SIE DÜRFEN MACKEN, DIE AKTIVIERT WERDEN MÜSSEN, HÖCHSTENS DREI MAL BENUTZEN!
X3
ZEITLIMIT: DREI MINUTEN! DIE SCHÜLER GEBEN ALLES, UM DIE STIRNBÄNDER ZU ERBEUTEN…
… UND DIE ANWÄRTER VERSUCHEN DIES MIT ALLER KRAFT ZU VERHINDERN!!
READY…

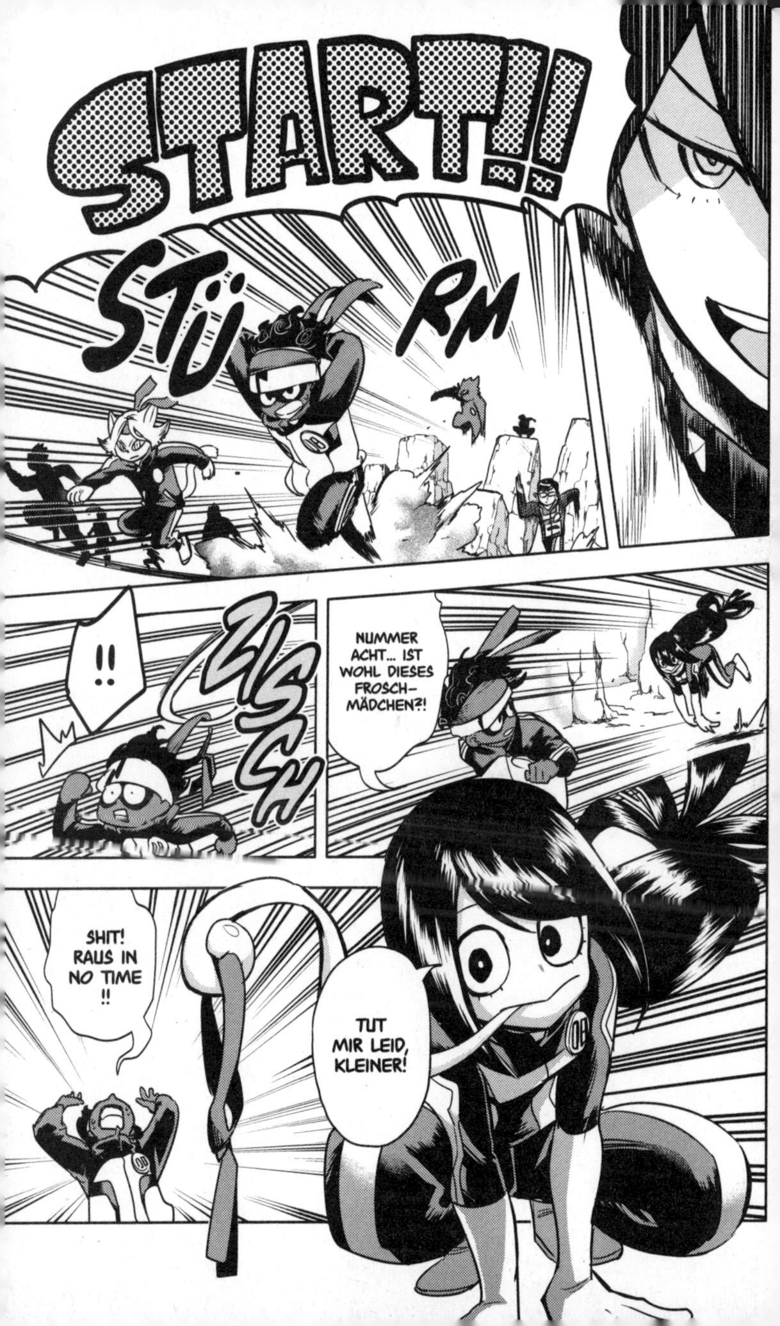

START!!
STÜ RM
NUMMER ACHT... IST WOHL DIESES FROSCH-MÄDCHEN?!
!!
ZISCH
TUT MIR LEID, KLEINER!
SHIT! RAUS IN NO TIME !!

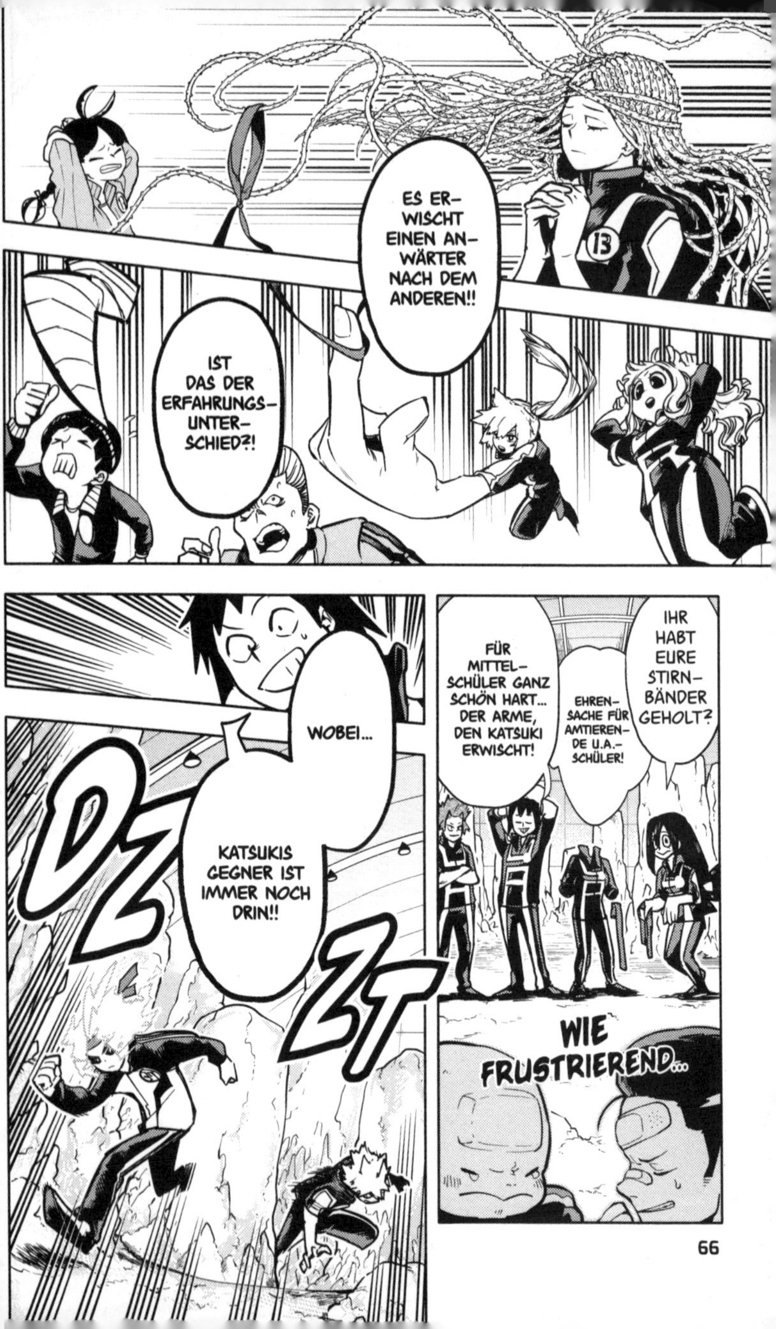

ES ERWISCHT EINEN ANWÄRTER NACH DEM ANDEREN!!
IST DAS DER ERFAHRUNGSUNTERSCHIED?!
IHR HABT EURE STIRNBÄNDER GEHOLT?
EHRENSACHE FÜR AMTIERENDE U.A.-SCHÜLER!
FÜR MITTELSCHÜLER GANZ SCHÖN HART... DER ARME, DEN KATSUKI ERWISCHT!
WIE FRUSTRIEREND...
WOBEI...
KATSUKIS GEGNER IST IMMER NOCH DRIN!!
DZZT

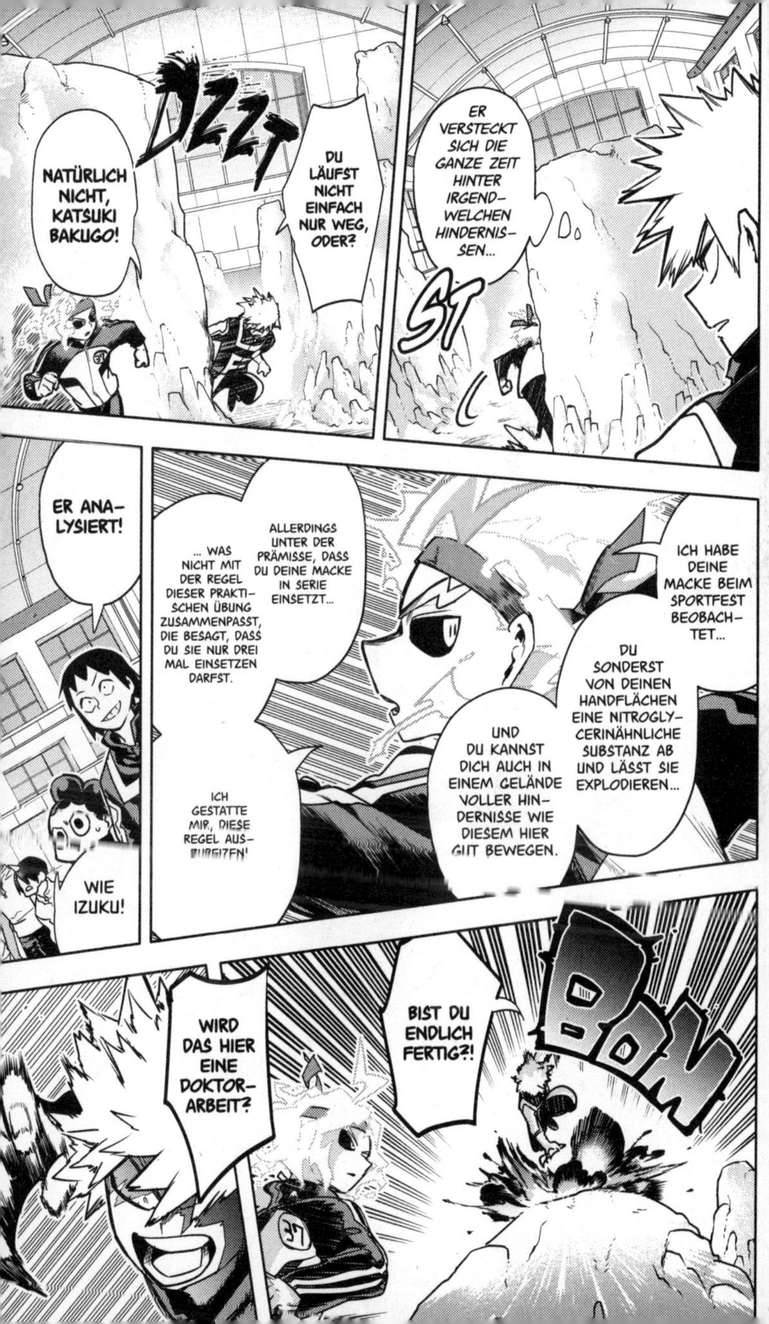
ER VERSTECKT SICH DIE GANZE ZEIT HINTER IRGENDWELCHEN HINDERNISSEN...
ST
DZZT
DU LÄUFST NICHT EINFACH NUR WEG, ODER?
NATÜRLICH NICHT, KATSUKI BAKUGO!
ICH HABE DEINE MACKE BEIM SPORTFEST BEOBACHTET...
DU SONDERST VON DEINEN HANDFLÄCHEN EINE NITROGLYCERINÄHNLICHE SUBSTANZ AB UND LÄSST SIE EXPLODIEREN...
UND DU KANNST DICH AUCH IN EINEM GELÄNDE VOLLER HINDERNISSE WIE DIESEM HIER GUT BEWEGEN.
ALLERDINGS UNTER DER PRÄMISSE, DASS DU DEINE MACKE IN SERIE EINSETZT...
... WAS NICHT MIT DER REGEL DIESER PRAKTISCHEN ÜBUNG ZUSAMMENPASST, DIE BESAGT, DASS DU SIE NUR DREI MAL EINSETZEN DARFST.
ICH GESTATTE MIR, DIESE REGEL AUSZUREIZEN!
ER ANALYSIERT!
WIE IZUKU!
BOOM
BIST DU ENDLICH FERTIG?!
WIRD DAS HIER EINE DOKTORARBEIT?

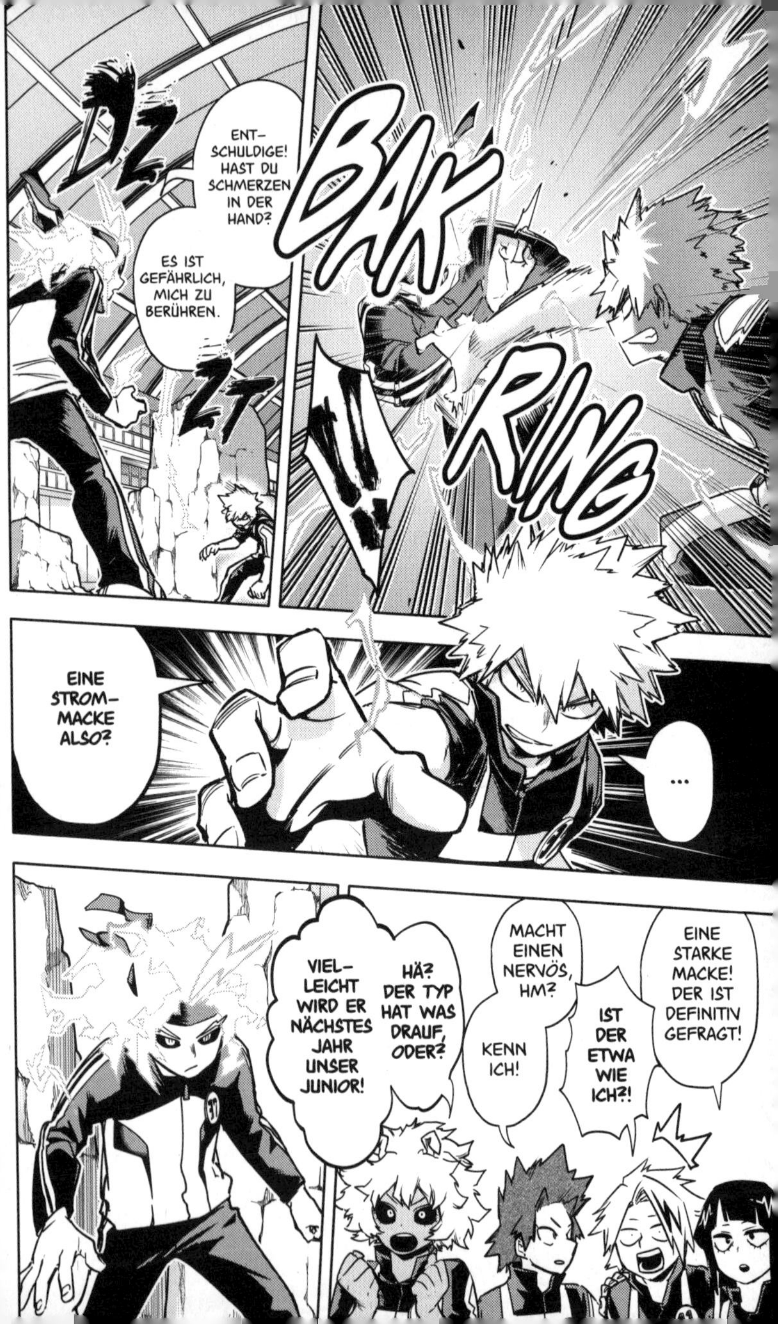

BAKRING
!!
DZ
ENT-SCHULDIGE! HAST DU SCHMERZEN IN DER HAND?
ES IST GEFÄHRLICH, MICH ZU BERÜHREN.
ZT
...
EINE STROM-MACKE ALSO?
EINE STARKE MACKE! DER IST DEFINITIV GEFRAGT!
IST DER ETWA WIE ICH?!
MACHT EINEN NERVÖS, HM?
KENN ICH!
HÄ? DER TYP HAT WAS DRAUF, ODER?
VIEL-LEICHT WIRD ER NÄCHSTES JAHR UNSER JUNIOR!

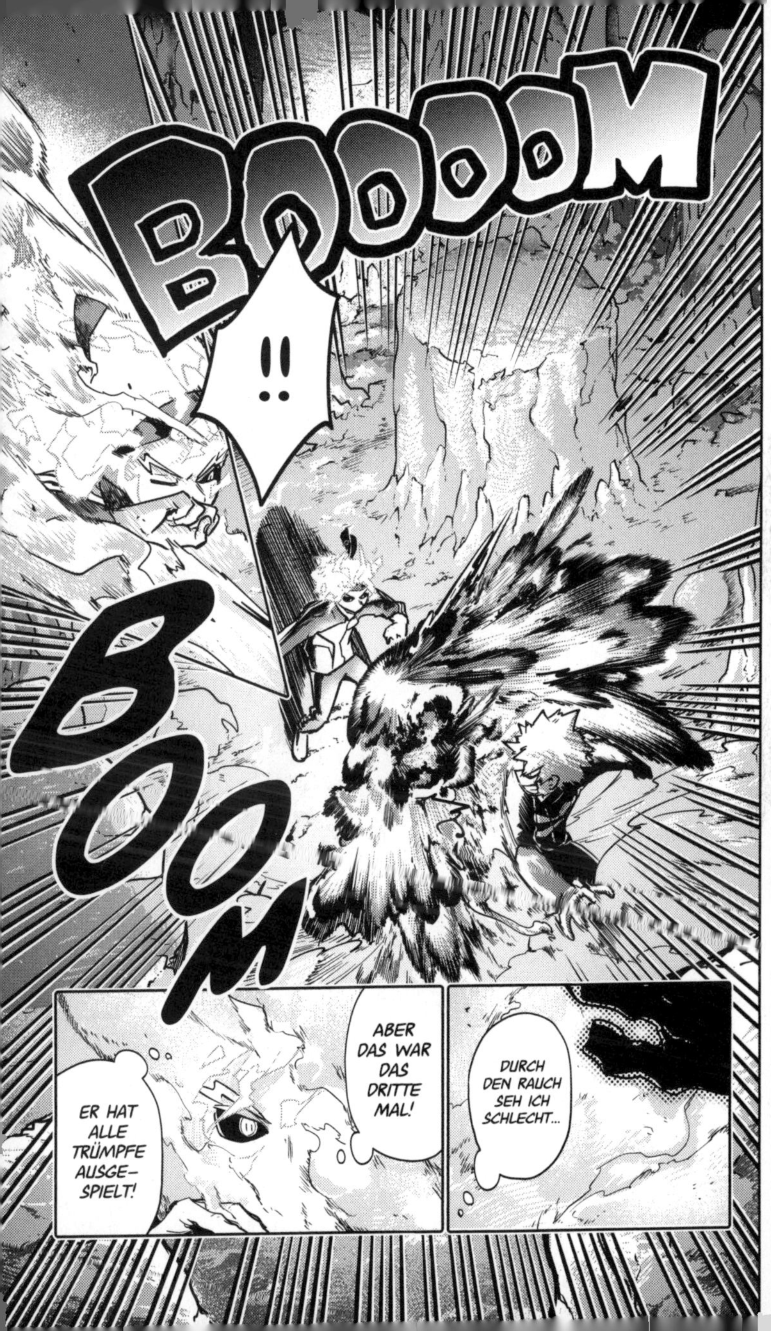
BOOOOOM
!!
BOOM
ABER DAS WAR DAS DRITTE MAL!
ER HAT ALLE TRÜMPFE AUSGE-SPIELT!
DURCH DEN RAUCH SEH ICH SCHLECHT...

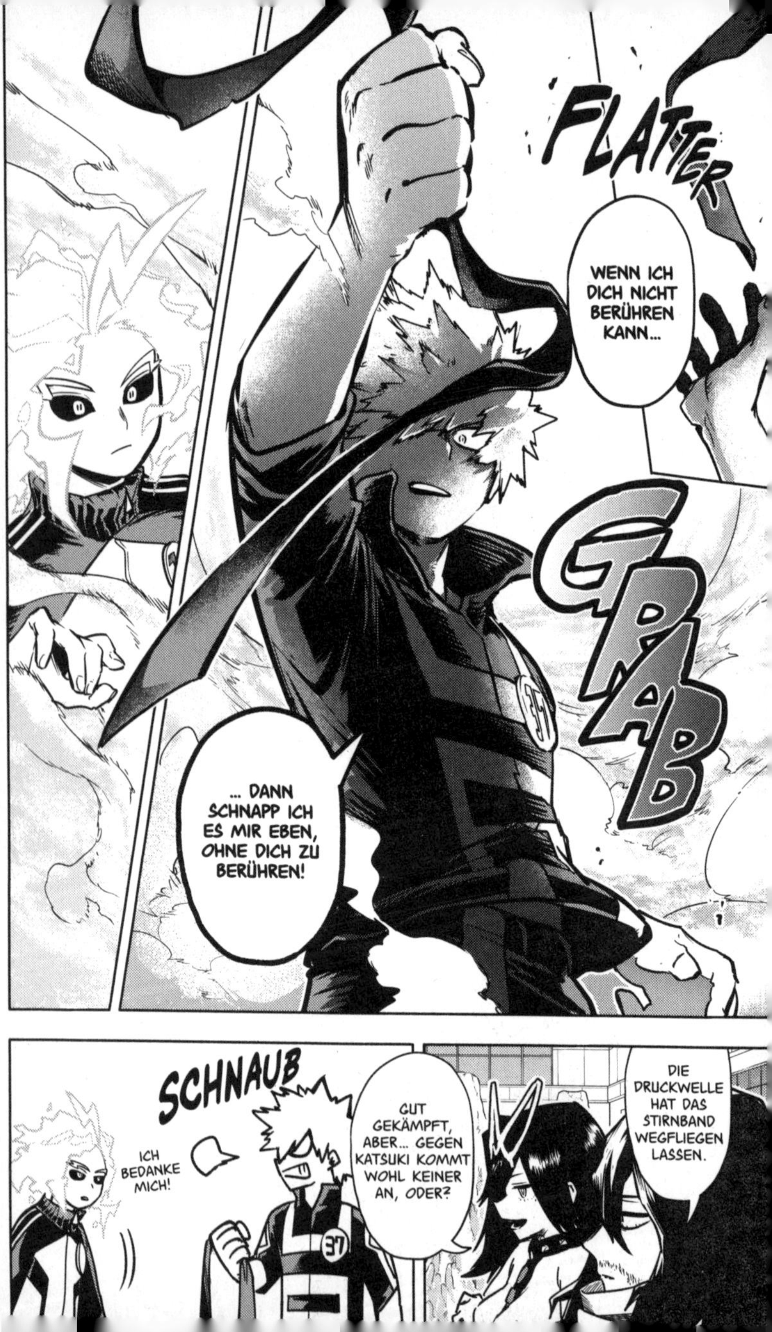
FLATTER
WENN ICH DICH NICHT BERÜHREN KANN...
GRAB
... DANN SCHNAPP ICH ES MIR EBEN, OHNE DICH ZU BERÜHREN!
DIE DRUCKWELLE HAT DAS STIRNBAND WEGFLIEGEN LASSEN.
GUT GEKÄMPFT, ABER... GEGEN KATSUKI KOMMT WOHL KEINER AN, ODER?
SCHNAUB
ICH BEDANKE MICH!

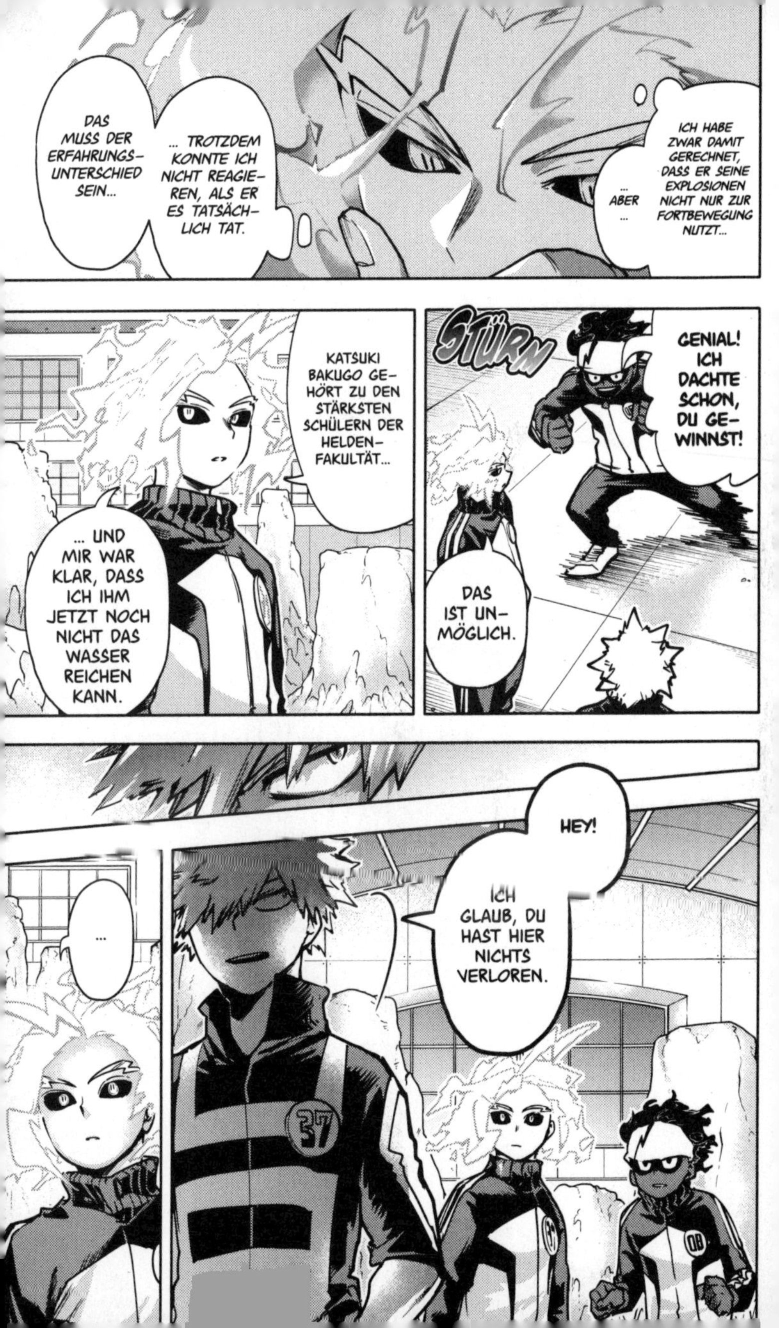
ICH HABE ZWAR DAMIT GERECHNET, DASS ER SEINE EXPLOSIONEN NICHT NUR ZUR FORTBEWEGUNG NUTZT...
... ABER ...
... TROTZDEM KONNTE ICH NICHT REAGIEREN, ALS ER ES TATSÄCHLICH TAT.
DAS MUSS DER ERFAHRUNGSUNTERSCHIED SEIN...
STÜRM
GENIAL! ICH DACHTE SCHON, DU GEWINNST!
DAS IST UNMÖGLICH.
KATSUKI BAKUGO GEHÖRT ZU DEN STÄRKSTEN SCHÜLERN DER HELDEN-FAKULTÄT...
... UND MIR WAR KLAR, DASS ICH IHM JETZT NOCH NICHT DAS WASSER REICHEN KANN.
HEY!
ICH GLAUB, DU HAST HIER NICHTS VERLOREN.
...

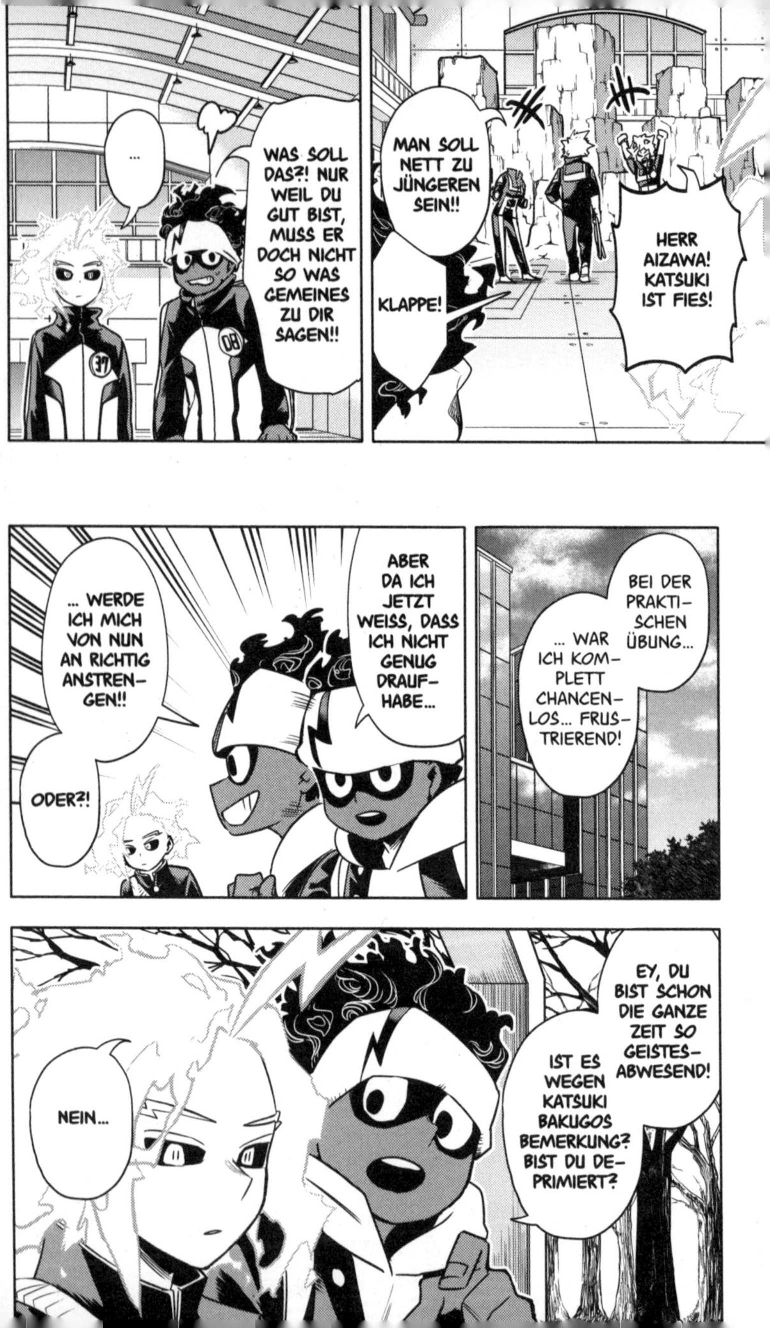
HERR AIZAWA! KATSUKI IST FIES!
MAN SOLL NETT ZU JÜNGEREN SEIN!!
KLAPPE!
WAS SOLL DAS?! NUR WEIL DU GUT BIST, MUSS ER DOCH NICHT SO WAS GEMEINES ZU DIR SAGEN!!
...
BEI DER PRAKTISCHEN ÜBUNG...
... WAR ICH KOMPLETT CHANCENLOS... FRUSTRIEREND!
ABER DA ICH JETZT WEISS, DASS ICH NICHT GENUG DRAUFHABE...
... WERDE ICH MICH VON NUN AN RICHTIG ANSTRENGEN!!
ODER?!
EY, DU BIST SCHON DIE GANZE ZEIT SO GEISTESABWESEND!
IST ES WEGEN KATSUKI BAKUGOS BEMERKUNG? BIST DU DEPRIMIERT?
NEIN...

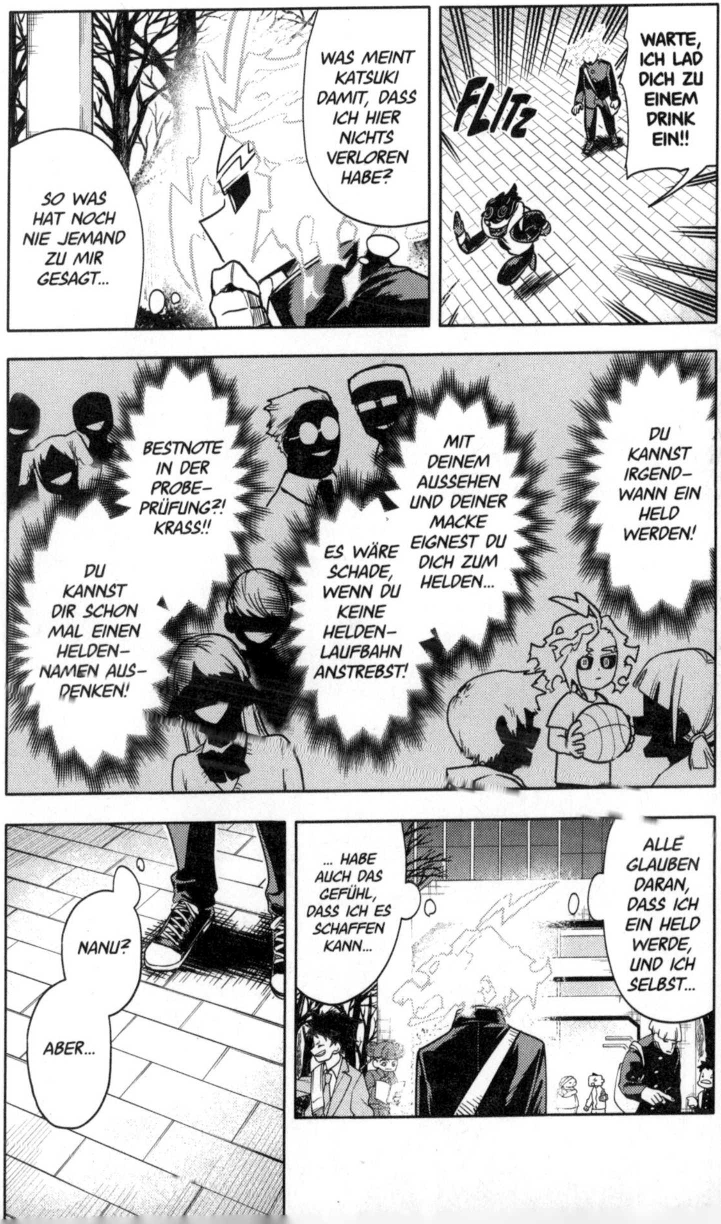

WARTE, ICH LAD DICH ZU EINEM DRINK EIN!!
FLITZ
WAS MEINT KATSUKI DAMIT, DASS ICH HIER NICHTS VERLOREN HABE?
SO WAS HAT NOCH NIE JEMAND ZU MIR GESAGT...
DU KANNST IRGENDWANN EIN HELD WERDEN!
MIT DEINEM AUSSEHEN UND DEINER MACKE EIGNEST DU DICH ZUM HELDEN...
ES WÄRE SCHADE, WENN DU KEINE HELDENLAUFBAHN ANSTREBST!
BESTNOTE IN DER PROBEPRÜFUNG?! KRASS!!
DU KANNST DIR SCHON MAL EINEN HELDENNAMEN AUSDENKEN!
ALLE GLAUBEN DARAN, DASS ICH EIN HELD WERDE, UND ICH SELBST...
... HABE AUCH DAS GEFÜHL, DASS ICH ES SCHAFFEN KANN...
NANU?
ABER...

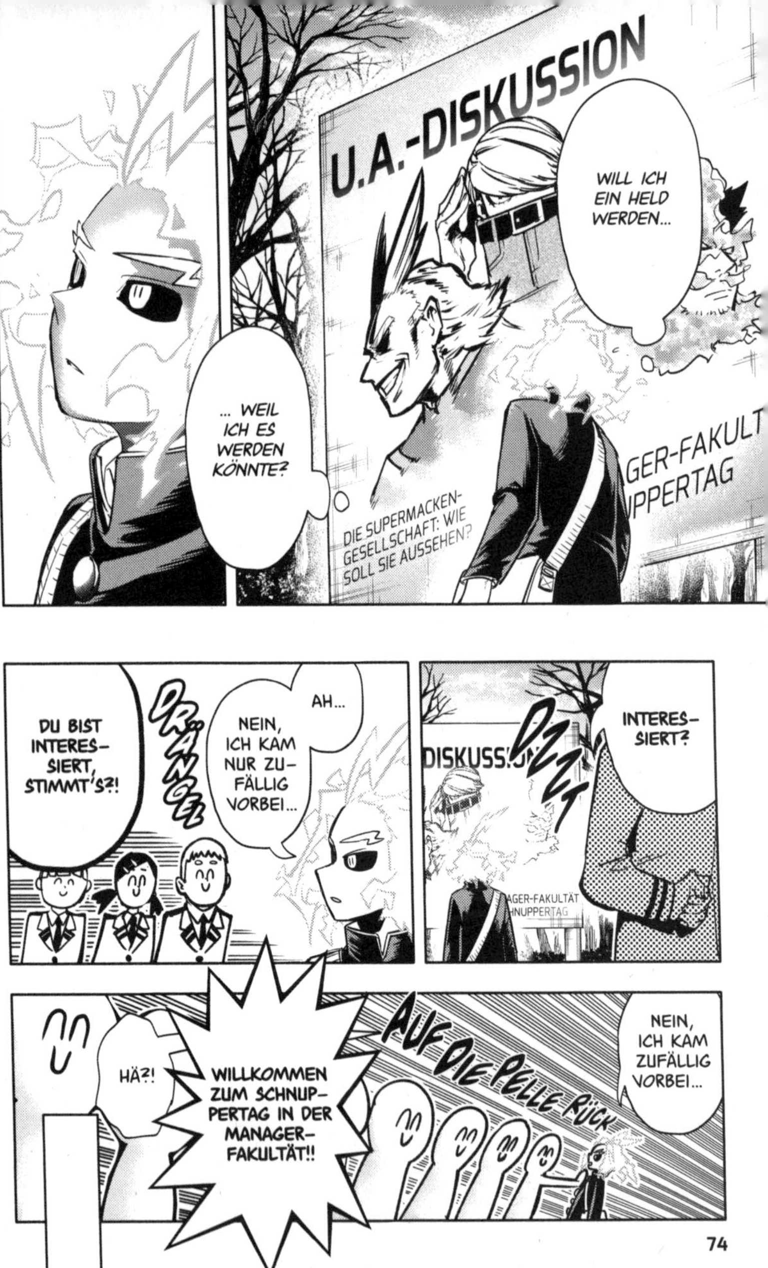
U.A.-DISKUSSION
WILL ICH EIN HELD WERDEN...
... WEIL ICH ES WERDEN KÖNNTE?
DIE SUPERMACKEN-GESELLSCHAFT: WIE SOLL SIE AUSSEHEN?
GER-FAKULT
UPPERTAG
INTERES-SIERT?
DZZZT
DISKUSS
AGER-FAKULTÄT
HNUPPERTAG
AH...
NEIN, ICH KAM NUR ZU-FÄLLIG VORBEI...
DRÄNGEL
DU BIST INTERES-SIERT, STIMMT'S?!
NEIN, ICH KAM ZUFÄLLIG VORBEI...
AUF DIE PELLE RÜCK
WILLKOMMEN ZUM SCHNUP-PERTAG IN DER MANAGER-FAKULTÄT!!
HÄ?!

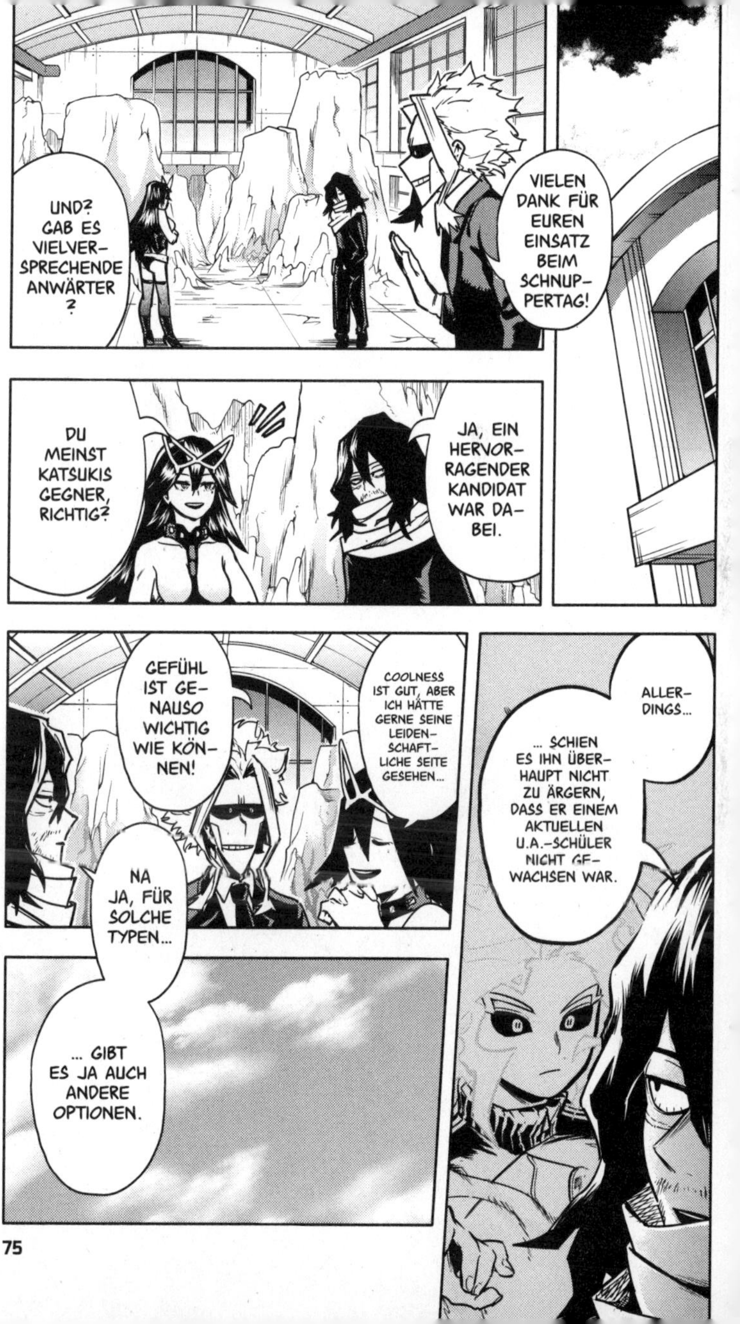
VIELEN DANK FÜR EUREN EINSATZ BEIM SCHNUP-PERTAG!
UND? GAB ES VIELVER-SPRECHENDE ANWÄRTER?
JA, EIN HERVOR-RAGENDER KANDIDAT WAR DA-BEI.
DU MEINST KATSUKIS GEGNER, RICHTIG?
ALLER-DINGS…
… SCHIEN ES IHN ÜBER-HAUPT NICHT ZU ÄRGERN, DASS ER EINEM AKTUELLEN U.A.-SCHÜLER NICHT GE-WACHSEN WAR.
COOLNESS IST GUT, ABER ICH HÄTTE GERNE SEINE LEIDEN-SCHAFT-LICHE SEITE GESEHEN…
GEFÜHL IST GE-NAUSO WICHTIG WIE KÖN-NEN!
NA JA, FÜR SOLCHE TYPEN…
… GIBT ES JA AUCH ANDERE OPTIONEN.

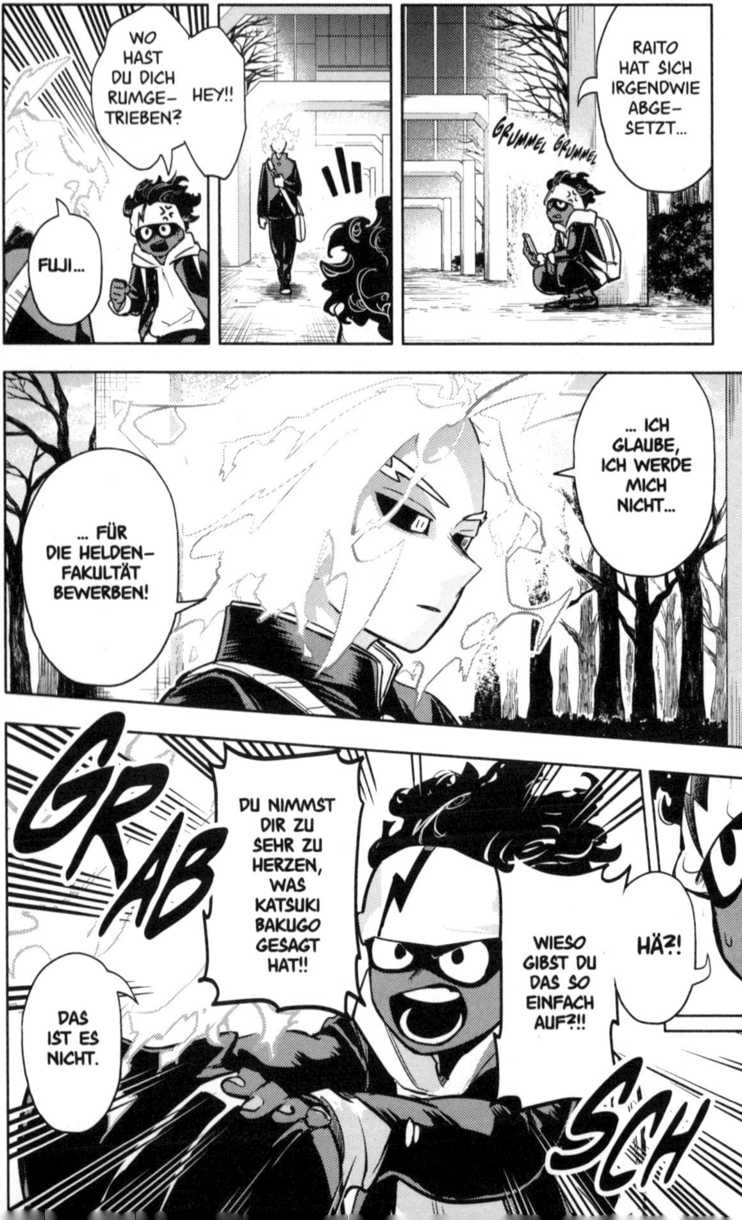
RAITO HAT SICH IRGENDWIE ABGE-SETZT...
GRUMMEL GRUMMEL
HEY!!
WO HAST DU DICH RUMGE-TRIEBEN?
FUJI...
... ICH GLAUBE, ICH WERDE MICH NICHT...
... FÜR DIE HELDEN-FAKULTÄT BEWERBEN!
HÄ?!
WIESO GIBST DU DAS SO EINFACH AUF?!!
SCH
DU NIMMST DIR ZU SEHR ZU HERZEN, WAS KATSUKI BAKUGO GESAGT HAT!!
GRAB
DAS IST ES NICHT.

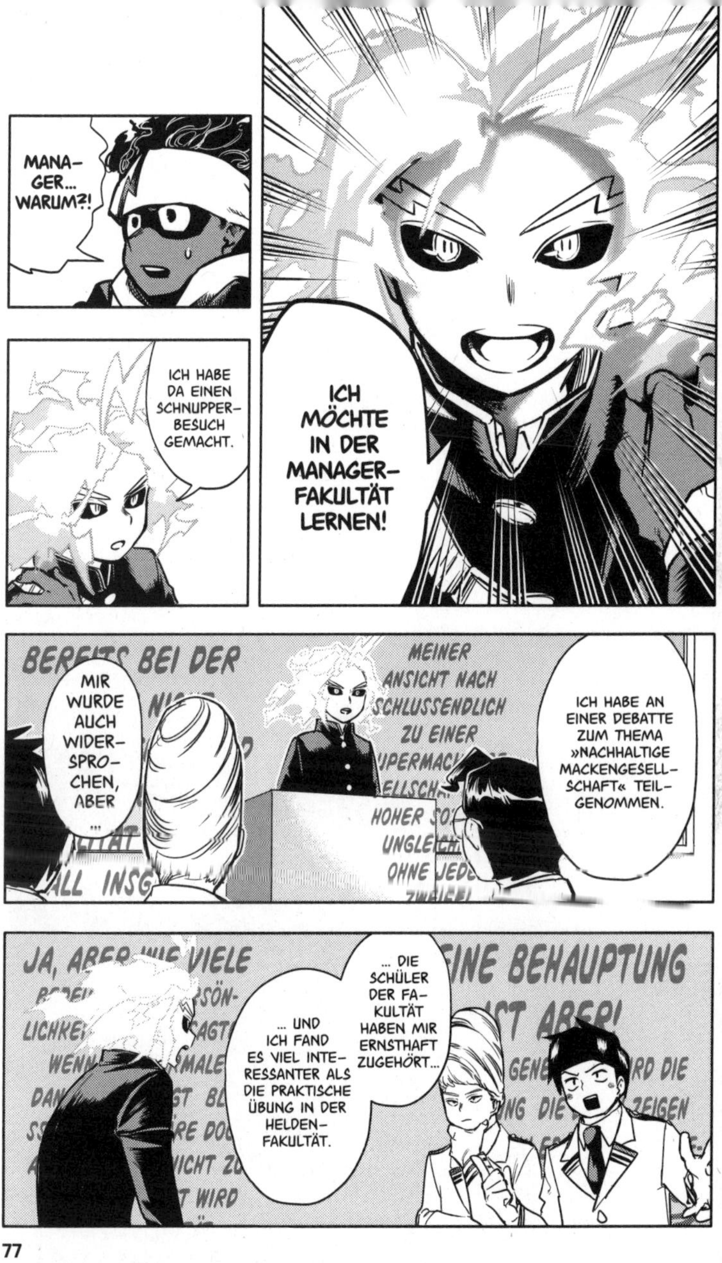
ICH MÖCHTE IN DER MANAGER-FAKULTÄT LERNEN!
MANA-GER... WARUM?!
ICH HABE DA EINEN SCHNUPPER-BESUCH GEMACHT.
ICH HABE AN EINER DEBATTE ZUM THEMA »NACHHALTIGE MACKENGESELL-SCHAFT« TEIL-GENOMMEN.
MEINER ANSICHT NACH SCHLUSSENDLICH ZU EINER
MIR WURDE AUCH WIDER-SPRO-CHEN, ABER ...
... DIE SCHÜLER DER FA-KULTÄT HABEN MIR ERNSTHAFT ZUGEHÖRT...
... UND ICH FAND ES VIEL INTE-RESSANTER ALS DIE PRAKTISCHE ÜBUNG IN DER HELDEN-FAKULTÄT.

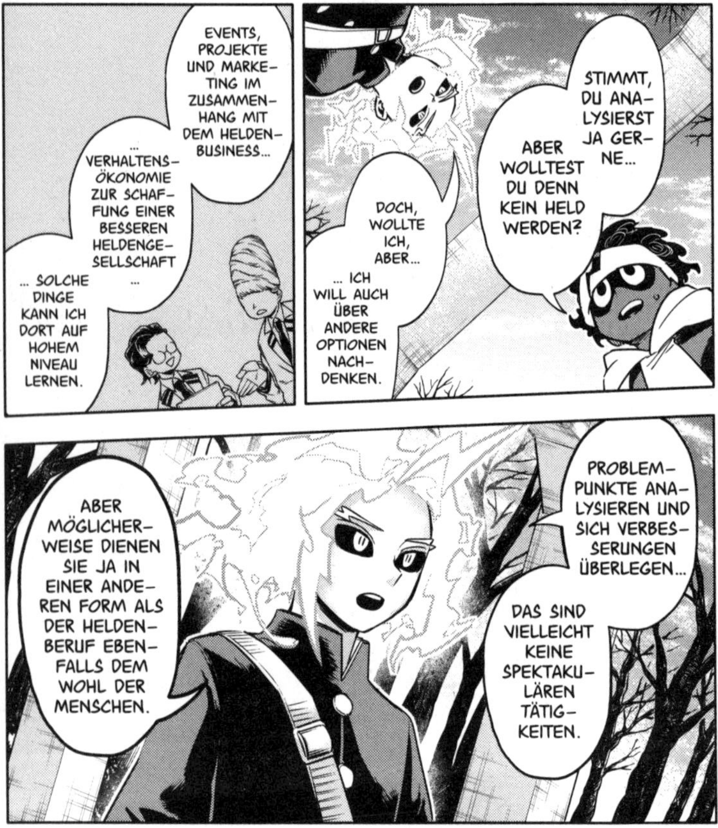
STIMMT, DU ANALYSIERST JA GERNE...
ABER WOLLTEST DU DENN KEIN HELD WERDEN?
DOCH, WOLLTE ICH, ABER...
... ICH WILL AUCH ÜBER ANDERE OPTIONEN NACHDENKEN.
EVENTS, PROJEKTE UND MARKETING IM ZUSAMMENHANG MIT DEM HELDENBUSINESS...
... VERHALTENSÖKONOMIE ZUR SCHAFFUNG EINER BESSEREN HELDENGESELLSCHAFT ...
... SOLCHE DINGE KANN ICH DORT AUF HOHEM NIVEAU LERNEN.
PROBLEMPUNKTE ANALYSIEREN UND SICH VERBESSERUNGEN ÜBERLEGEN...
DAS SIND VIELLEICHT KEINE SPEKTAKULÄREN TÄTIGKEITEN.
ABER MÖGLICHERWEISE DIENEN SIE JA IN EINER ANDEREN FORM ALS DER HELDENBERUF EBENFALLS DEM WOHL DER MENSCHEN.
UNBESUNGENE HELDEN HINTER DEN KULISSEN?
UUUND HOPP!
JA, DAS IST IRGENDWIE AUCH ZIEMLICH COOL!!
ODER?

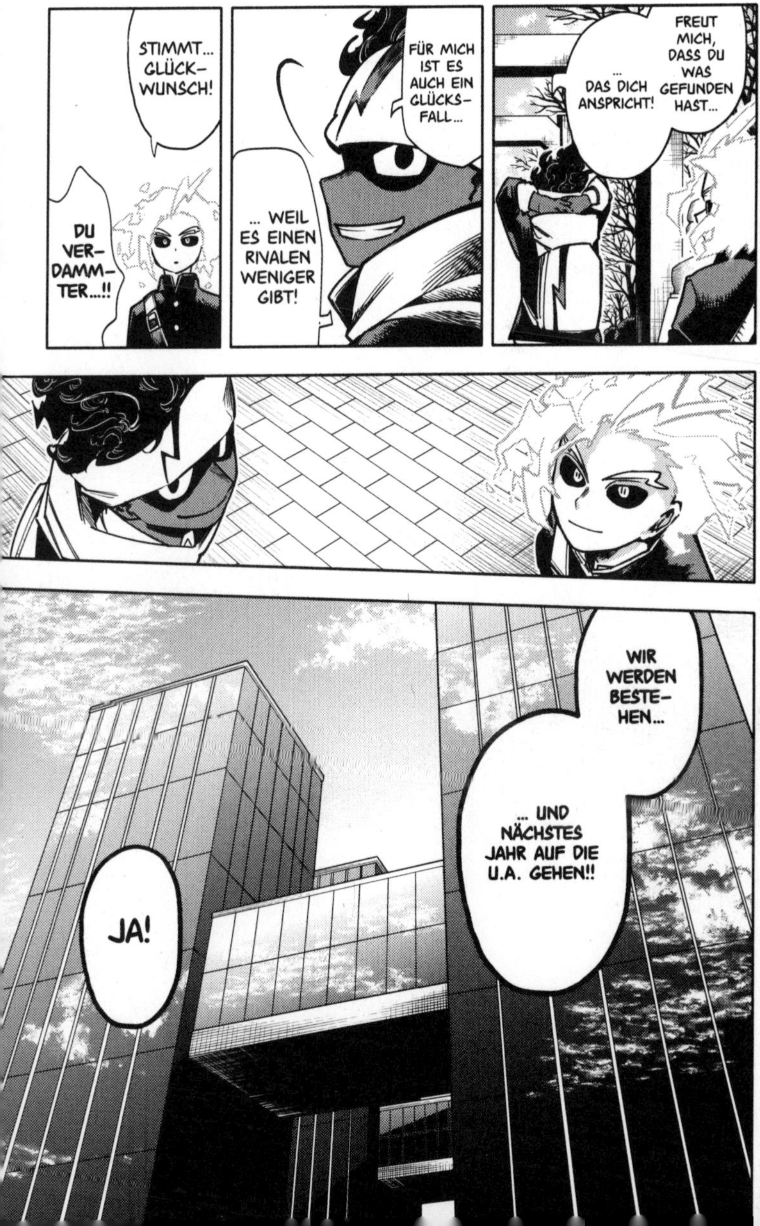
FREUT MICH, DASS DU WAS GEFUNDEN HAST...
... DAS DICH ANSPRICHT!
FÜR MICH IST ES AUCH EIN GLÜCKSFALL...
... WEIL ES EINEN RIVALEN WENIGER GIBT!
STIMMT... GLÜCKWUNSCH!
DU VERDAMMTER...!!
WIR WERDEN BESTEHEN...
... UND NÄCHSTES JAHR AUF DIE U.A. GEHEN!!
JA!

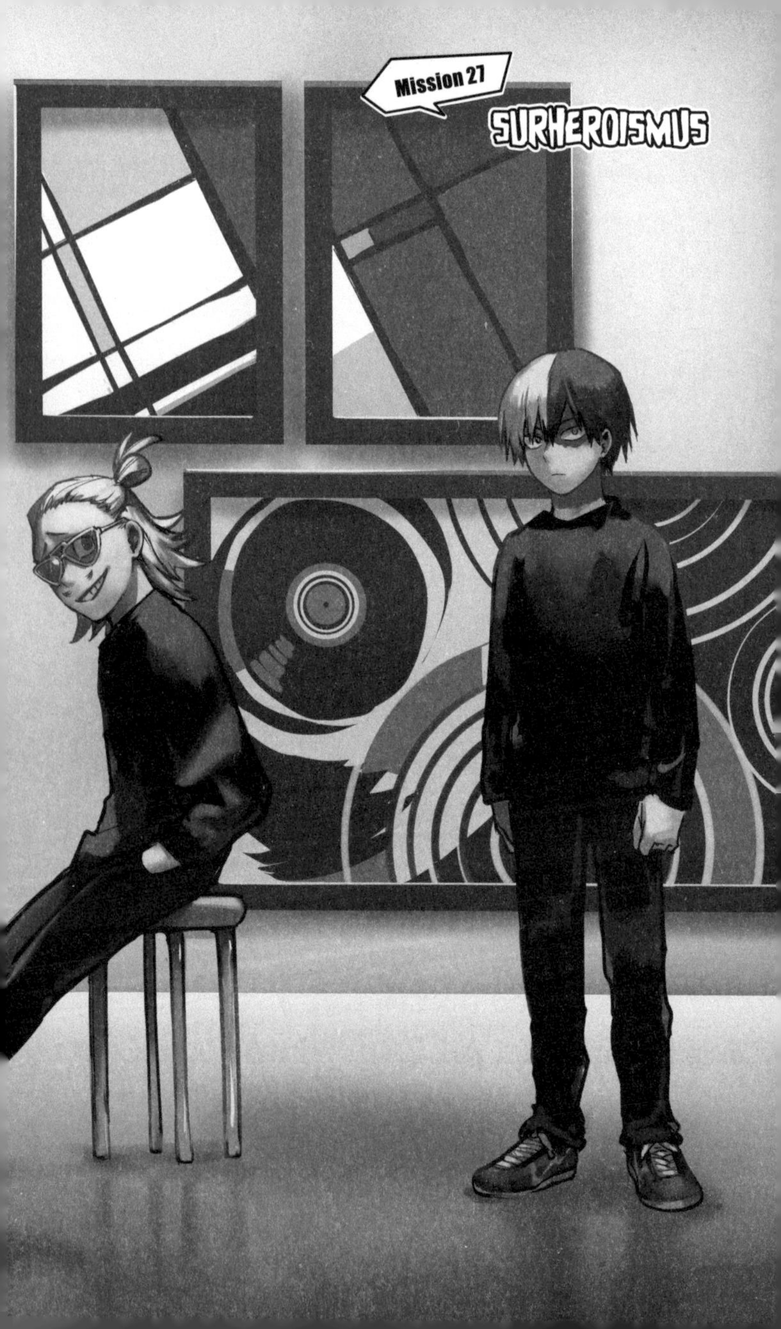
Mission 27
SURHEROISMUS

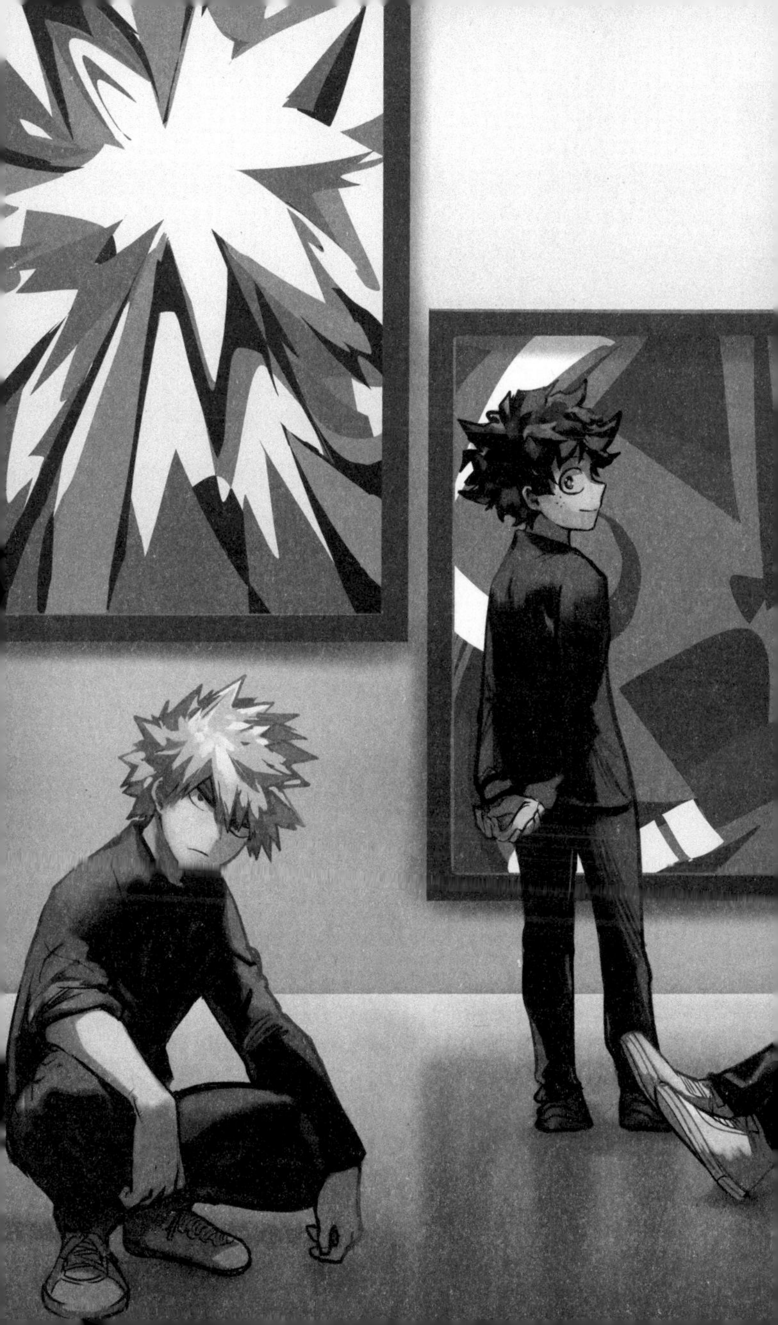

ÜBER DEN BONUSMANGA AM BANDENDE

P.S. Wenn es möglich ist, Yoko Akiyama, zeichnen Sie bitte etwas mit Saguri! Und zwar »Detektivheldin Saguri«. Oder Saguri als Schülerin an der U.A. Das wäre sehr nett. Und dann verdrängt Saguri nach und nach die MHA-Charaktere und übernimmt die Hauptrolle in der Geschichte. Ich möchte Saguri wiedersehen. Ich möchte Saguri wiedersehen. Bitte bringen Sie Saguri!

ICH HABE IN KOHEI HORIKOSHIS KOMMENTAR ZUM MANUSKRIPT VON BAND 1 EINE STARKE ZUNEIGUNG GESPÜRT UND DACHTE, DASS ICH IRGENDWANN MAL DARAUF REAGIEREN MUSS.

SAGURI IST EIN CHARAKTER AUS EINEM MANGA, DEN ICH VOR DER »TEAM UP MISSION«-SERIE GEZEICHNET HABE.

ICH HABE DANN EINFACH DRAUFLOSGEZEICHNET UND FESTGESTELLT, DASS ICH SAGURI NICHT IN DIE HERO ACADEMIA SCHICKEN DARF. ES HAT NICHT GEKLAPPT MIT DEM VERDRÄNGEN. TUT MIR LEID!

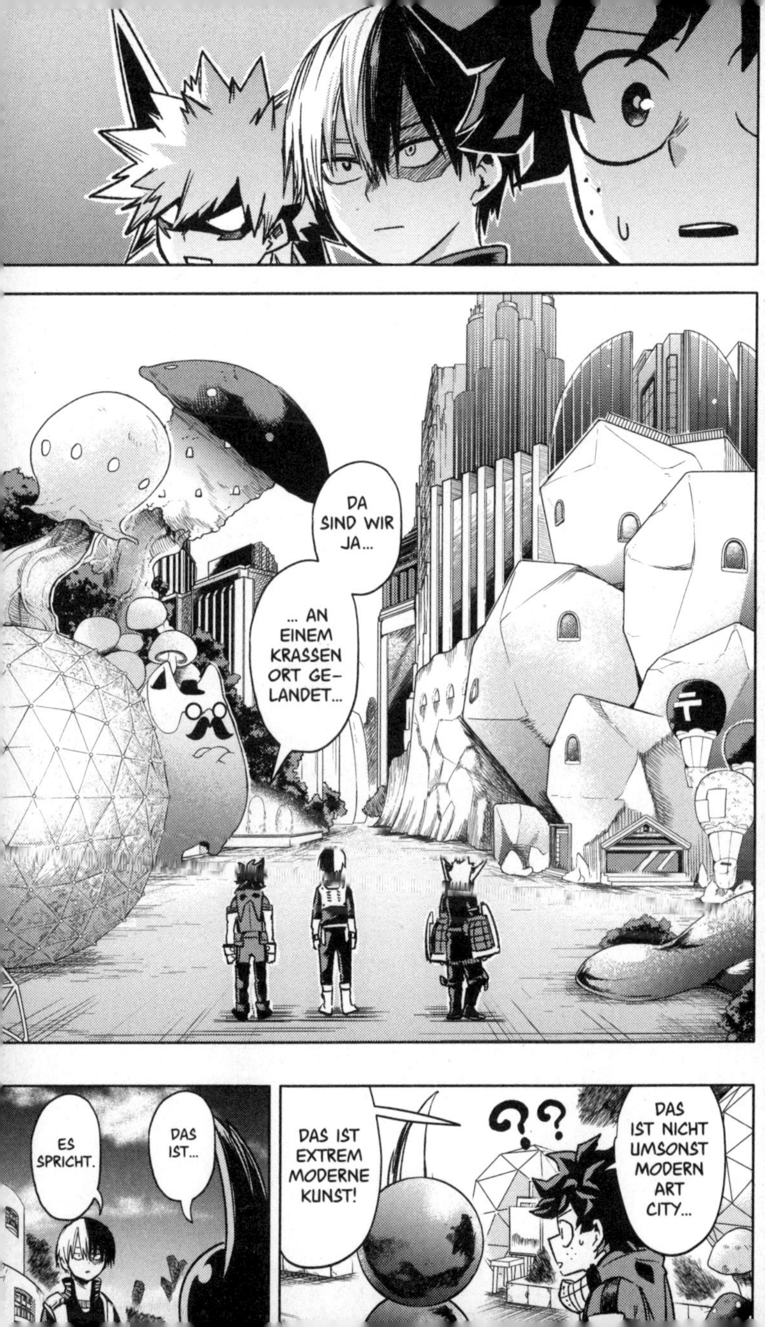
DA SIND WIR JA…
… AN EINEM KRASSEN ORT GE-LANDET…
DAS IST NICHT UMSONST MODERN ART CITY…
DAS IST EXTREM MODERNE KUNST!
DAS IST…
ES SPRICHT.

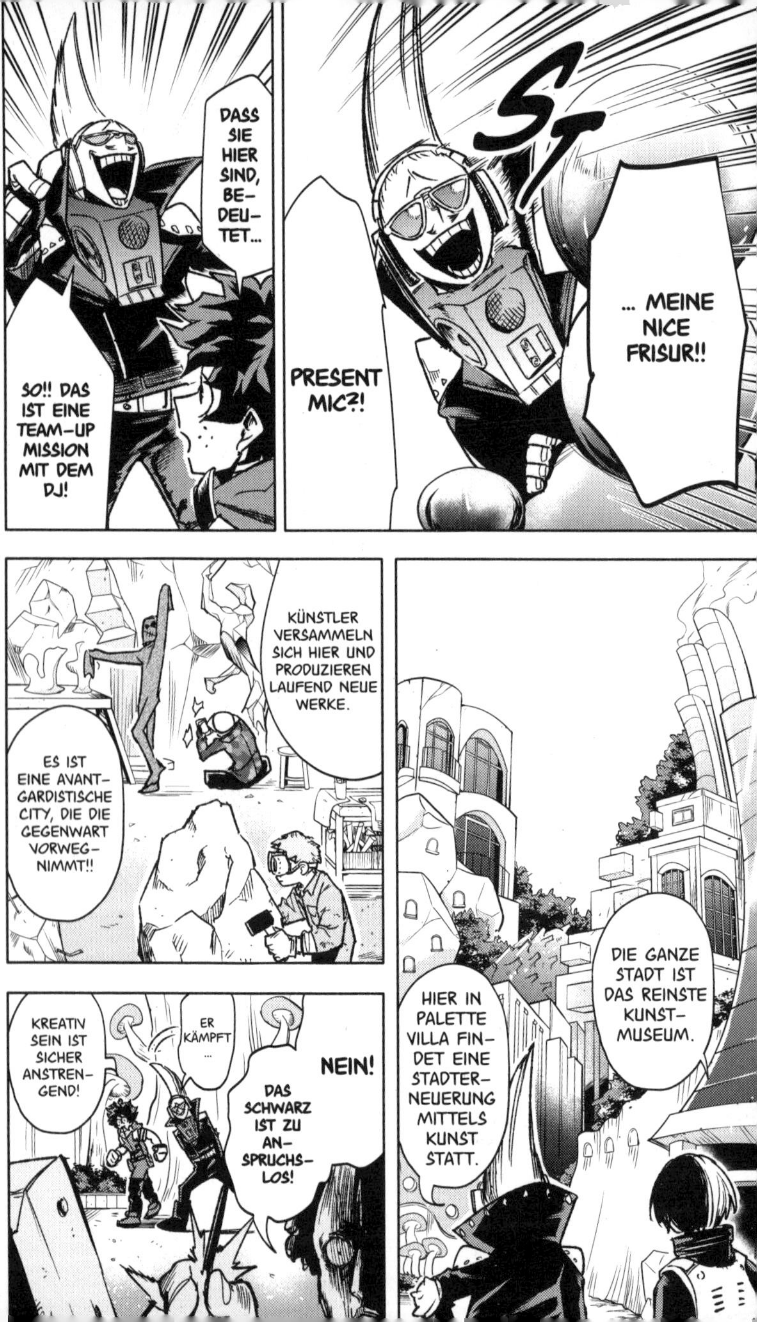
ST
PRESENT MIC?!
... MEINE NICE FRISUR!!
DASS SIE HIER SIND, BEDEUTET...
SO!! DAS IST EINE TEAM-UP MISSION MIT DEM DJ!
DIE GANZE STADT IST DAS REINSTE KUNSTMUSEUM.
HIER IN PALETTE VILLA FINDET EINE STADTERNEUERUNG MITTELS KUNST STATT.
KÜNSTLER VERSAMMELN SICH HIER UND PRODUZIEREN LAUFEND NEUE WERKE.
ES IST EINE AVANTGARDISTISCHE CITY, DIE DIE GEGENWART VORWEGNIMMT!!
NEIN!
DAS SCHWARZ IST ZU ANSPRUCHSLOS!
ER KÄMPFT ...
KREATIV SEIN IST SICHER ANSTRENGEND!

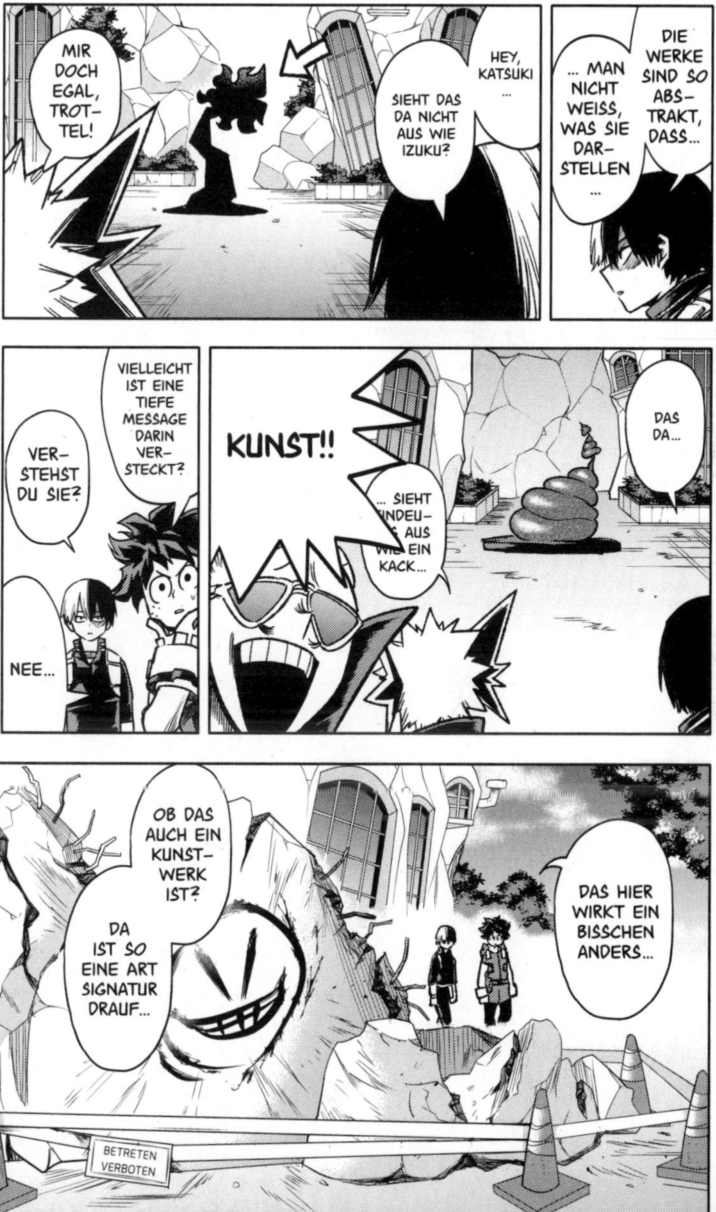
DIE WERKE SIND SO ABS-TRAKT, DASS...
... MAN NICHT WEISS, WAS SIE DAR-STELLEN ...
HEY, KATSUKI ...
SIEHT DAS DA NICHT AUS WIE IZUKU?
MIR DOCH EGAL, TROT-TEL!
DAS DA...
... SIEHT INDEU- S AUS EIN KACK...
KUNST!!
VIELLEICHT IST EINE TIEFE MESSAGE DARIN VER-STECKT?
VER-STEHST DU SIE?
NEE...
DAS HIER WIRKT EIN BISSCHEN ANDERS...
OB DAS AUCH EIN KUNST-WERK IST?
DA IST SO EINE ART SIGNATUR DRAUF...
BETRETEN VERBOTEN

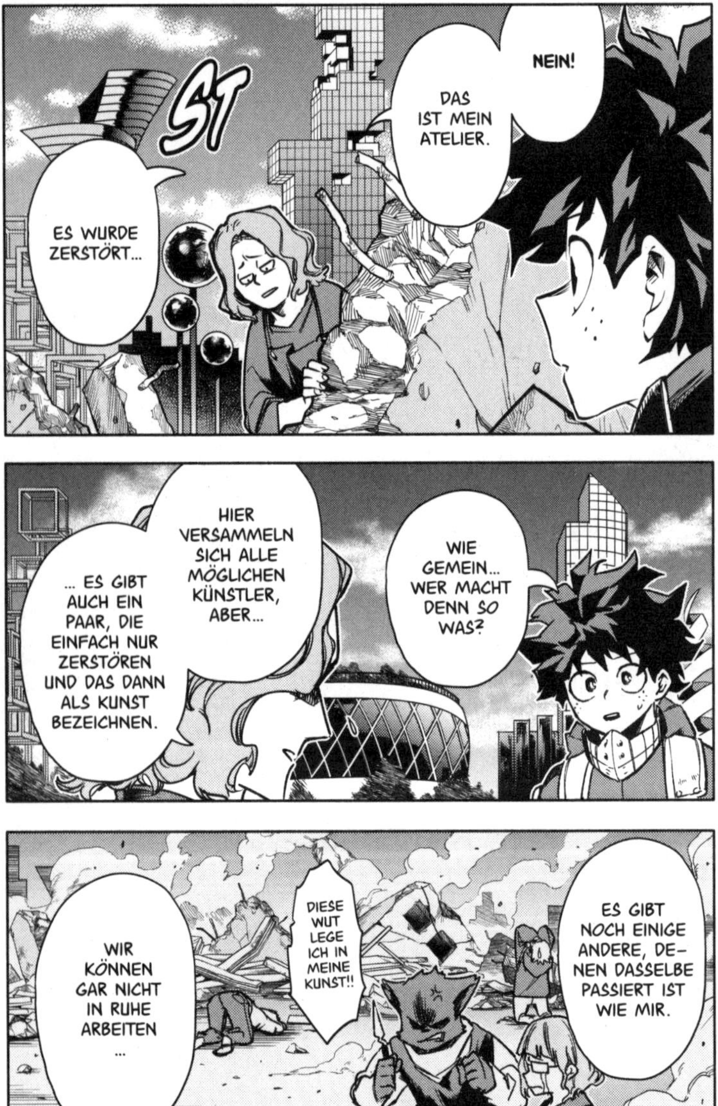
NEIN!
DAS IST MEIN ATELIER.
ST
ES WURDE ZERSTÖRT...
WIE GEMEIN... WER MACHT DENN SO WAS?
HIER VERSAMMELN SICH ALLE MÖGLICHEN KÜNSTLER, ABER...
... ES GIBT AUCH EIN PAAR, DIE EINFACH NUR ZERSTÖREN UND DAS DANN ALS KUNST BEZEICHNEN.
ES GIBT NOCH EINIGE ANDERE, DE-NEN DASSELBE PASSIERT IST WIE MIR.
DIESE WUT LEGE ICH IN MEINE KUNST!!
WIR KÖNNEN GAR NICHT IN RUHE ARBEITEN ...

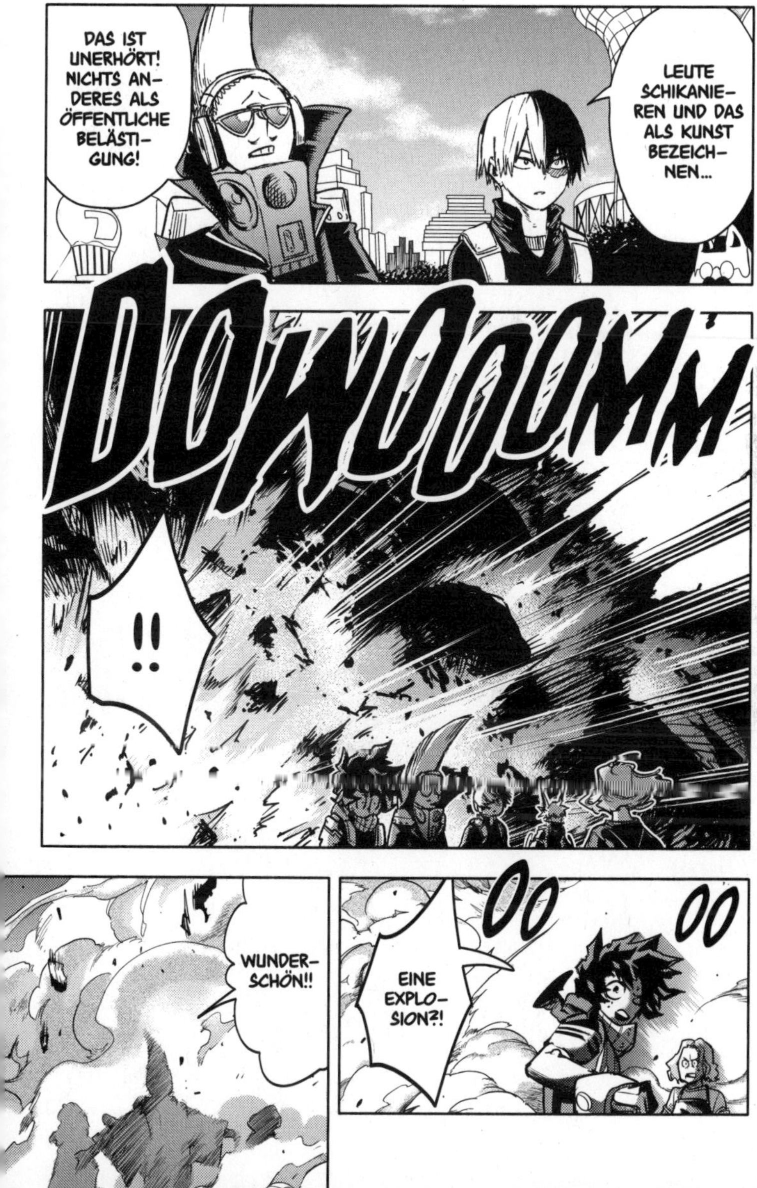

LEUTE SCHIKANIEREN UND DAS ALS KUNST BEZEICHNEN...
DAS IST UNERHÖRT! NICHTS ANDERES ALS ÖFFENTLICHE BELÄSTIGUNG!
DOKOOOMM
!!
OO OO
EINE EXPLOSION?!
WUNDERSCHÖN!!

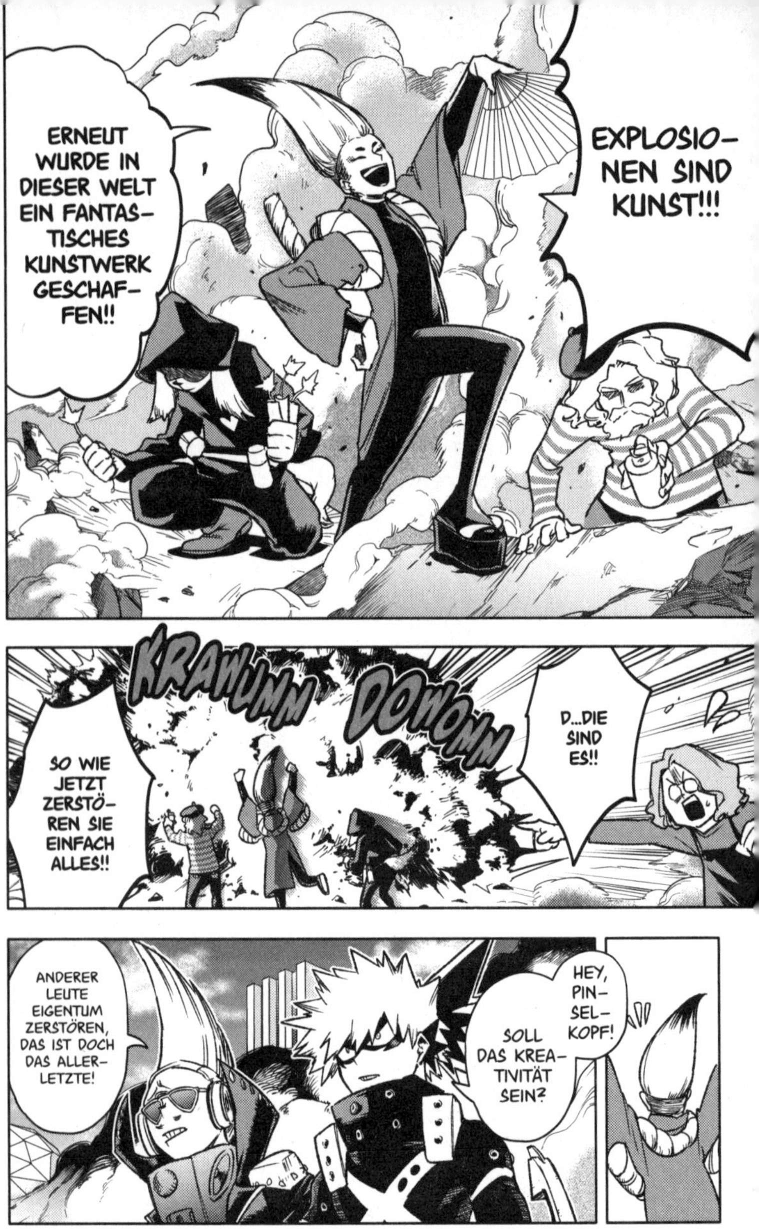
EXPLOSIONEN SIND KUNST!!!
ERNEUT WURDE IN DIESER WELT EIN FANTASTISCHES KUNSTWERK GESCHAFFEN!!
KRAWUMM
DOWOMM
D...DIE SIND ES!!
SO WIE JETZT ZERSTÖREN SIE EINFACH ALLES!!
HEY, PINSELKOPF!
SOLL DAS KREATIVITÄT SEIN?
ANDERER LEUTE EIGENTUM ZERSTÖREN, DAS IST DOCH DAS ALLERLETZTE!

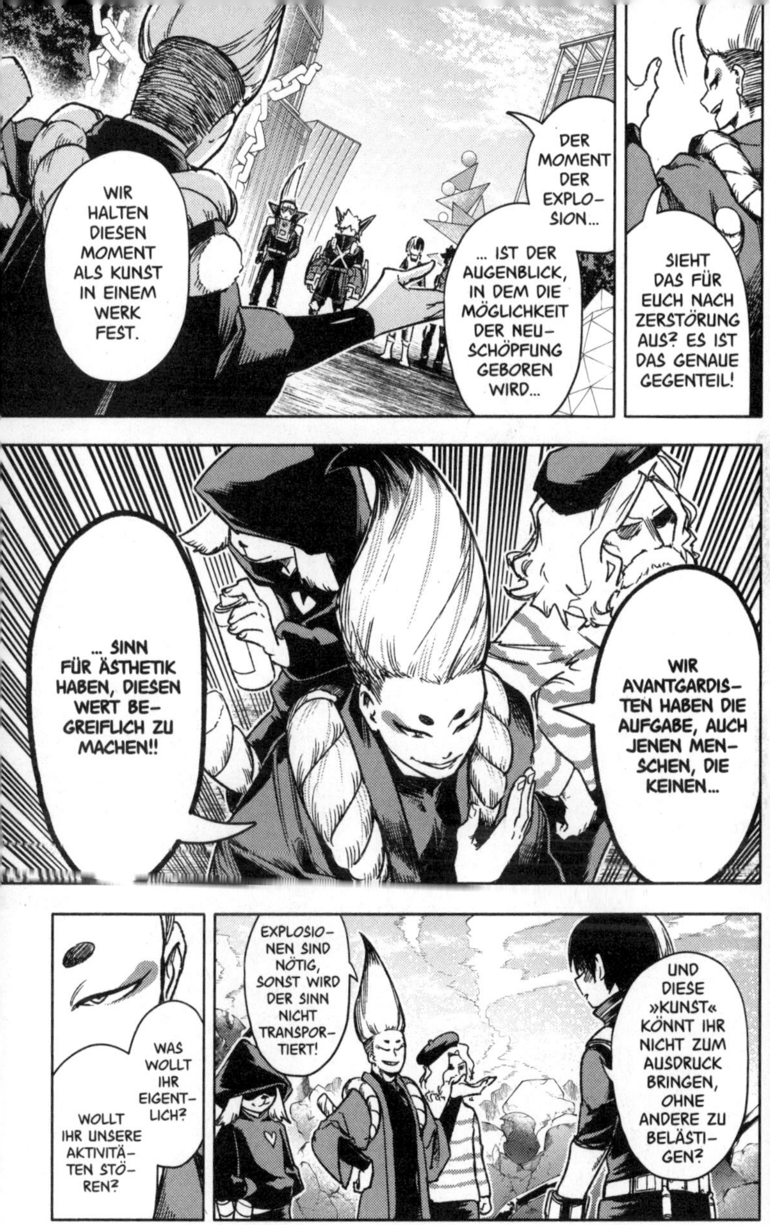
SIEHT DAS FÜR EUCH NACH ZERSTÖRUNG AUS? ES IST DAS GENAUE GEGENTEIL!
DER MOMENT DER EXPLOSION...
... IST DER AUGENBLICK, IN DEM DIE MÖGLICHKEIT DER NEUSCHÖPFUNG GEBOREN WIRD...
WIR HALTEN DIESEN MOMENT ALS KUNST IN EINEM WERK FEST.
WIR AVANTGARDISTEN HABEN DIE AUFGABE, AUCH JENEN MENSCHEN, DIE KEINEN...
... SINN FÜR ÄSTHETIK HABEN, DIESEN WERT BEGREIFLICH ZU MACHEN!!
UND DIESE »KUNST« KÖNNT IHR NICHT ZUM AUSDRUCK BRINGEN, OHNE ANDERE ZU BELÄSTIGEN?
EXPLOSIONEN SIND NÖTIG, SONST WIRD DER SINN NICHT TRANSPORTIERT!
WAS WOLLT IHR EIGENTLICH?
WOLLT IHR UNSERE AKTIVITÄTEN STÖREN?

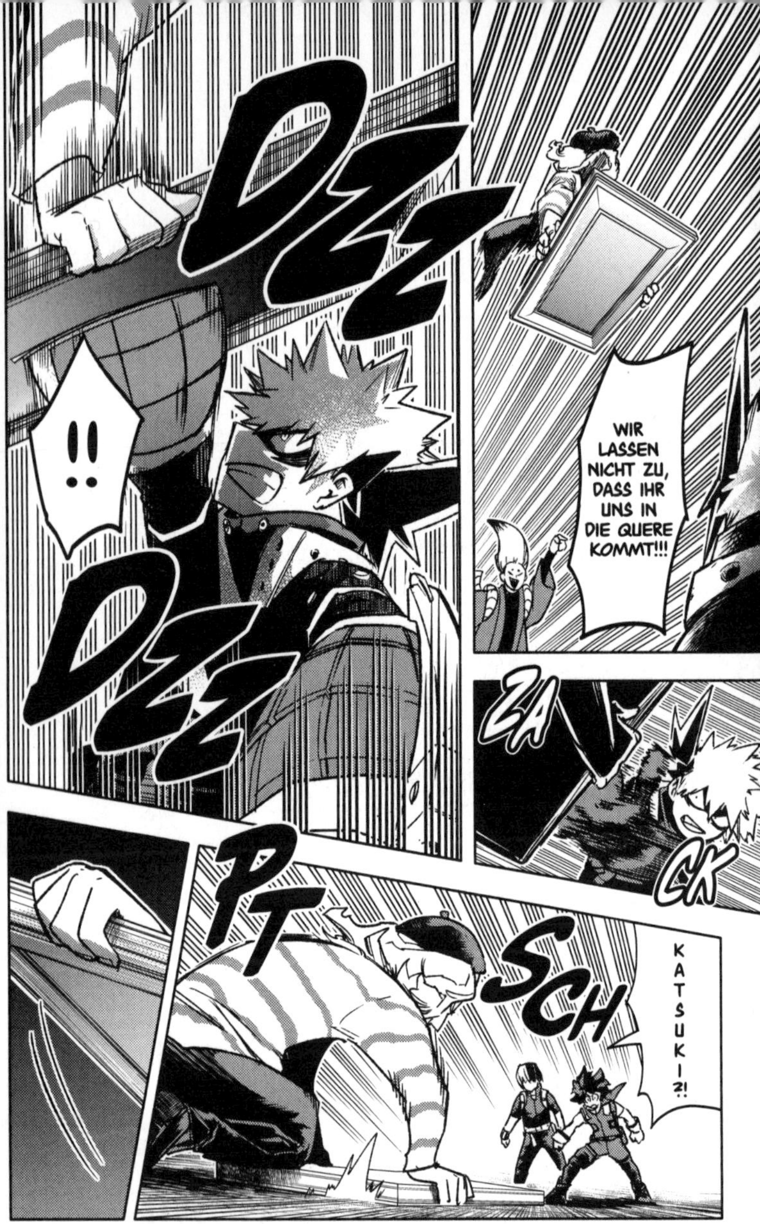
DZZ
!!
DZZ
WIR LASSEN NICHT ZU, DASS IHR UNS IN DIE QUERE KOMMT!!!
ZA
CK
PT
SCH
KATSUKI?!

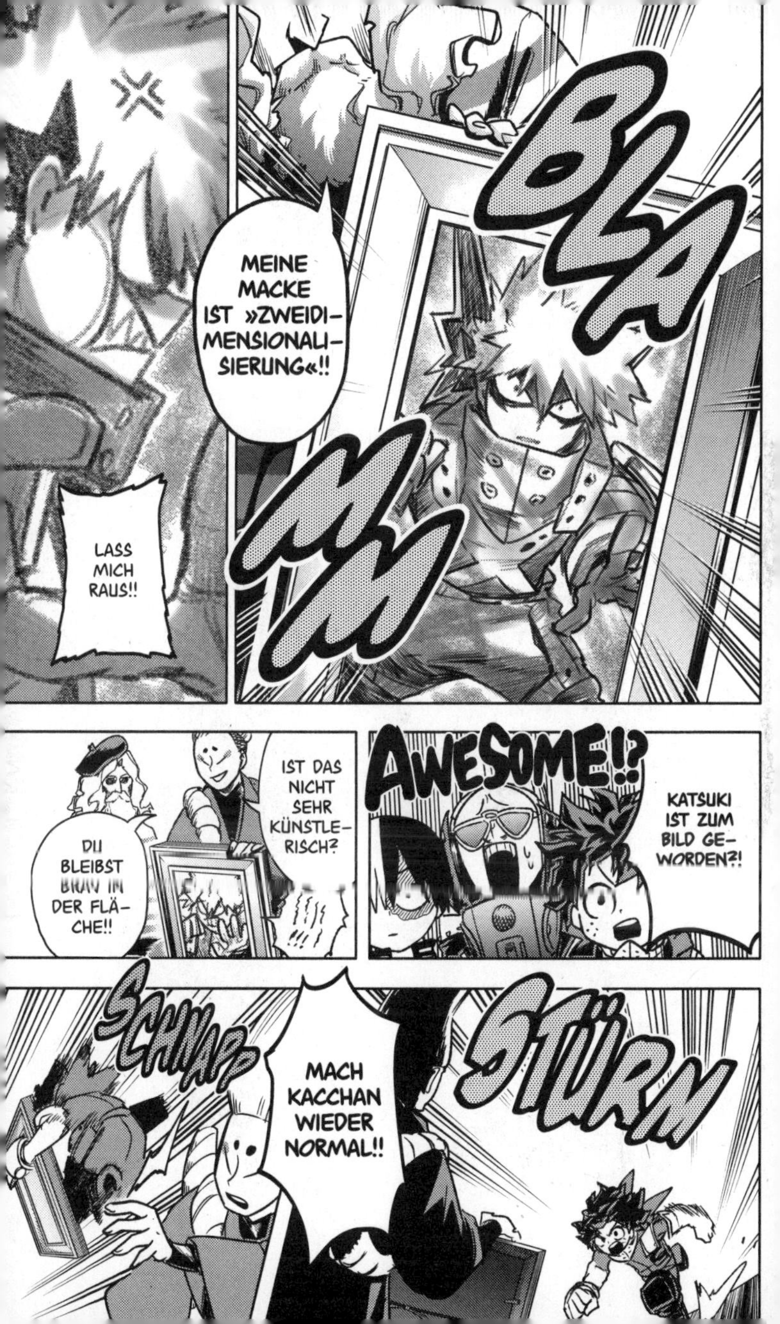
MEINE MACKE IST »ZWEIDIMENSIONALISIERUNG«!!
LASS MICH RAUS!!
AWESOME!?
KATSUKI IST ZUM BILD GEWORDEN?!
IST DAS NICHT SEHR KÜNSTLERISCH?
DU BLEIBST BRAV IN DER FLÄCHE!!
STÜRM
MACH KACCHAN WIEDER NORMAL!!
SCHNAP

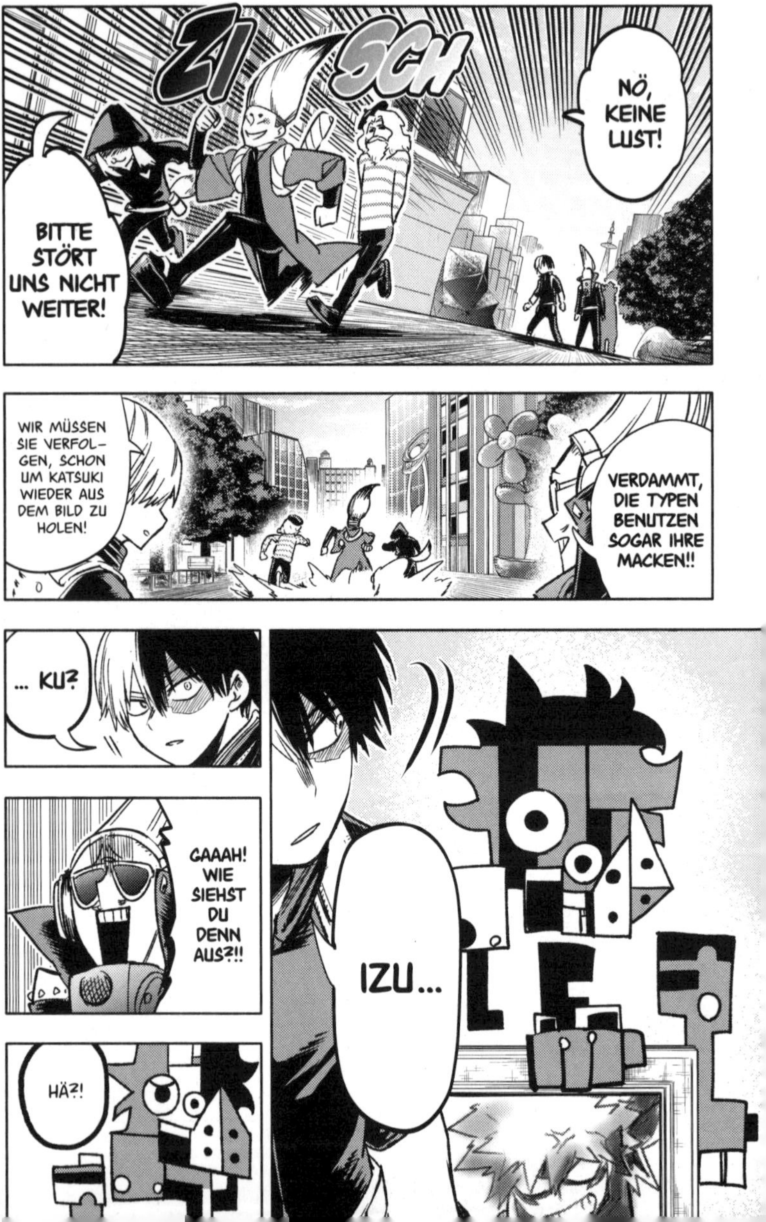
ZISCH
NÖ, KEINE LUST!
BITTE STÖRT UNS NICHT WEITER!
VERDAMMT, DIE TYPEN BENUTZEN SOGAR IHRE MACKEN!!
WIR MÜSSEN SIE VERFOLGEN, SCHON UM KATSUKI WIEDER AUS DEM BILD ZU HOLEN!
IZU...
... KU?
GAAAH! WIE SIEHST DU DENN AUS?!!
HÄ?!

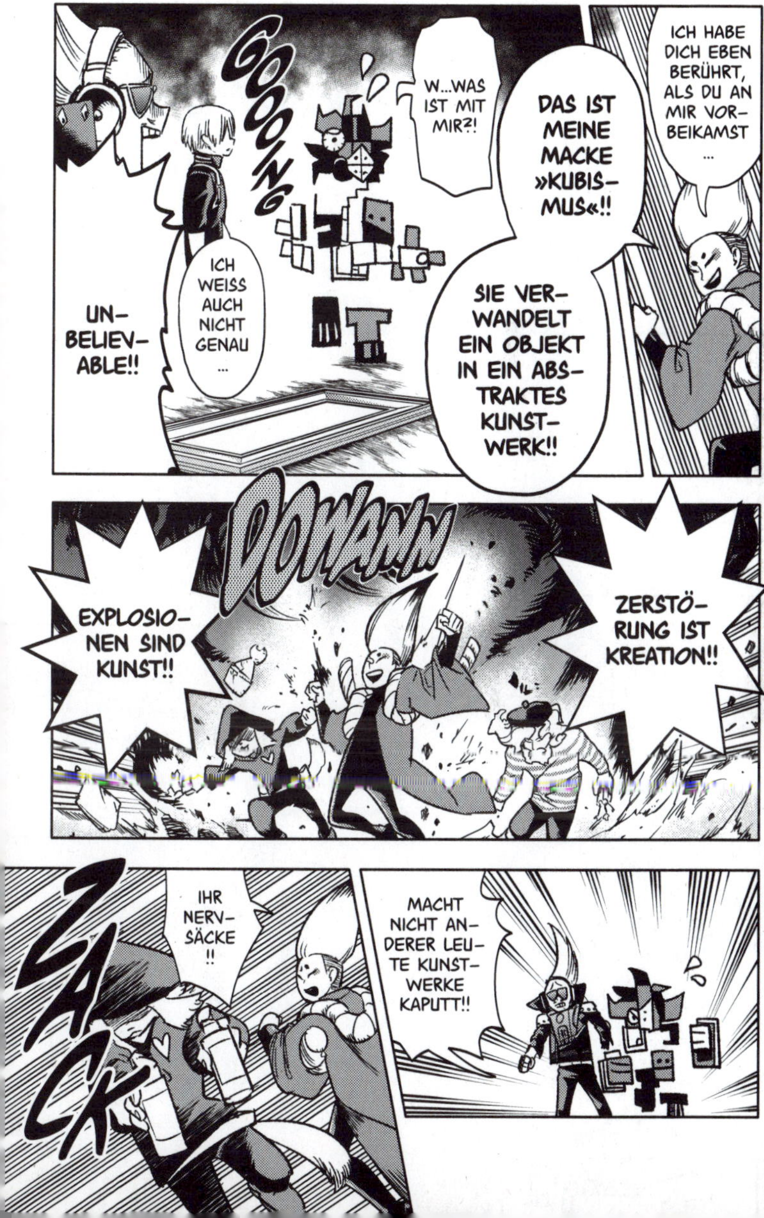
ICH HABE DICH EBEN BERÜHRT, ALS DU AN MIR VORBEIKAMST ...
DAS IST MEINE MACKE »KUBISMUS«!!
SIE VERWANDELT EIN OBJEKT IN EIN ABSTRAKTES KUNSTWERK!!
W...WAS IST MIT MIR?!
GOOOING
ICH WEISS AUCH NICHT GENAU ...
UNBELIEVABLE!!
ZERSTÖRUNG IST KREATION!!
EXPLOSIONEN SIND KUNST!!
MACHT NICHT ANDERER LEUTE KUNSTWERKE KAPUTT!!
IHR NERVSÄCKE!!
ZACK

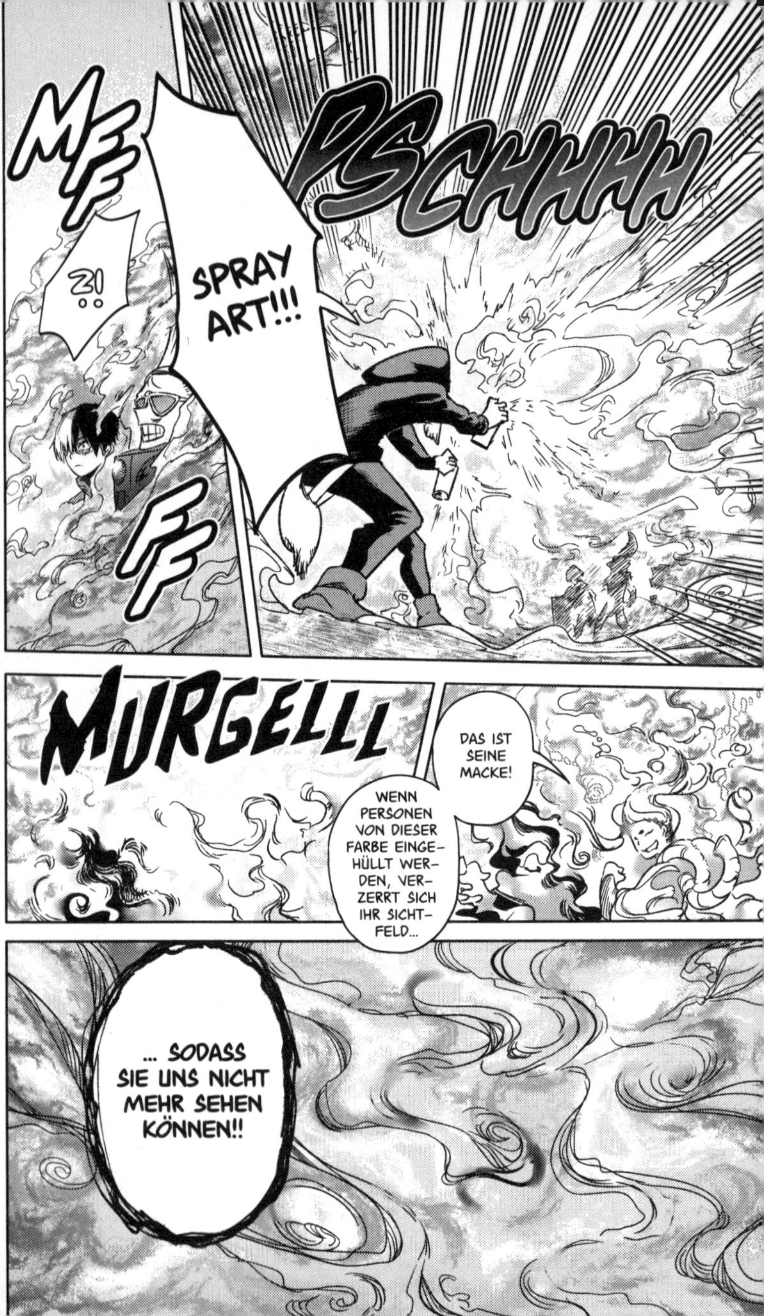

MFF
PSCHHHH
SPRAY ART!!!
Z!
..
FFF
MURGELLL
DAS IST SEINE MACKE!
WENN PERSONEN VON DIESER FARBE EINGE-HÜLLT WER-DEN, VER-ZERRT SICH IHR SICHT-FELD...
... SODASS SIE UNS NICHT MEHR SEHEN KÖNNEN!!

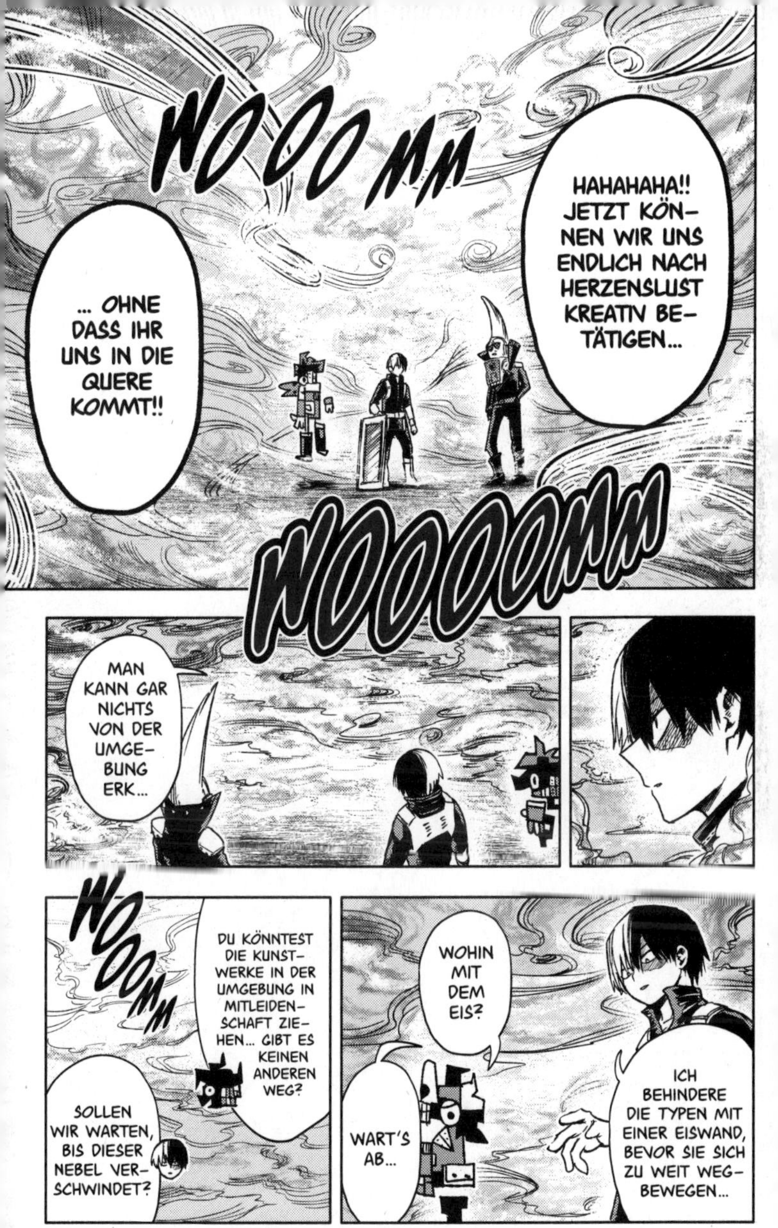
WOOMM
HAHAHAHA!! JETZT KÖN-NEN WIR UNS ENDLICH NACH HERZENSLUST KREATIV BE-TÄTIGEN...
... OHNE DASS IHR UNS IN DIE QUERE KOMMT!!
WOOOOMM
MAN KANN GAR NICHTS VON DER UMGE-BUNG ERK...
ICH BEHINDERE DIE TYPEN MIT EINER EISWAND, BEVOR SIE SICH ZU WEIT WEG-BEWEGEN...
WOHIN MIT DEM EIS?
WART'S AB...
WOOMM
DU KÖNNTEST DIE KUNST-WERKE IN DER UMGEBUNG IN MITLEIDEN-SCHAFT ZIE-HEN... GIBT ES KEINEN ANDEREN WEG?
SOLLEN WIR WARTEN, BIS DIESER NEBEL VER-SCHWINDET?

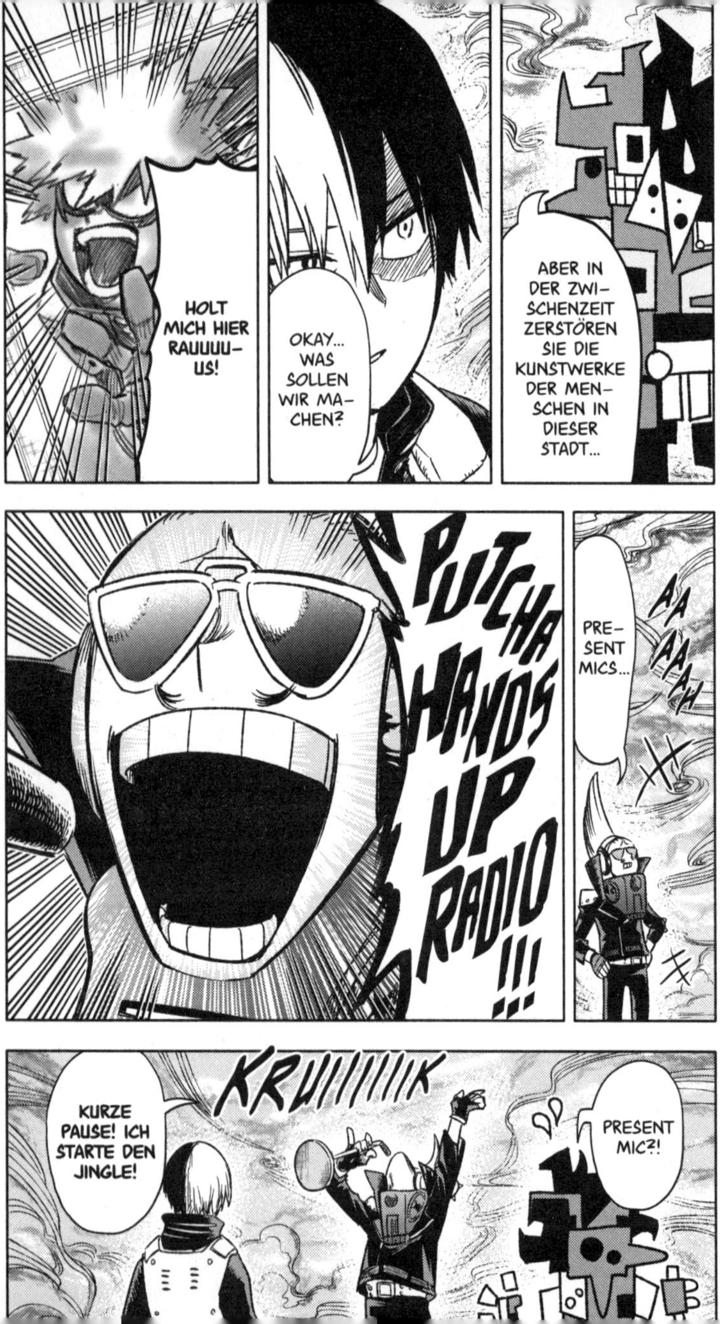
ABER IN DER ZWISCHENZEIT ZERSTÖREN SIE DIE KUNSTWERKE DER MENSCHEN IN DIESER STADT...
OKAY... WAS SOLLEN WIR MACHEN?
HOLT MICH HIER RAUUUUUS!
PRESENT MICS...
AAAAAAH
PUTCHA HANDS UP RADIO!!!
PRESENT MIC?!
KRUIIIIIK
KURZE PAUSE! ICH STARTE DEN JINGLE!

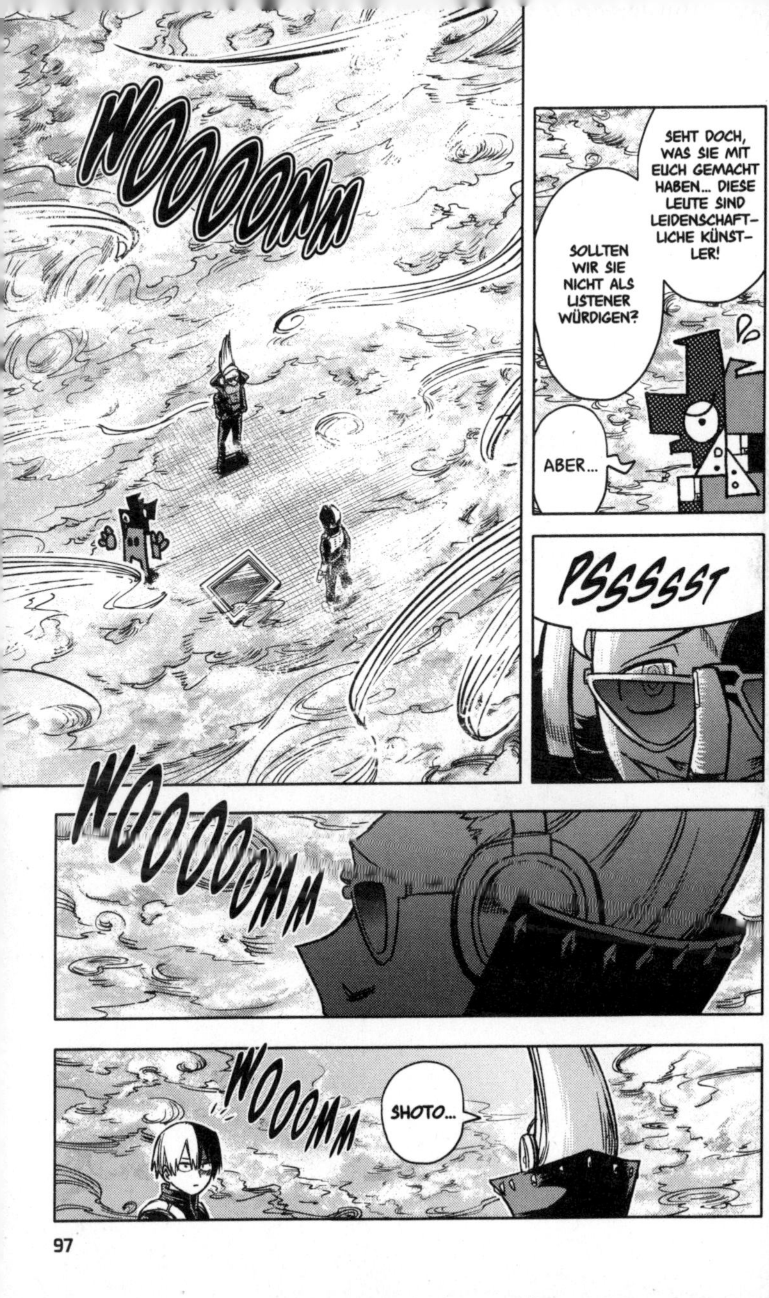
WOOOOMM
SEHT DOCH, WAS SIE MIT EUCH GEMACHT HABEN... DIESE LEUTE SIND LEIDENSCHAFT-LICHE KÜNST-LER!
SOLLTEN WIR SIE NICHT ALS LISTENER WÜRDIGEN?
ABER...
PSSSSST
WOOOOOMM
SHOTO...
WOOOMM

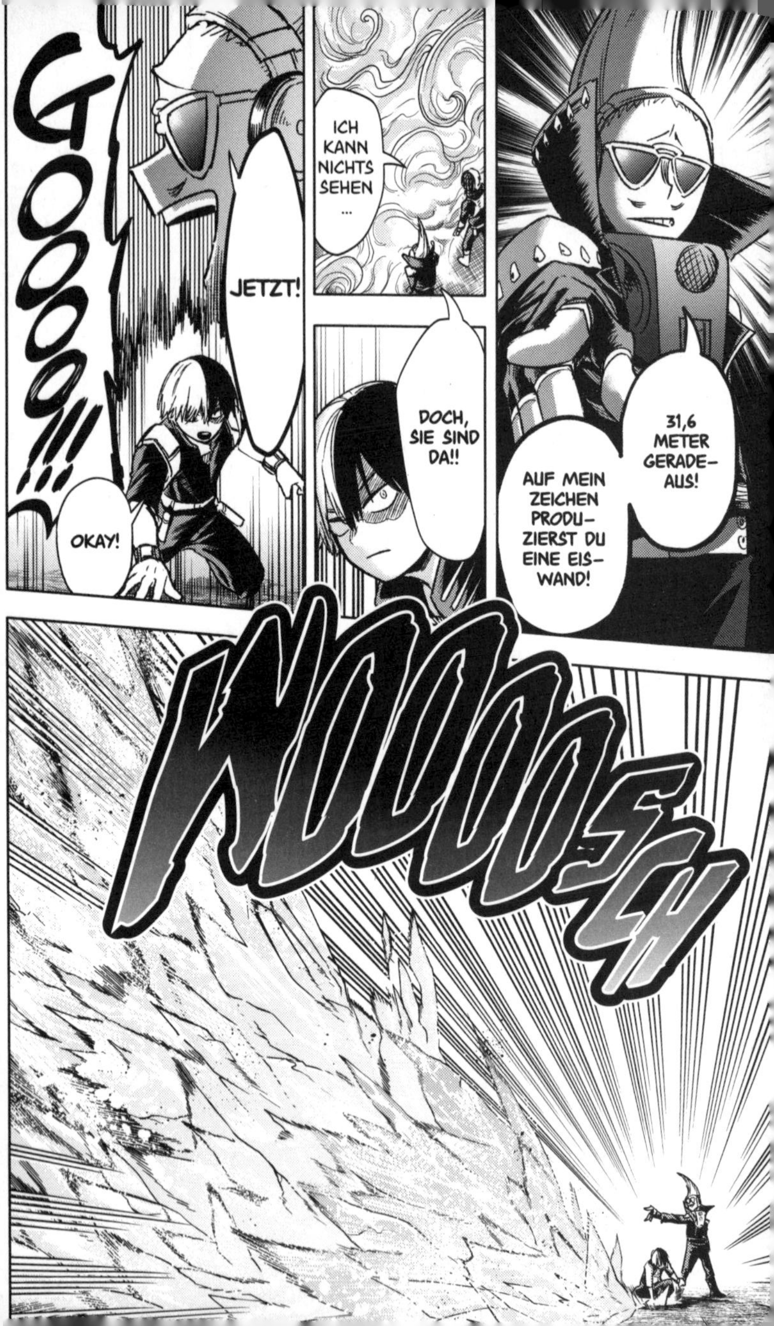
31,6 METER GERADEAUS!
AUF MEIN ZEICHEN PRODUZIERST DU EINE EISWAND!
ICH KANN NICHTS SEHEN ...
DOCH, SIE SIND DA!!
JETZT!
OKAY!
GOOOOO!!!
KWOOOSCH

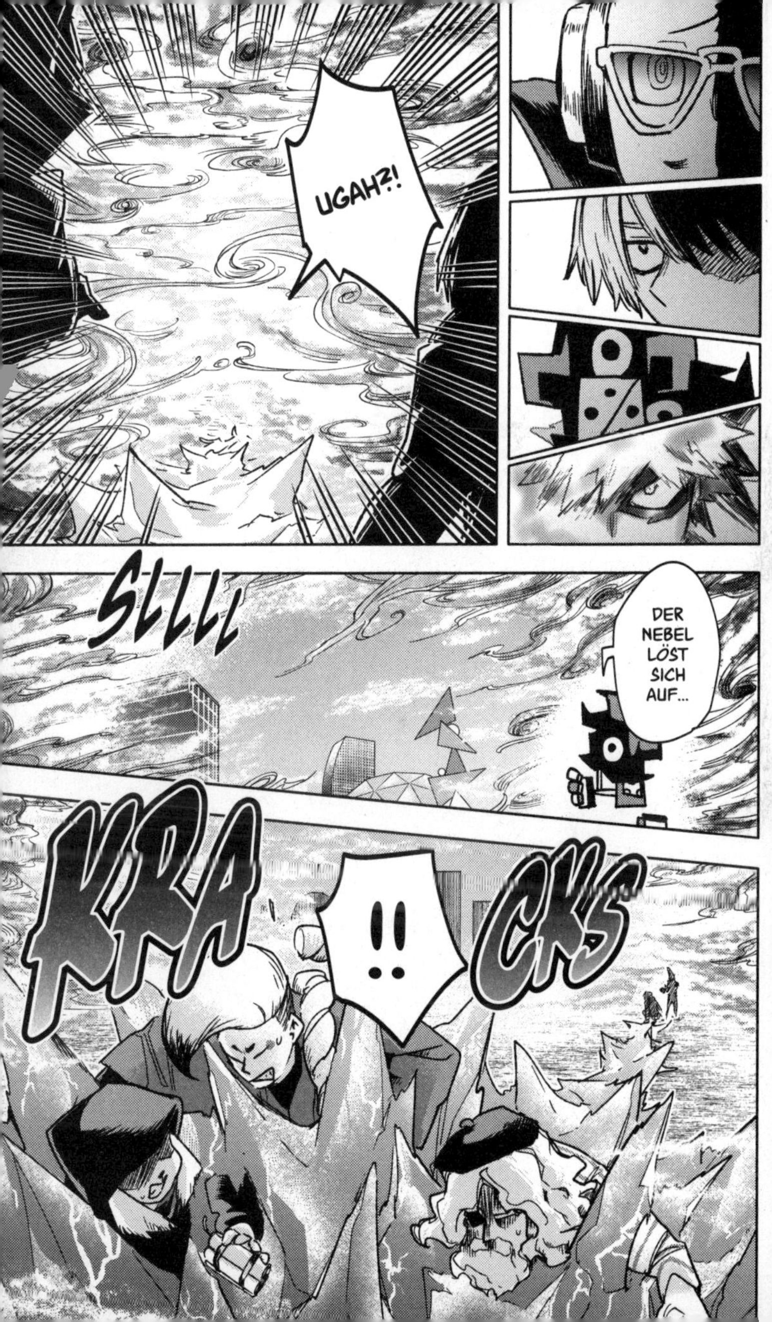
UGAH?!
SLLLL
DER NEBEL LÖST SICH AUF...
KRA
CKS
!!

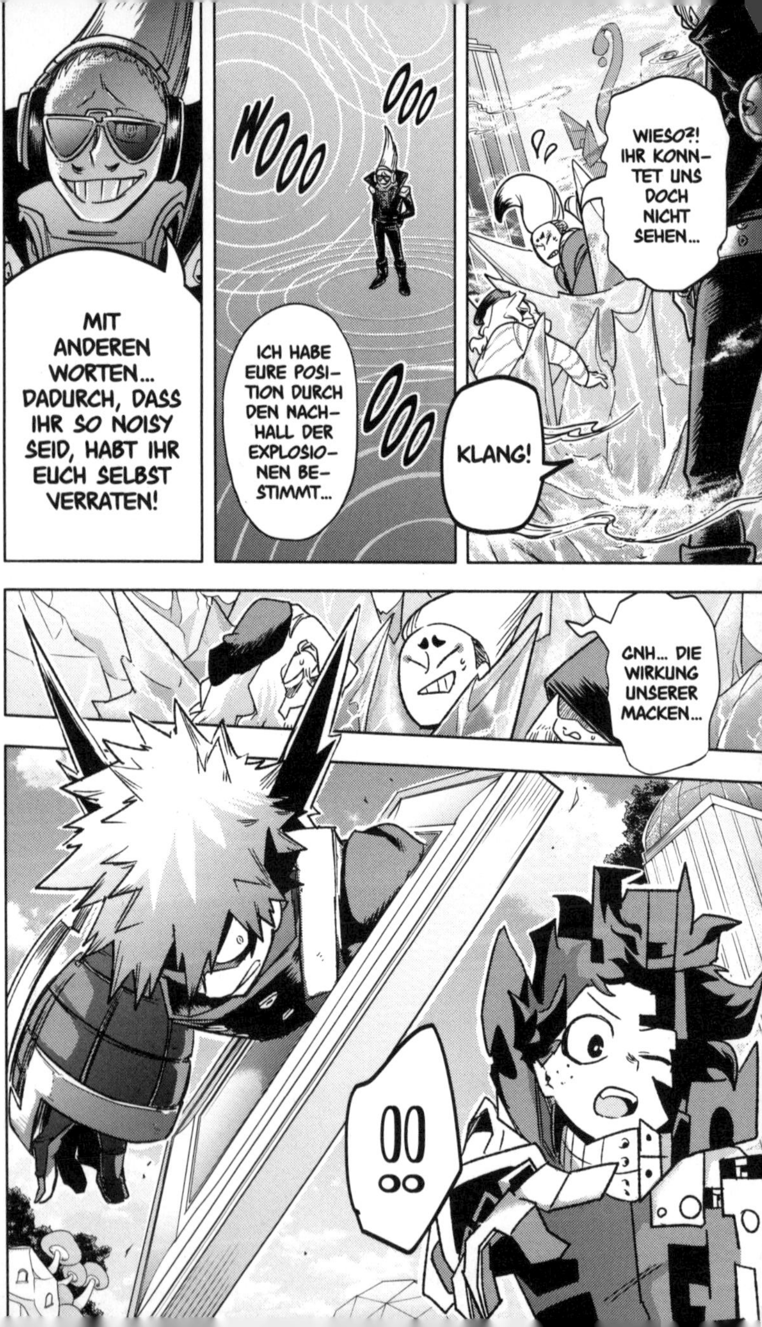

WIESO?! IHR KONNTET UNS DOCH NICHT SEHEN...
KLANG!
WOOOO
OOO
OOOO
ICH HABE EURE POSITION DURCH DEN NACHHALL DER EXPLOSIONEN BESTIMMT...
MIT ANDEREN WORTEN... DADURCH, DASS IHR SO NOISY SEID, HABT IHR EUCH SELBST VERRATEN!
GNH... DIE WIRKUNG UNSERER MACKEN...
!!

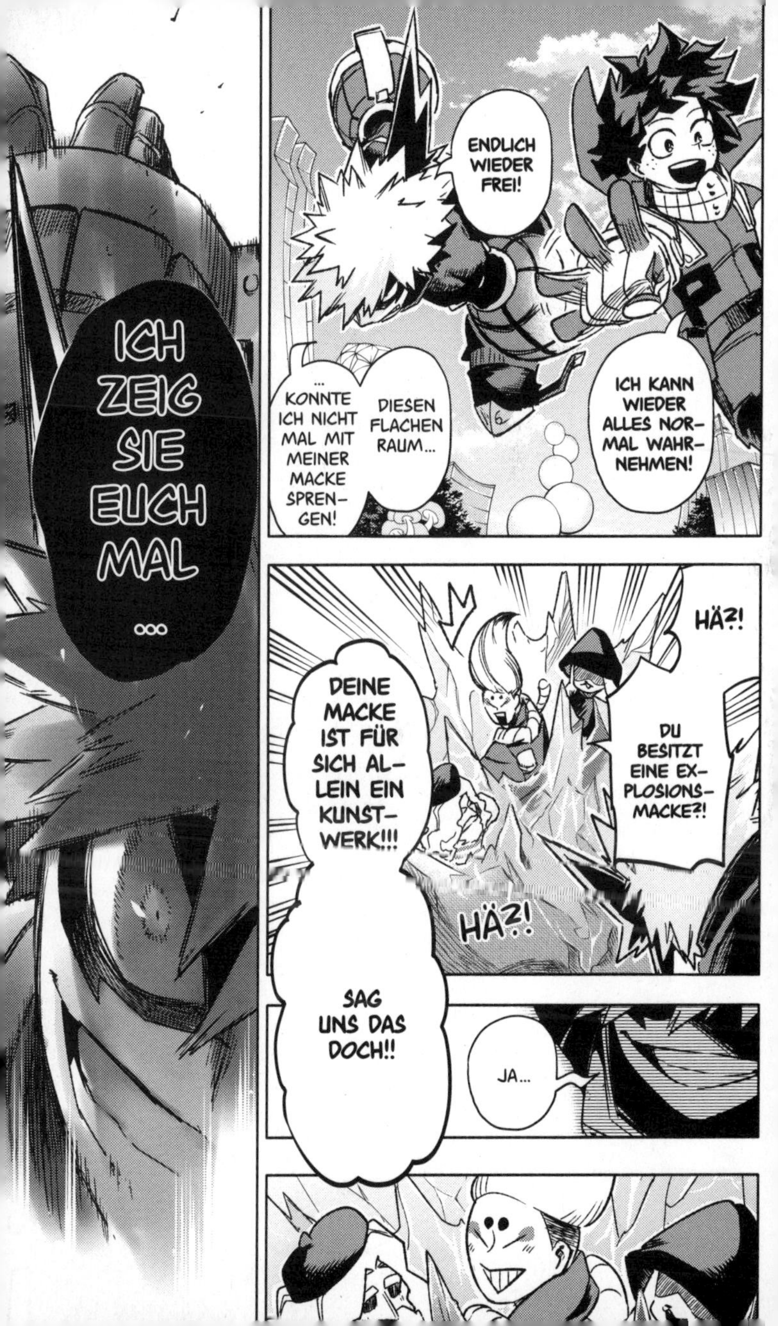
ENDLICH WIEDER FREI!
ICH KANN WIEDER ALLES NORMAL WAHRNEHMEN!
DIESEN FLACHEN RAUM…
… KONNTE ICH NICHT MAL MIT MEINER MACKE SPRENGEN!
HÄ?!
DU BESITZT EINE EXPLOSIONSMACKE?!
HÄ?!
DEINE MACKE IST FÜR SICH ALLEIN EIN KUNSTWERK!!!
SAG UNS DAS DOCH!!
JA…
ICH ZEIG SIE EUCH MAL …

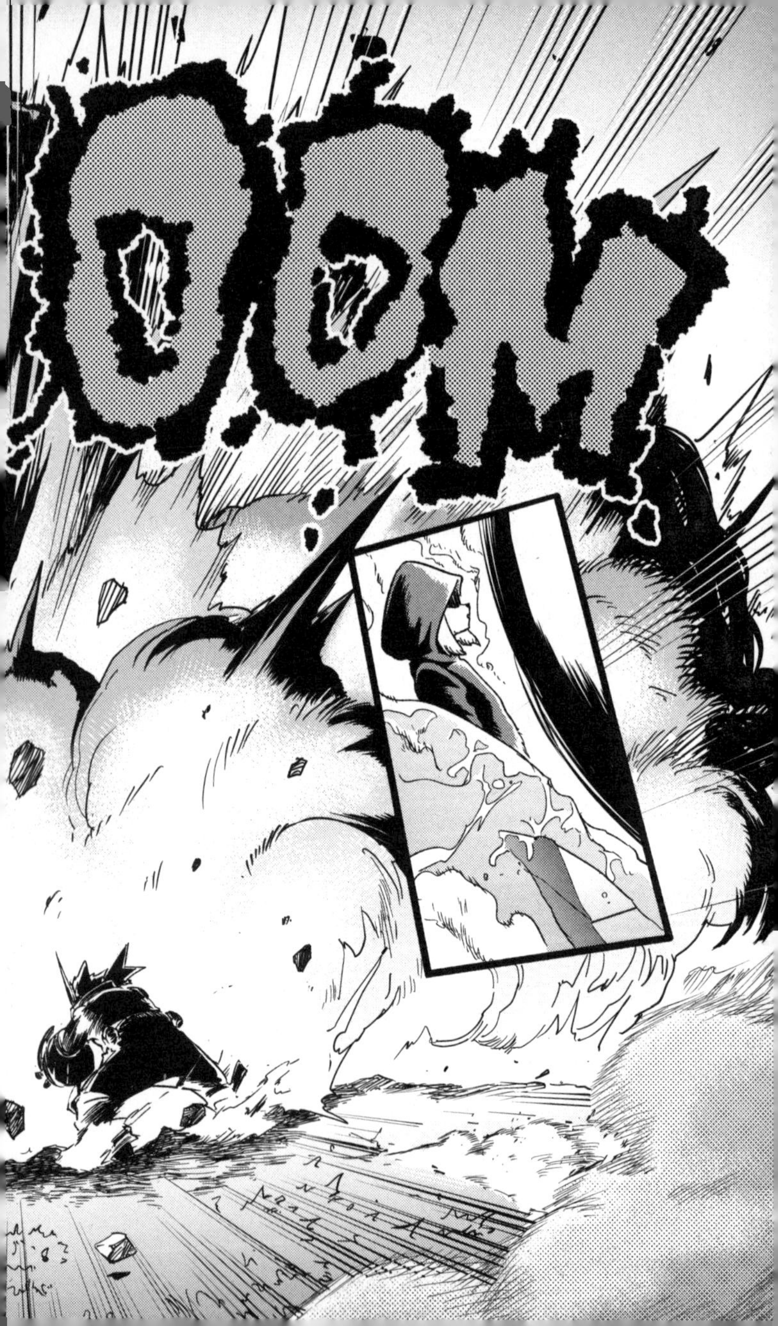

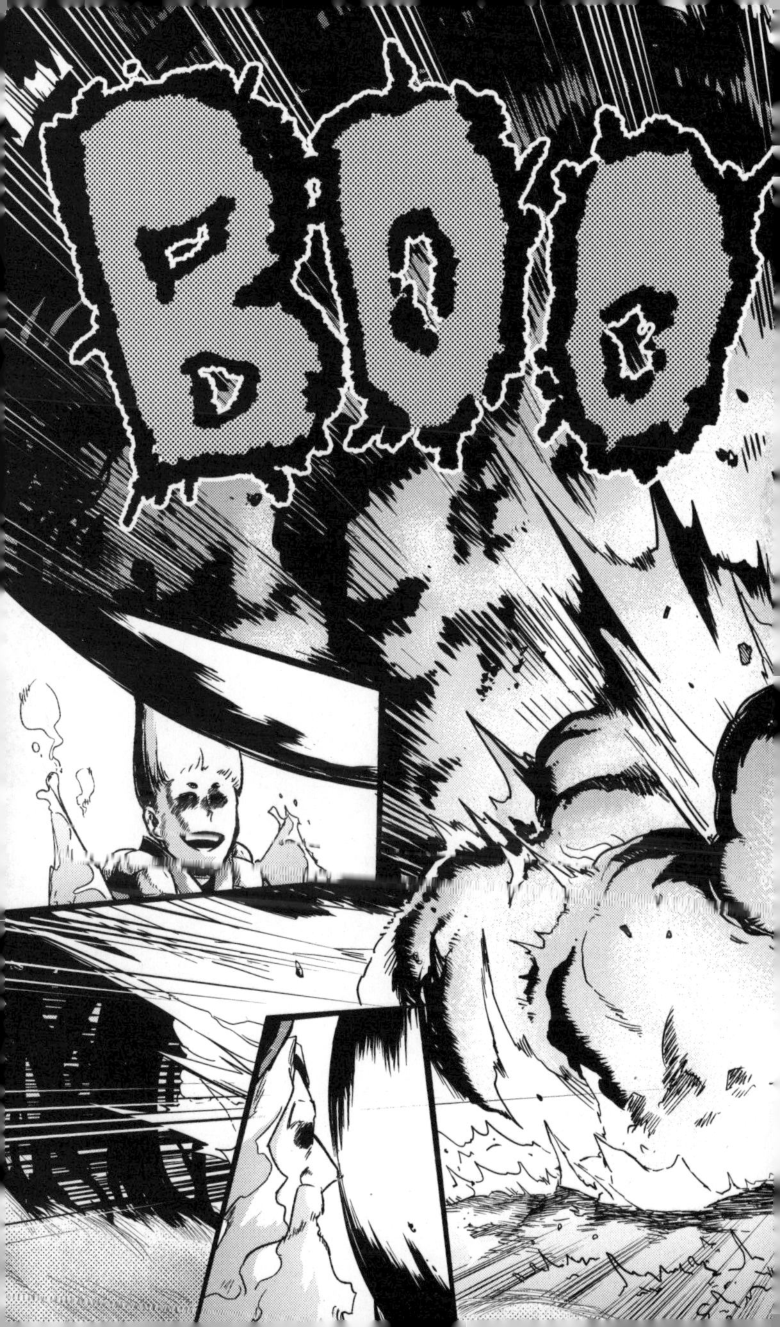

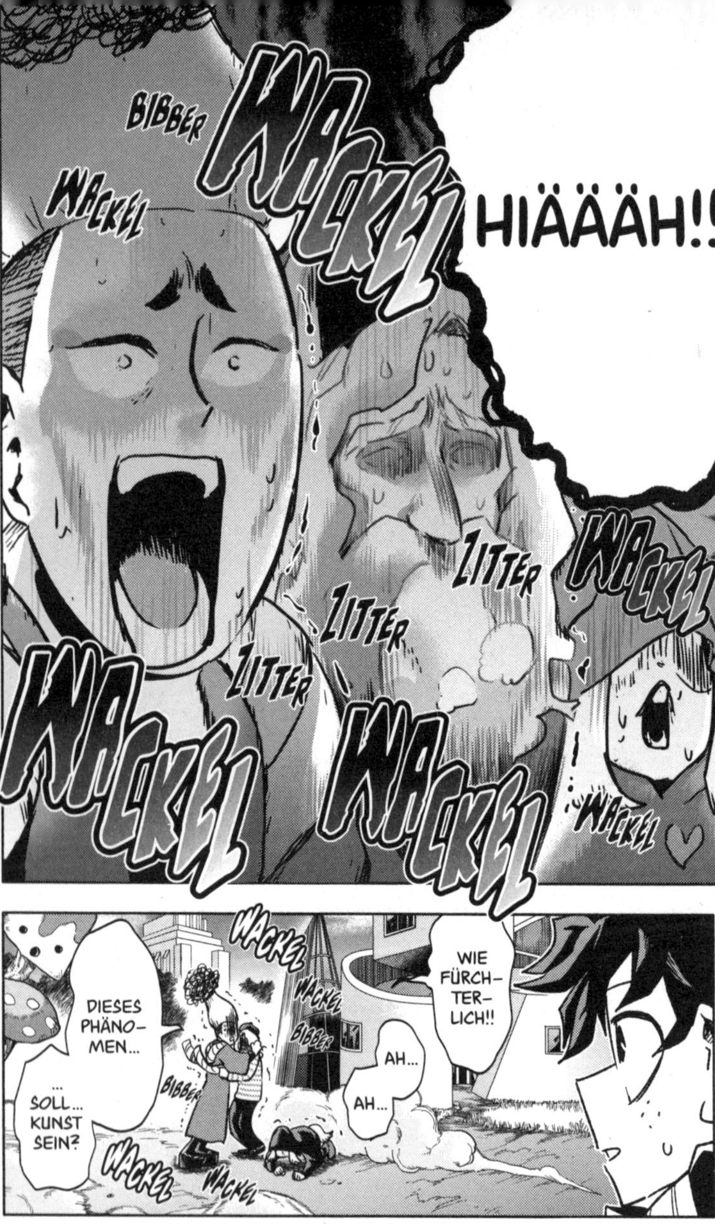
BIBBER
WACKEL
WACKEL
HIÄÄÄH!!!
ZITTER
WACKEL
ZITTER
ZITTER
WACKEL
WACKEL
WACKEL
WACKEL
DIESES PHÄNOMEN…
… SOLL… KUNST SEIN?
WACKEL
BIBBER
BIBBER
WACKEL
WACKEL
AH…
AH…
WIE FÜRCHTERLICH!!

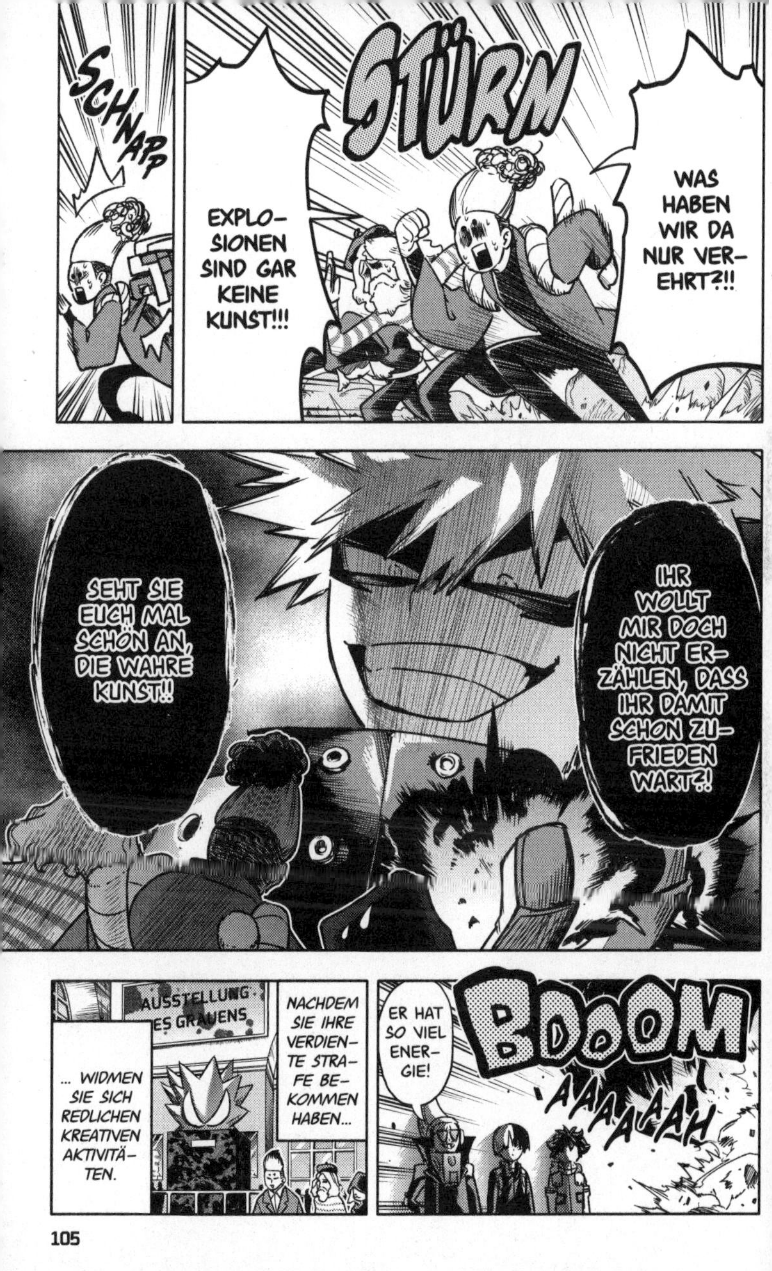

SCHNAPP
STÜRM
WAS HABEN WIR DA NUR VEREHRT?!!
EXPLOSIONEN SIND GAR KEINE KUNST!!!
IHR WOLLT MIR DOCH NICHT ERZÄHLEN, DASS IHR DAMIT SCHON ZUFRIEDEN WART?!
SEHT SIE EUCH MAL SCHÖN AN, DIE WAHRE KUNST!!
BOOOOM
AAAAAAAH
ER HAT SO VIEL ENERGIE!
NACHDEM SIE IHRE VERDIENTE STRAFE BEKOMMEN HABEN...
AUSSTELLUNG DES GRAUENS
... WIDMEN SIE SICH REDLICHEN KREATIVEN AKTIVITÄTEN.

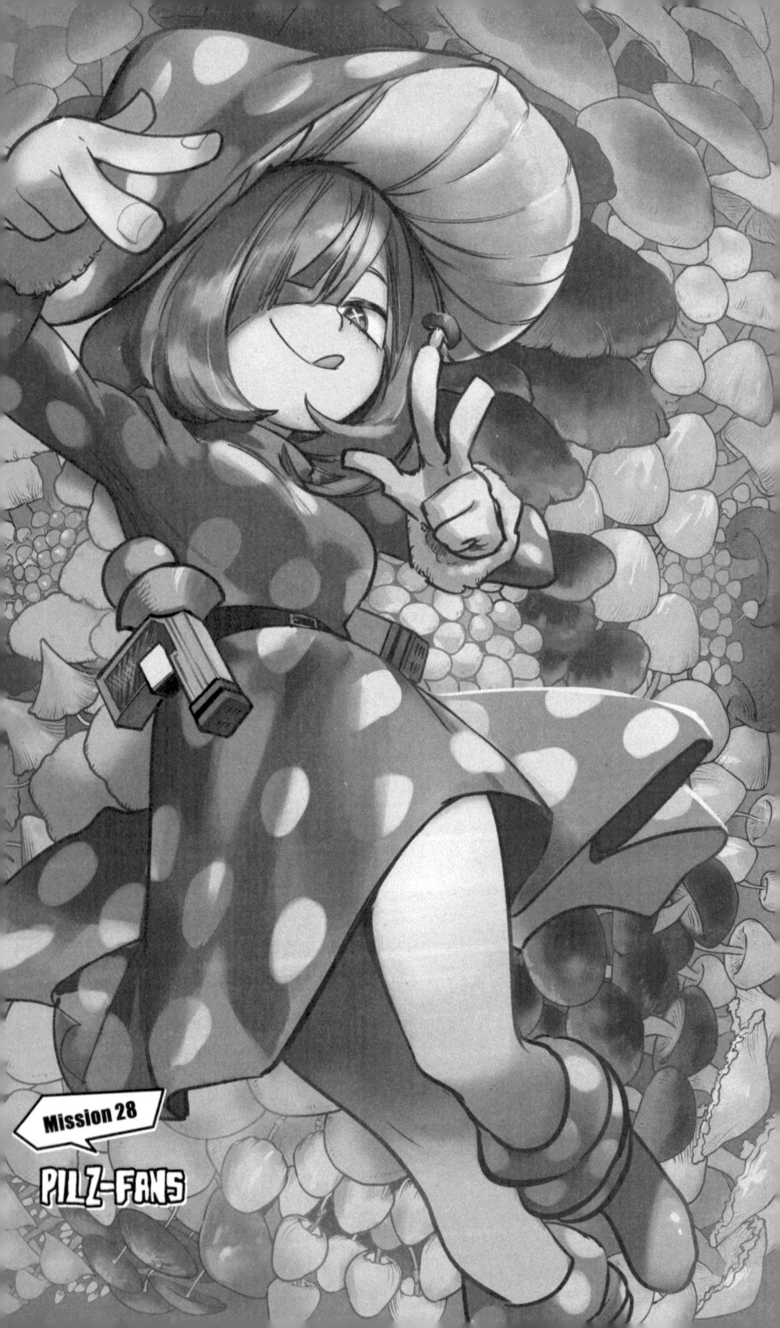
Mission 28
PILZ-FANS

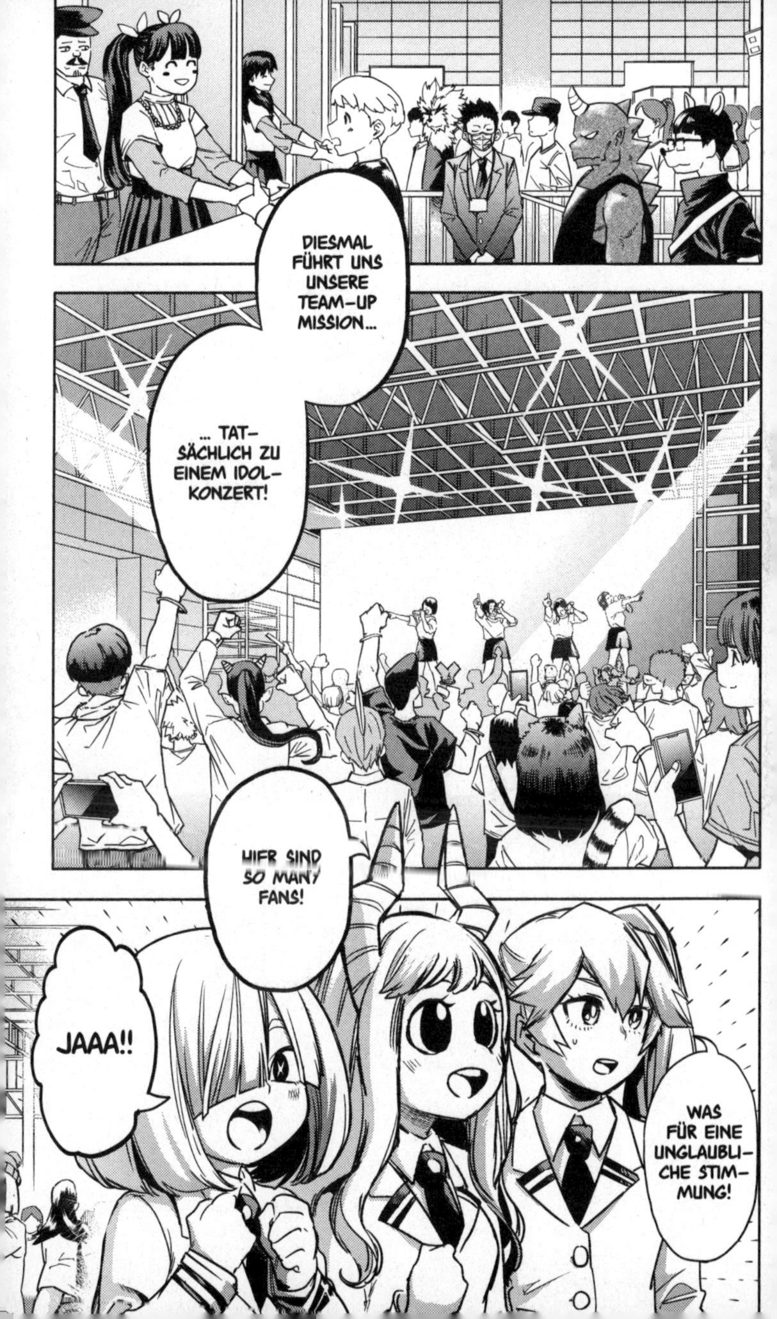
DIESMAL FÜHRT UNS UNSERE TEAM-UP MISSION...
... TATSÄCHLICH ZU EINEM IDOLKONZERT!
WAS FÜR EINE UNGLAUBLICHE STIMMUNG!
HIER SIND SO MANY FANS!
JAAA!!

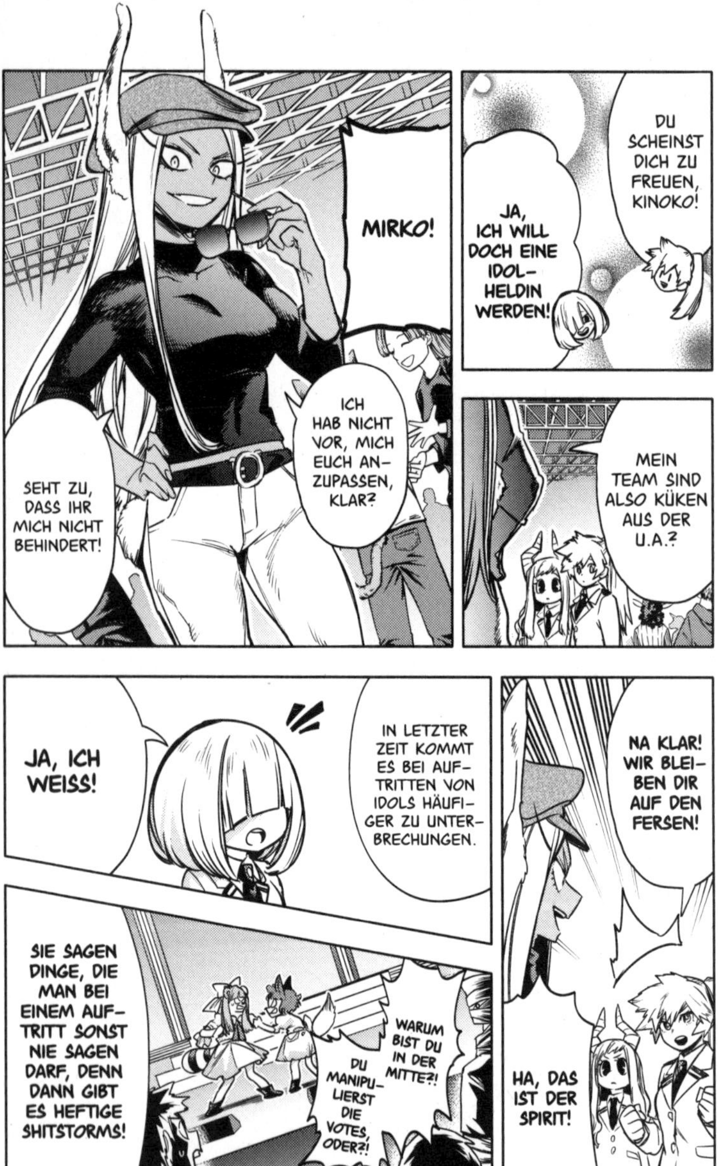
DU SCHEINST DICH ZU FREUEN, KINOKO!
JA, ICH WILL DOCH EINE IDOL-HELDIN WERDEN!
MEIN TEAM SIND ALSO KÜKEN AUS DER U.A.?
MIRKO!
ICH HAB NICHT VOR, MICH EUCH AN-ZUPASSEN, KLAR?
SEHT ZU, DASS IHR MICH NICHT BEHINDERT!
NA KLAR! WIR BLEI-BEN DIR AUF DEN FERSEN!
HA, DAS IST DER SPIRIT!
IN LETZTER ZEIT KOMMT ES BEI AUF-TRITTEN VON IDOLS HÄUFI-GER ZU UNTER-BRECHUNGEN.
JA, ICH WEISS!
SIE SAGEN DINGE, DIE MAN BEI EINEM AUF-TRITT SONST NIE SAGEN DARF, DENN DANN GIBT ES HEFTIGE SHITSTORMS!
WARUM BIST DU IN DER MITTE?!
DU MANIPU-LIERST DIE VOTES, ODER?!

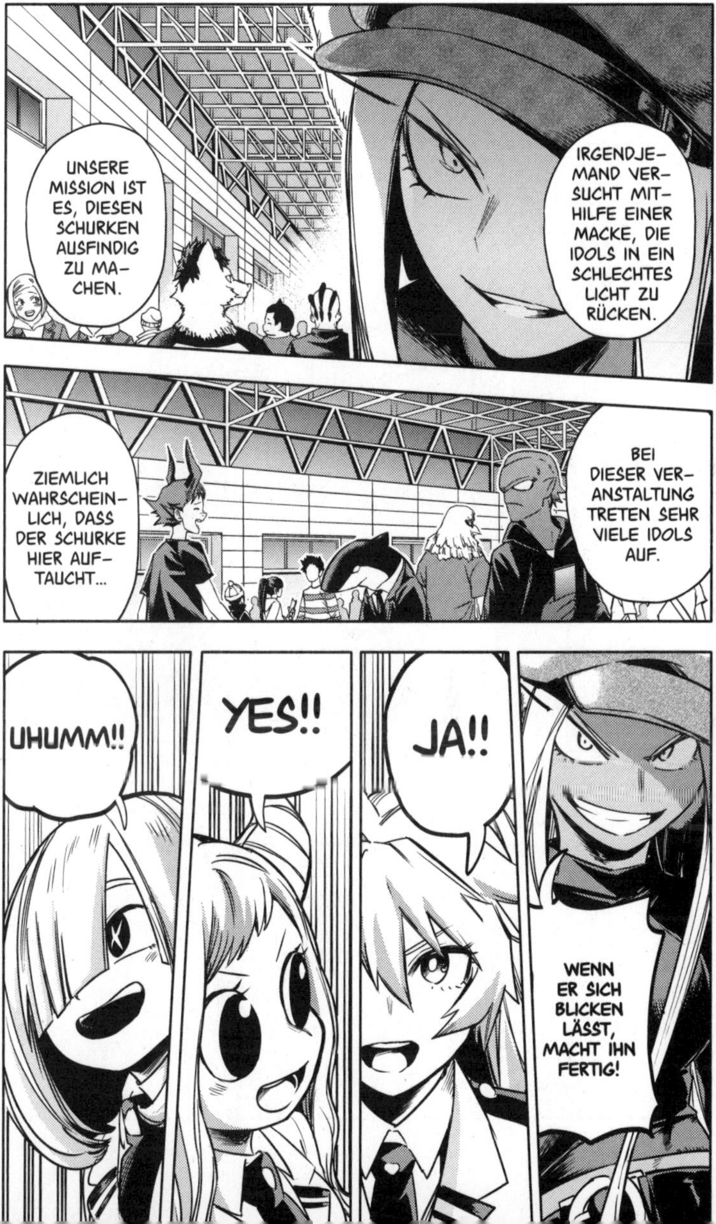
IRGENDJE-MAND VER-SUCHT MIT-HILFE EINER MACKE, DIE IDOLS IN EIN SCHLECHTES LICHT ZU RÜCKEN.
UNSERE MISSION IST ES, DIESEN SCHURKEN AUSFINDIG ZU MA-CHEN.
BEI DIESER VER-ANSTALTUNG TRETEN SEHR VIELE IDOLS AUF.
ZIEMLICH WAHRSCHEIN-LICH, DASS DER SCHURKE HIER AUF-TAUCHT...
WENN ER SICH BLICKEN LÄSST, MACHT IHN FERTIG!
JA!!
YES!!
UHUMM!!

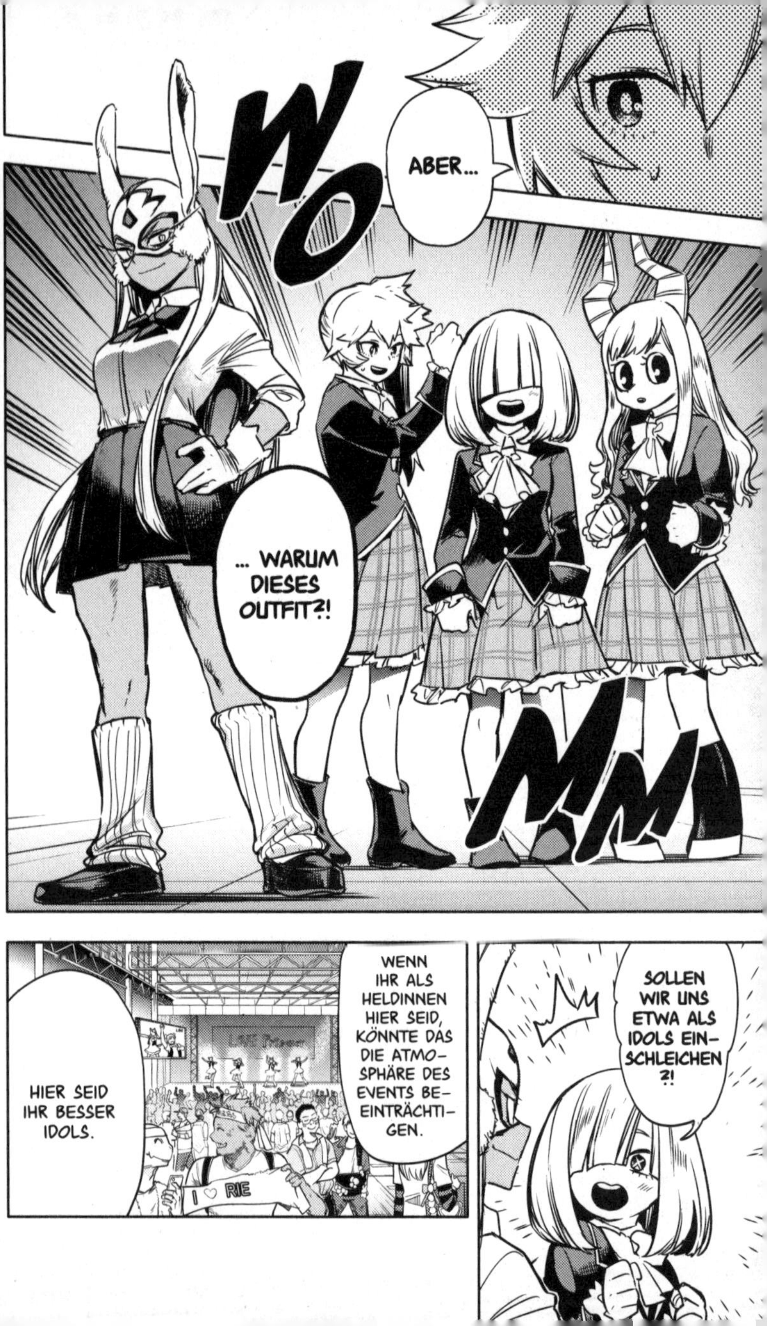
ABER...
WO
... WARUM DIESES OUTFIT?!
MM
WENN IHR ALS HELDINNEN HIER SEID, KÖNNTE DAS DIE ATMO-SPHÄRE DES EVENTS BE-EINTRÄCHTI-GEN.
HIER SEID IHR BESSER IDOLS.
SOLLEN WIR UNS ETWA ALS IDOLS EIN-SCHLEICHEN?!
I ♡ RIE

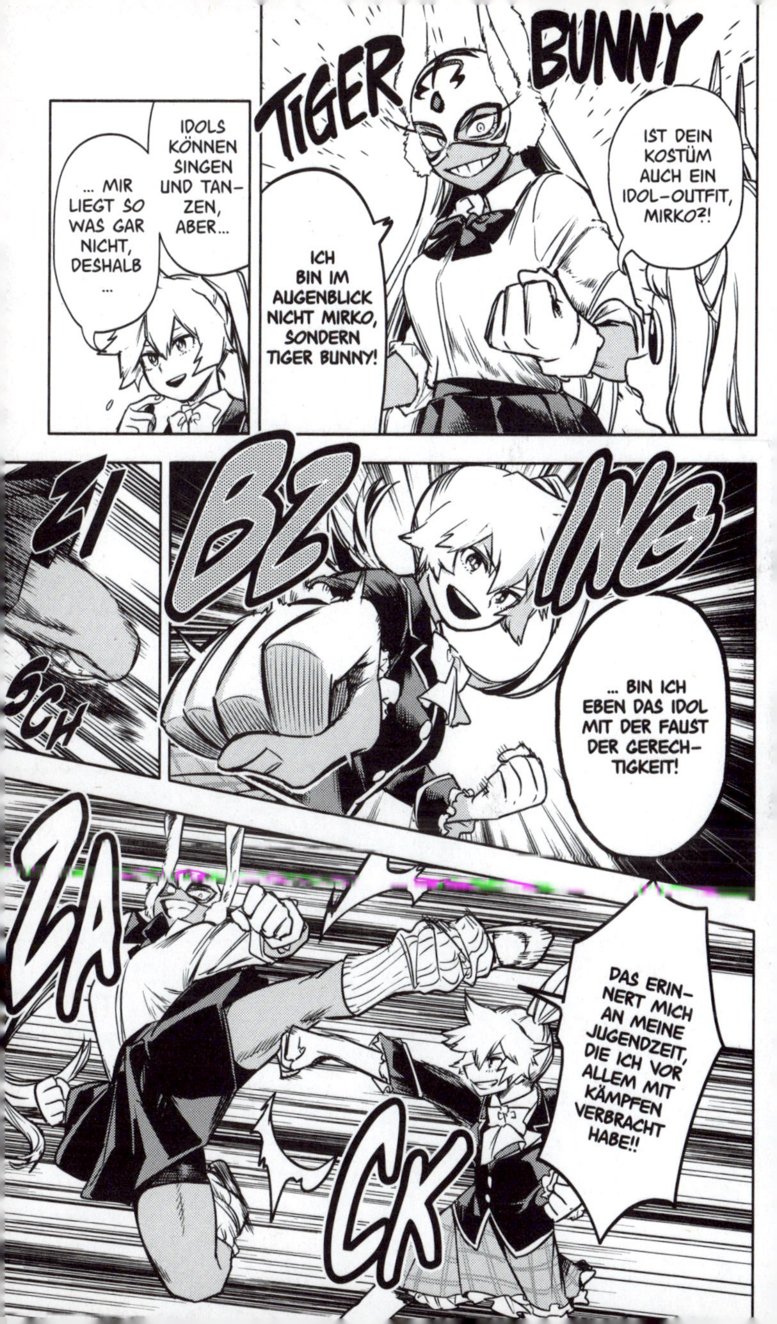
TIGER BUNNY
IST DEIN KOSTÜM AUCH EIN IDOL-OUTFIT, MIRKO?!
ICH BIN IM AUGENBLICK NICHT MIRKO, SONDERN TIGER BUNNY!
IDOLS KÖNNEN SINGEN UND TAN-ZEN, ABER...
... MIR LIEGT SO WAS GAR NICHT, DESHALB ...
BZ
ZI
SCH
... BIN ICH EBEN DAS IDOL MIT DER FAUST DER GERECH-TIGKEIT!
ZA
CK
DAS ERIN-NERT MICH AN MEINE JUGENDZEIT, DIE ICH VOR ALLEM MIT KÄMPFEN VERBRACHT HABE!!

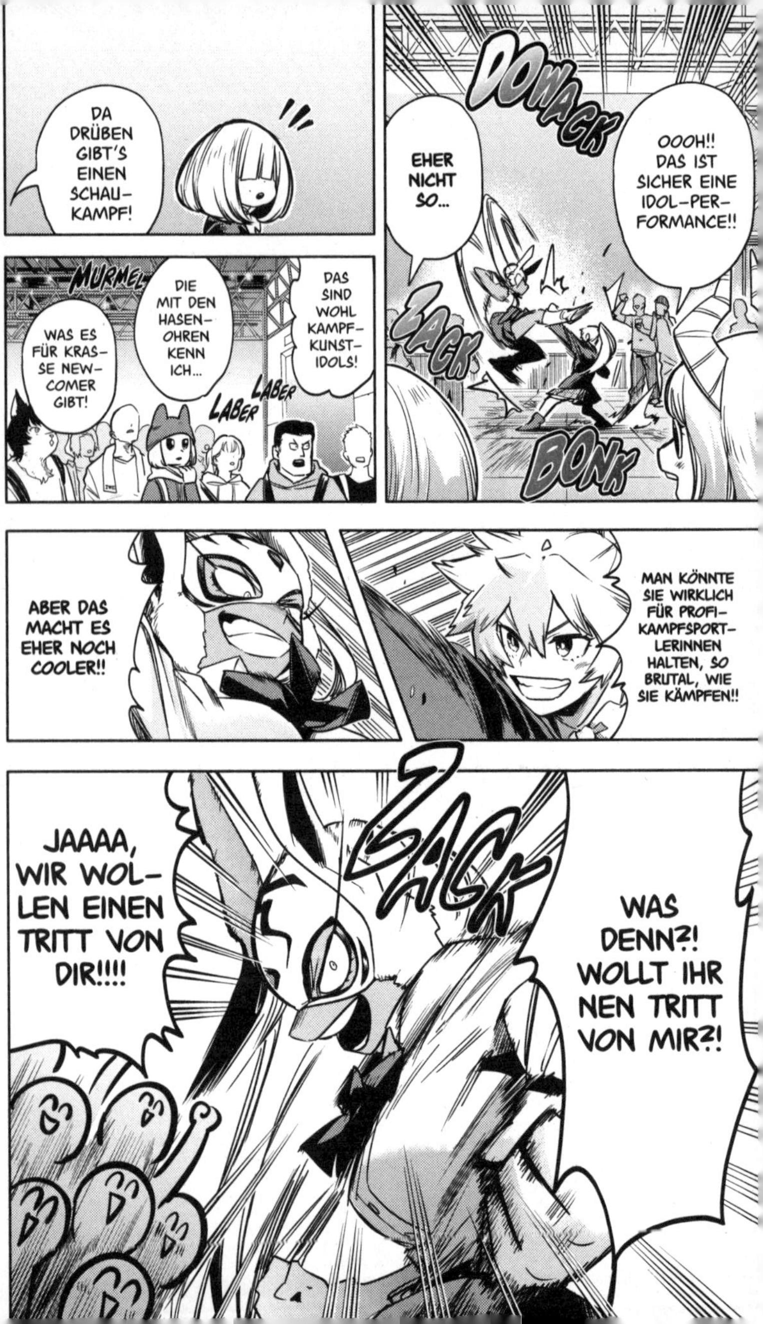
DOWACK
OOOH!! DAS IST SICHER EINE IDOL-PERFORMANCE!!
EHER NICHT SO…
ZACK
BONK
DA DRÜBEN GIBT'S EINEN SCHAUKAMPF!
DAS SIND WOHL KAMPFKUNSTIDOLS!
DIE MIT DEN HASENOHREN KENN ICH…
WAS ES FÜR KRASSE NEWCOMER GIBT!
MURMEL
LABER LABER
MAN KÖNNTE SIE WIRKLICH FÜR PROFIKAMPFSPORTLERINNEN HALTEN, SO BRUTAL, WIE SIE KÄMPFEN!!
ABER DAS MACHT ES EHER NOCH COOLER!!
WAS DENN?! WOLLT IHR NEN TRITT VON MIR?!
ZACK
JAAAA, WIR WOLLEN EINEN TRITT VON DIR!!!!

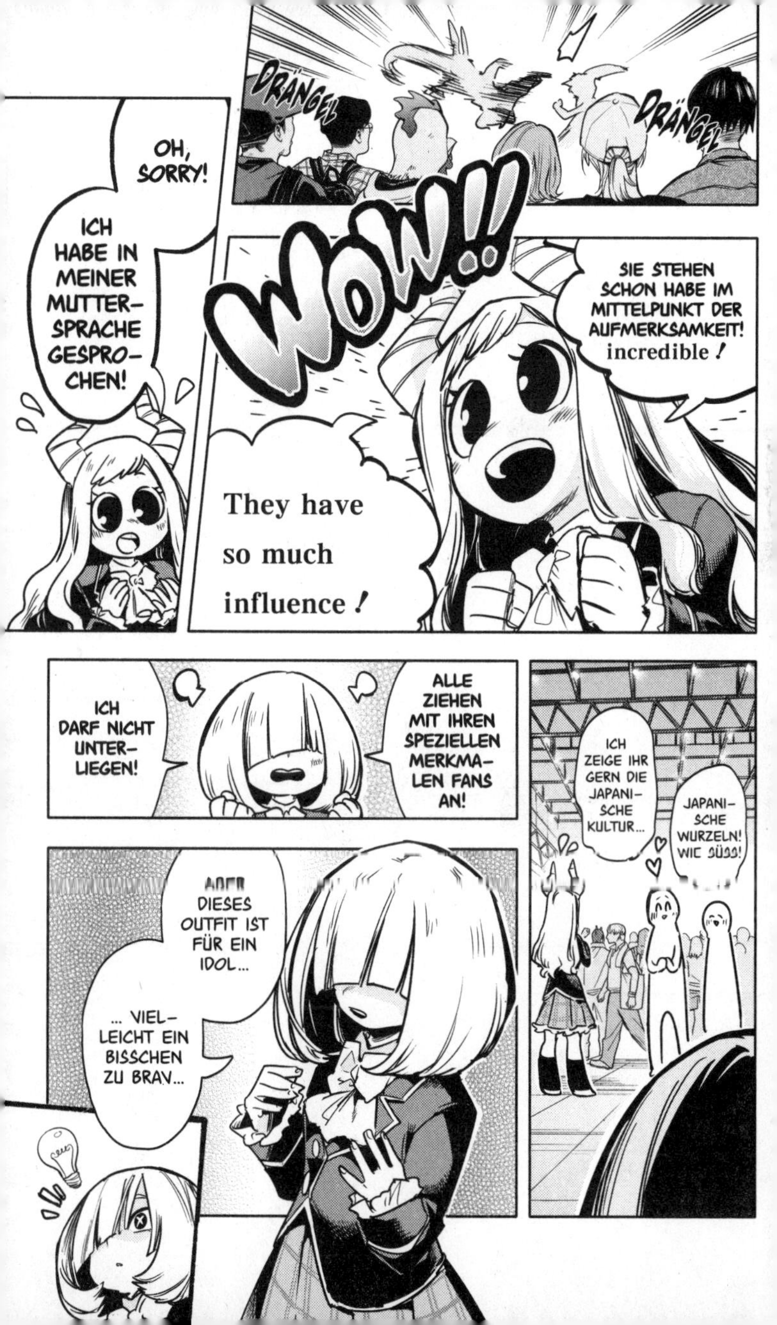
DRÄNGEL
DRÄNGEL
WOW!!
SIE STEHEN SCHON HABE IM MITTELPUNKT DER AUFMERKSAMKEIT! incredible!
They have so much influence!
OH, SORRY!
ICH HABE IN MEINER MUTTERSPRACHE GESPROCHEN!
ICH ZEIGE IHR GERN DIE JAPANISCHE KULTUR...
JAPANISCHE WURZELN! WIE SÜSS!
ALLE ZIEHEN MIT IHREN SPEZIELLEN MERKMALEN FANS AN!
ICH DARF NICHT UNTERLIEGEN!
ABER DIESES OUTFIT IST FÜR EIN IDOL...
... VIELLEICHT EIN BISSCHEN ZU BRAV...

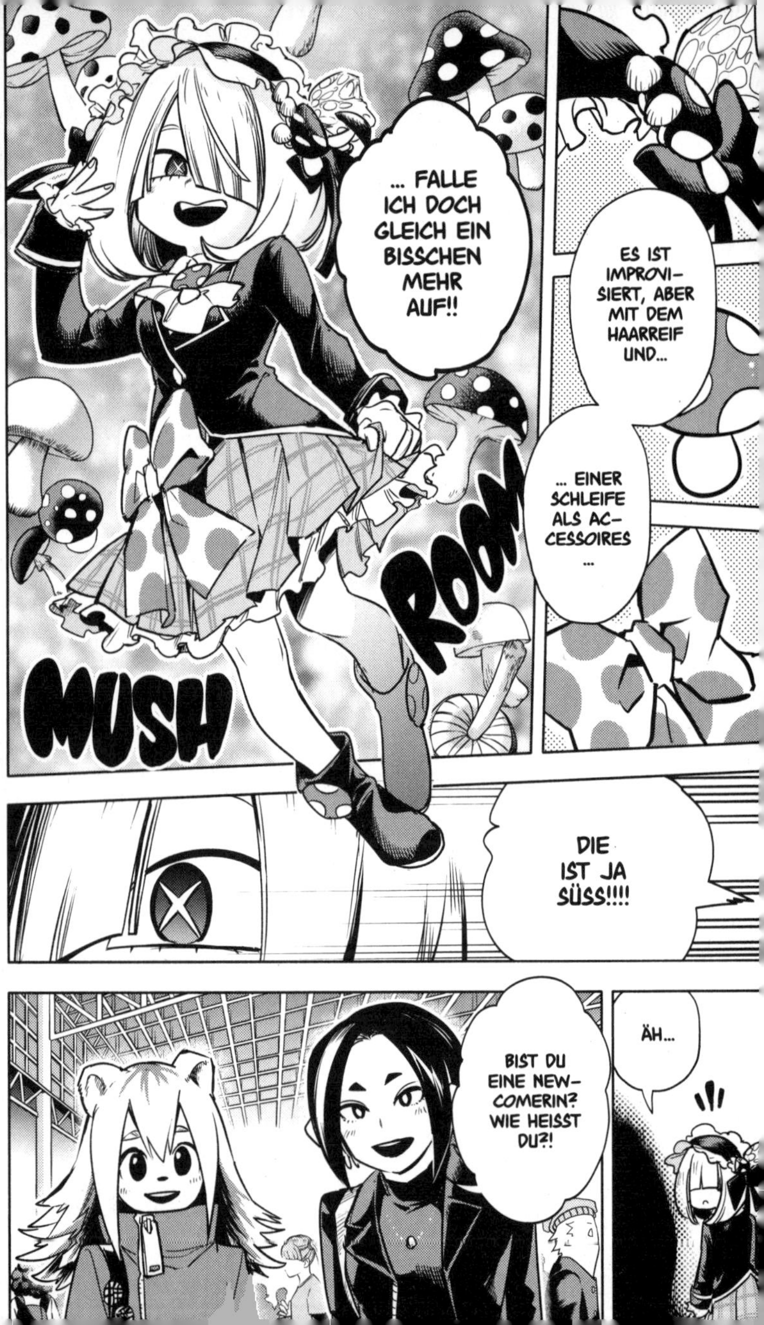
... FALLE ICH DOCH GLEICH EIN BISSCHEN MEHR AUF!!
ES IST IMPROVISIERT, ABER MIT DEM HAARREIF UND...
... EINER SCHLEIFE ALS ACCESSOIRES ...
ROOM
MUSH
DIE IST JA SÜSS!!!!
ÄH...
BIST DU EINE NEWCOMERIN? WIE HEISST DU?!

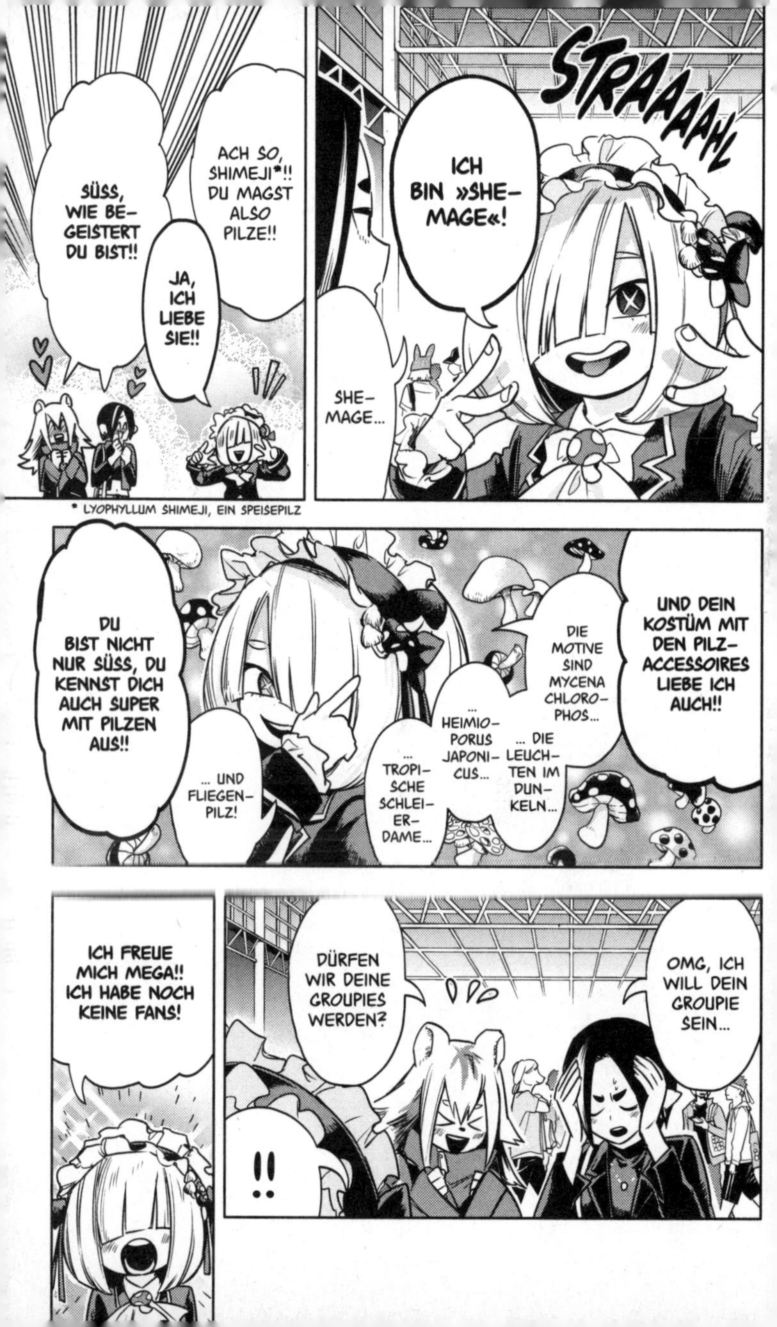

* LYOPHYLLUM SHIMEJI, EIN SPEISEPILZ

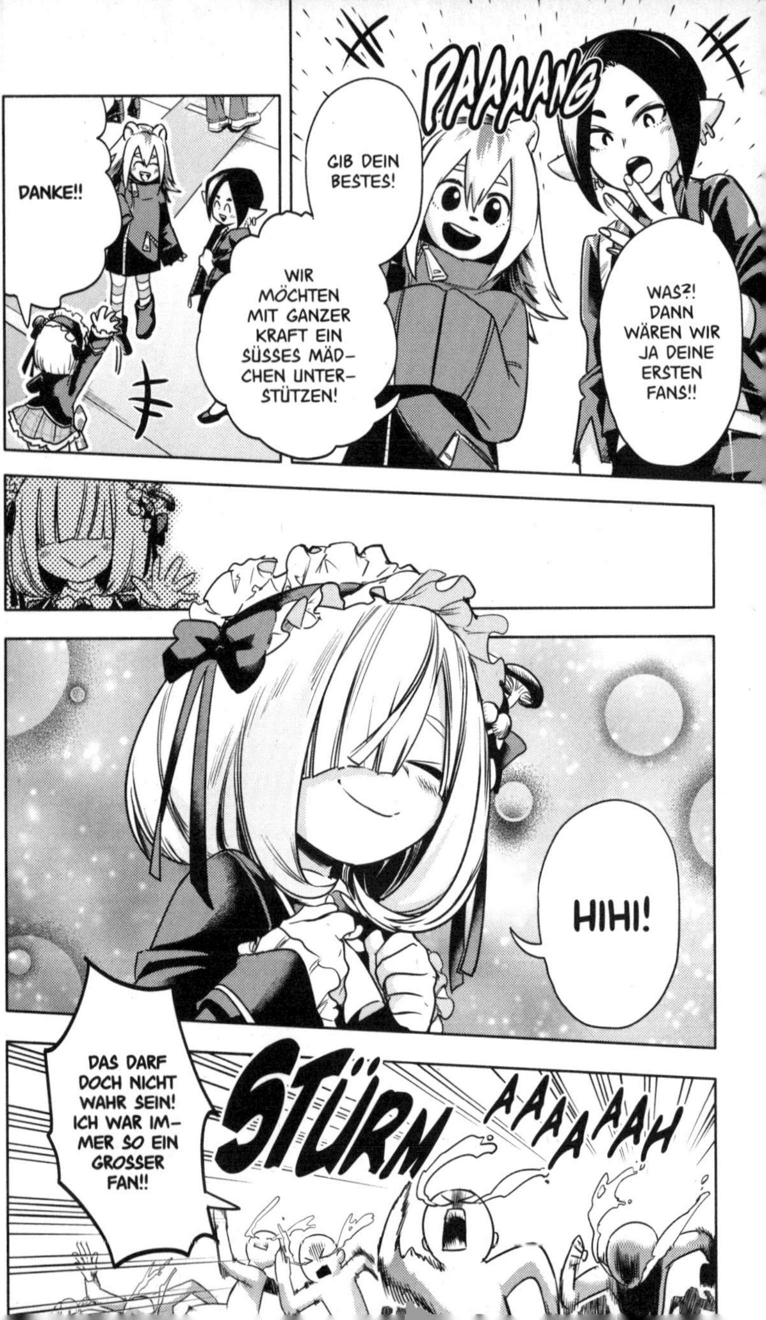
PAAAANG
WAS?! DANN WÄREN WIR JA DEINE ERSTEN FANS!!
WIR MÖCHTEN MIT GANZER KRAFT EIN SÜSSES MÄD-CHEN UNTER-STÜTZEN!
GIB DEIN BESTES!
DANKE!!
HIHI!
STÜRM
AAAAAAAH
DAS DARF DOCH NICHT WAHR SEIN! ICH WAR IM-MER SO EIN GROSSER FAN!!

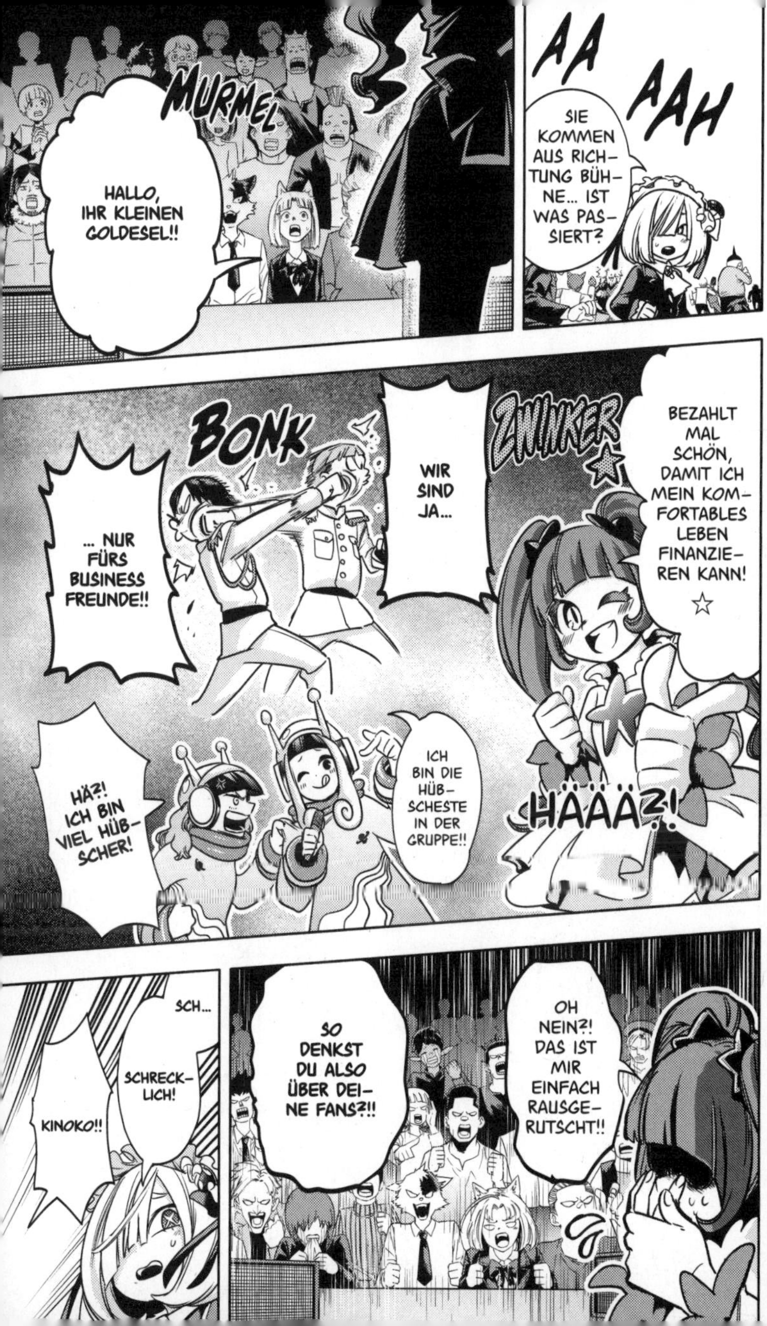
AAAAH
SIE KOMMEN AUS RICHTUNG BÜHNE... IST WAS PASSIERT?
MURMEL
HALLO, IHR KLEINEN GOLDESEL!!
ZWINKER
BEZAHLT MAL SCHÖN, DAMIT ICH MEIN KOMFORTABLES LEBEN FINANZIEREN KANN! ☆
WIR SIND JA...
BONK
... NUR FÜRS BUSINESS FREUNDE!!
HÄÄÄ?!
ICH BIN DIE HÜBSCHESTE IN DER GRUPPE!!
HÄ?! ICH BIN VIEL HÜBSCHER!
OH NEIN?! DAS IST MIR EINFACH RAUSGERUTSCHT!!
SO DENKST DU ALSO ÜBER DEINE FANS?!!
SCH...
SCHRECKLICH!
KINOKO!!

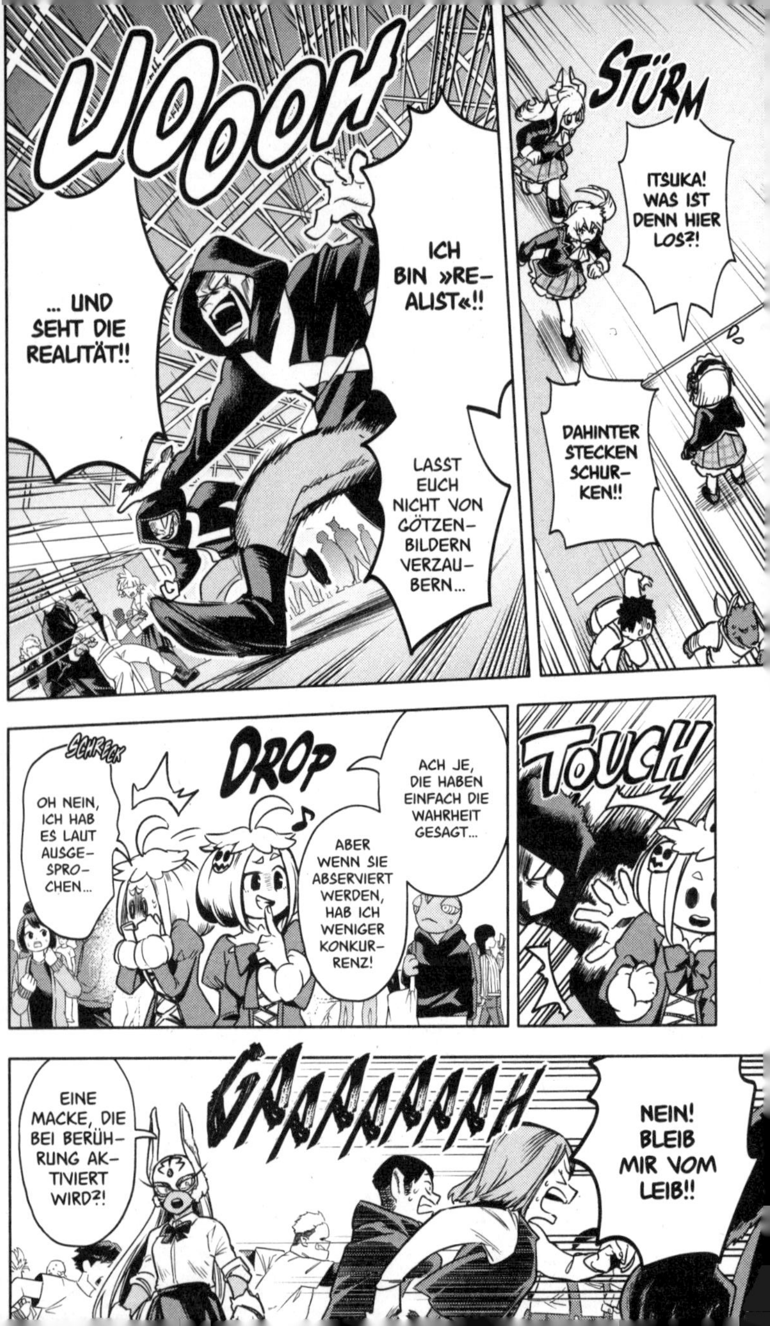
STÜRM
ITSUKA! WAS IST DENN HIER LOS?!
DAHINTER STECKEN SCHURKEN!!
UOOOH
ICH BIN »REALIST«!!
LASST EUCH NICHT VON GÖTZENBILDERN VERZAUBERN …
… UND SEHT DIE REALITÄT!!
TOUCH
DROP
ACH JE, DIE HABEN EINFACH DIE WAHRHEIT GESAGT …
ABER WENN SIE ABSERVIERT WERDEN, HAB ICH WENIGER KONKURRENZ!
SCHRECK
OH NEIN, ICH HAB ES LAUT AUSGESPROCHEN …
NEIN! BLEIB MIR VOM LEIB!!
GAAAAAAAH
EINE MACKE, DIE BEI BERÜHRUNG AKTIVIERT WIRD?!

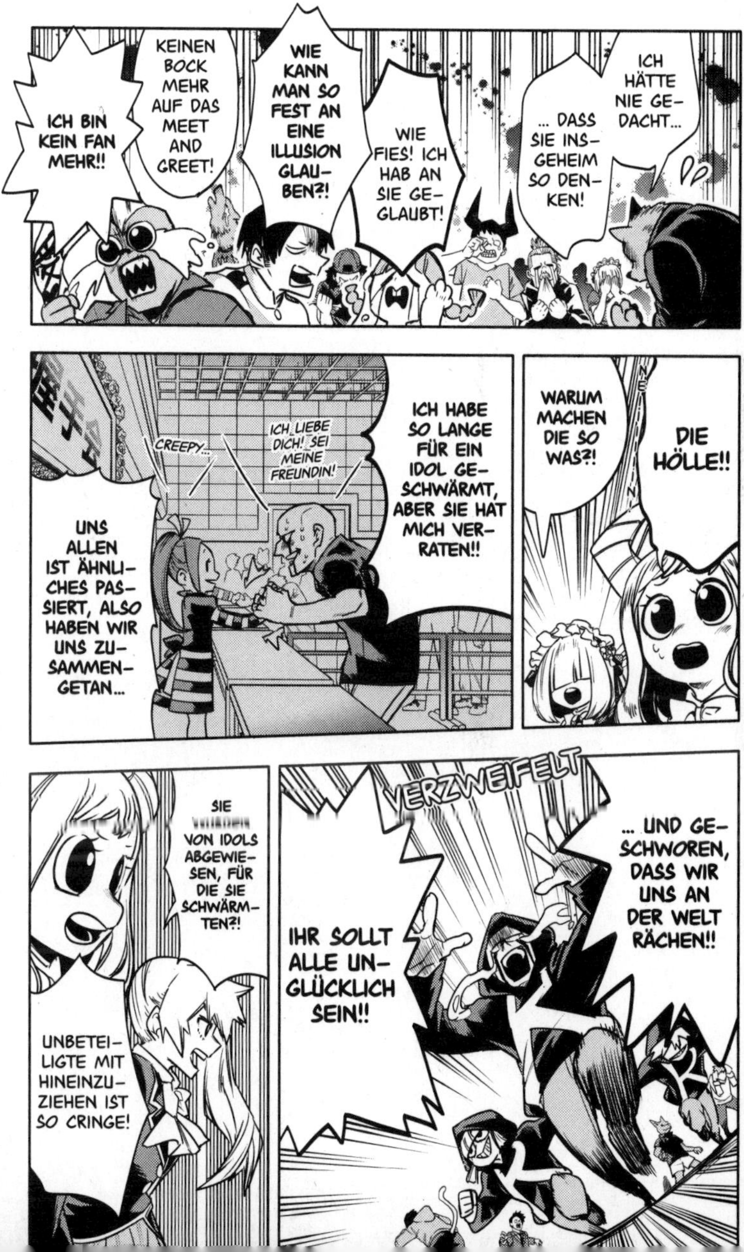
ICH HÄTTE NIE GEDACHT…
… DASS SIE INSGEHEIM SO DENKEN!
WIE FIES! ICH HAB AN SIE GEGLAUBT!
WIE KANN MAN SO FEST AN EINE ILLUSION GLAUBEN?!
KEINEN BOCK MEHR AUF DAS MEET AND GREET!
ICH BIN KEIN FAN MEHR!!
DIE HÖLLE!!
WARUM MACHEN DIE SO WAS?!
ICH HABE SO LANGE FÜR EIN IDOL GESCHWÄRMT, ABER SIE HAT MICH VERRATEN!!
ICH LIEBE DICH! SEI MEINE FREUNDIN!
CREEPY…
UNS ALLEN IST ÄHNLICHES PASSIERT, ALSO HABEN WIR UNS ZUSAMMENGETAN…
… UND GESCHWOREN, DASS WIR UNS AN DER WELT RÄCHEN!!
VERZWEIFELT
IHR SOLLT ALLE UNGLÜCKLICH SEIN!!
SIE
VON IDOLS ABGEWIESEN, FÜR DIE SIE SCHWÄRMTEN?!
UNBETEILIGTE MIT HINEINZUZIEHEN IST SO CRINGE!

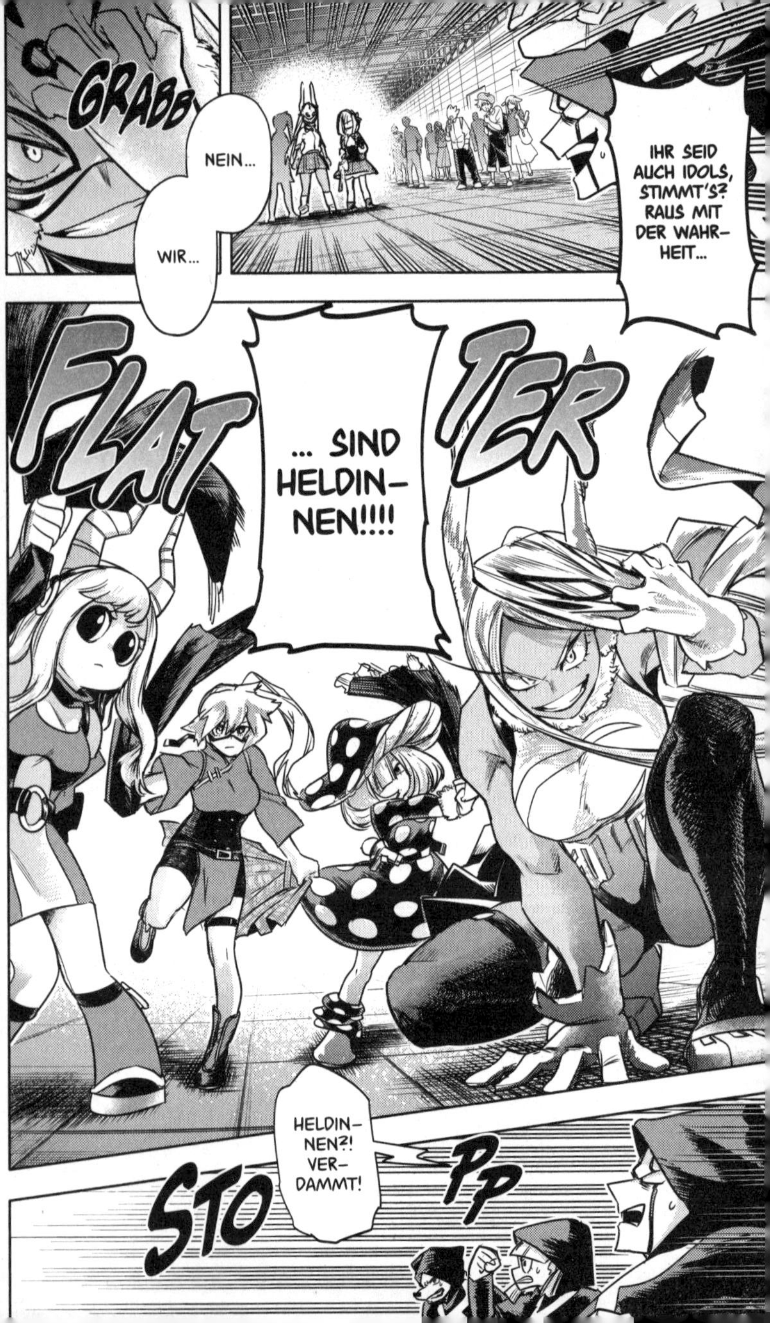
GRABB
NEIN...
WIR...
IHR SEID AUCH IDOLS, STIMMT'S? RAUS MIT DER WAHRHEIT...
... SIND HELDINNEN!!!!
FLATTER
HELDINNEN?! VERDAMMT!
STOPP

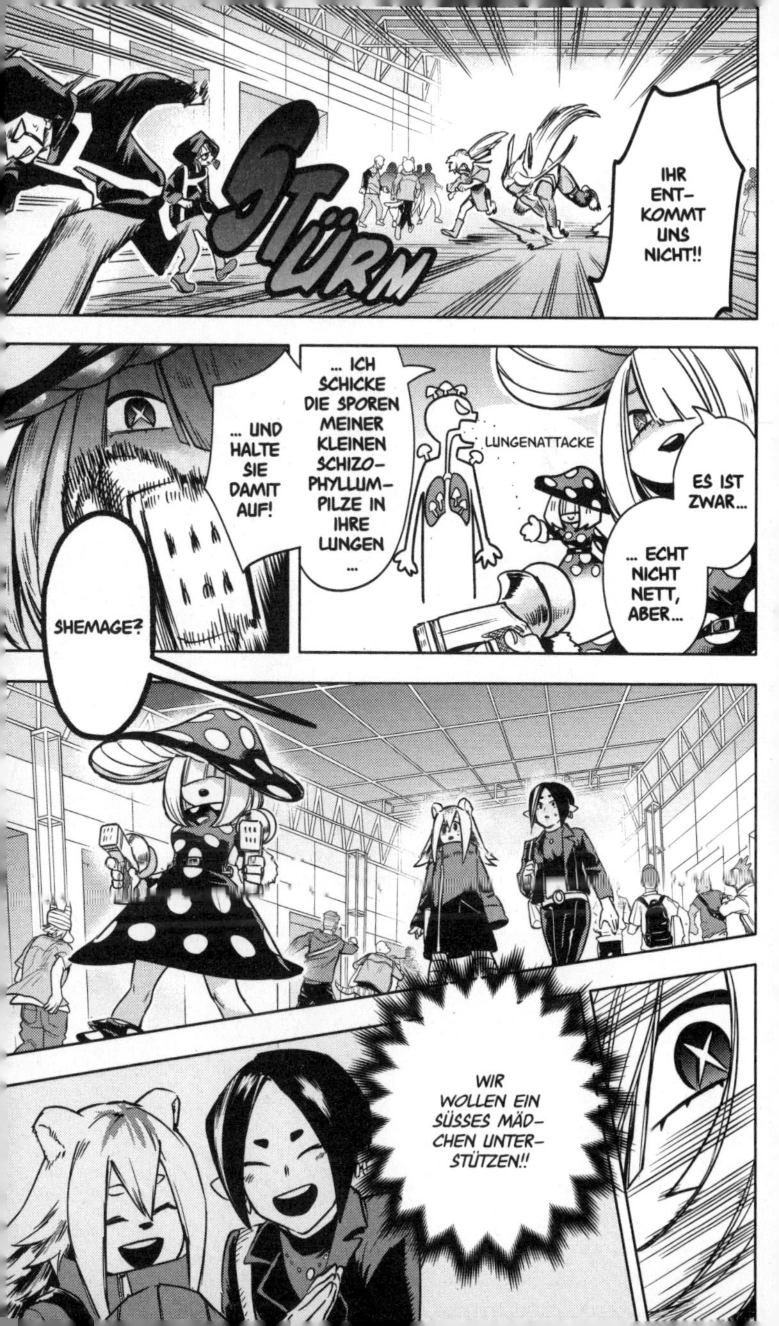
IHR ENT-KOMMT UNS NICHT!!
STÜRM
ES IST ZWAR...
... ECHT NICHT NETT, ABER...
LUNGENATTACKE
... ICH SCHICKE DIE SPOREN MEINER KLEINEN SCHIZO-PHYLLUM-PILZE IN IHRE LUNGEN ...
... UND HALTE SIE DAMIT AUF!
SHEMAGE?
WIR WOLLEN EIN SÜSSES MÄD-CHEN UNTER-STÜTZEN!!

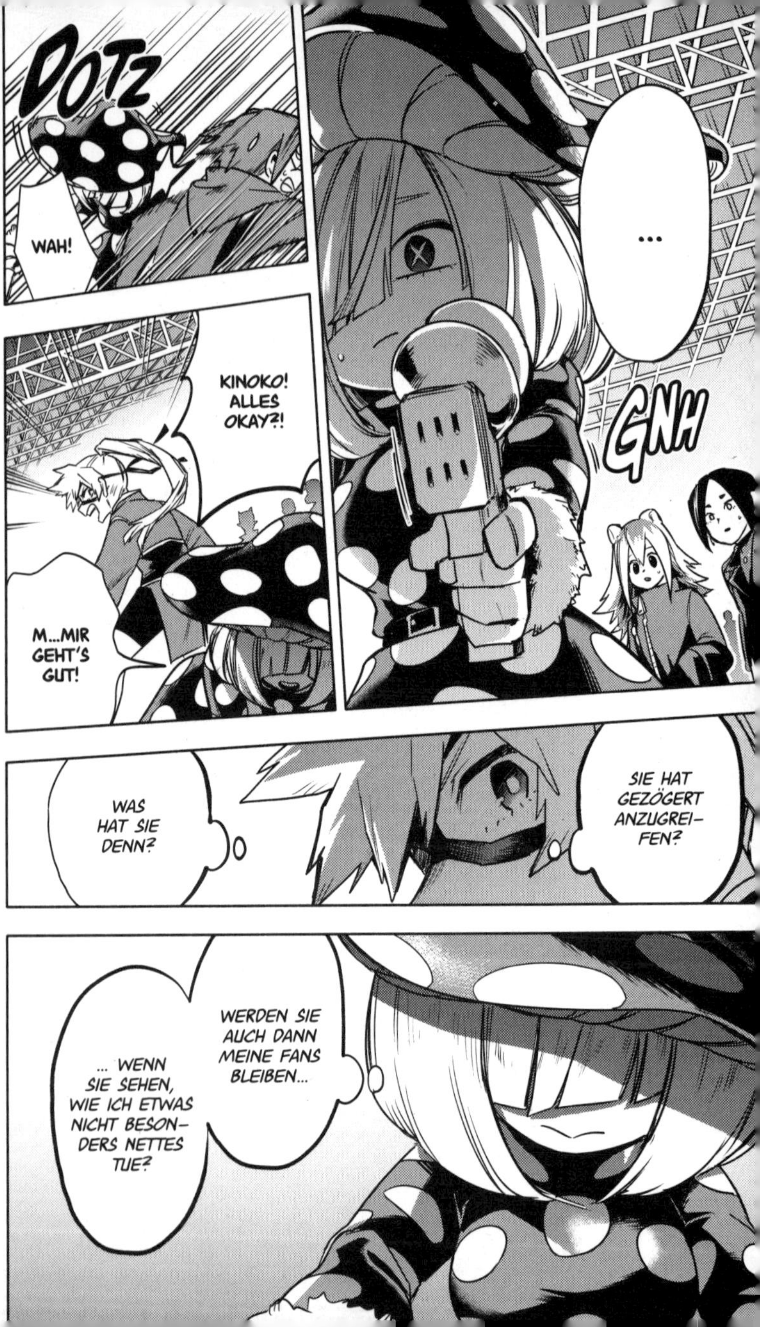
...
GNH
DOTZ
WAH!
KINOKO! ALLES OKAY?!
M...MIR GEHT'S GUT!
SIE HAT GEZÖGERT ANZUGREI-FEN?
WAS HAT SIE DENN?
WERDEN SIE AUCH DANN MEINE FANS BLEIBEN...
... WENN SIE SEHEN, WIE ICH ETWAS NICHT BESON-DERS NETTES TUE?

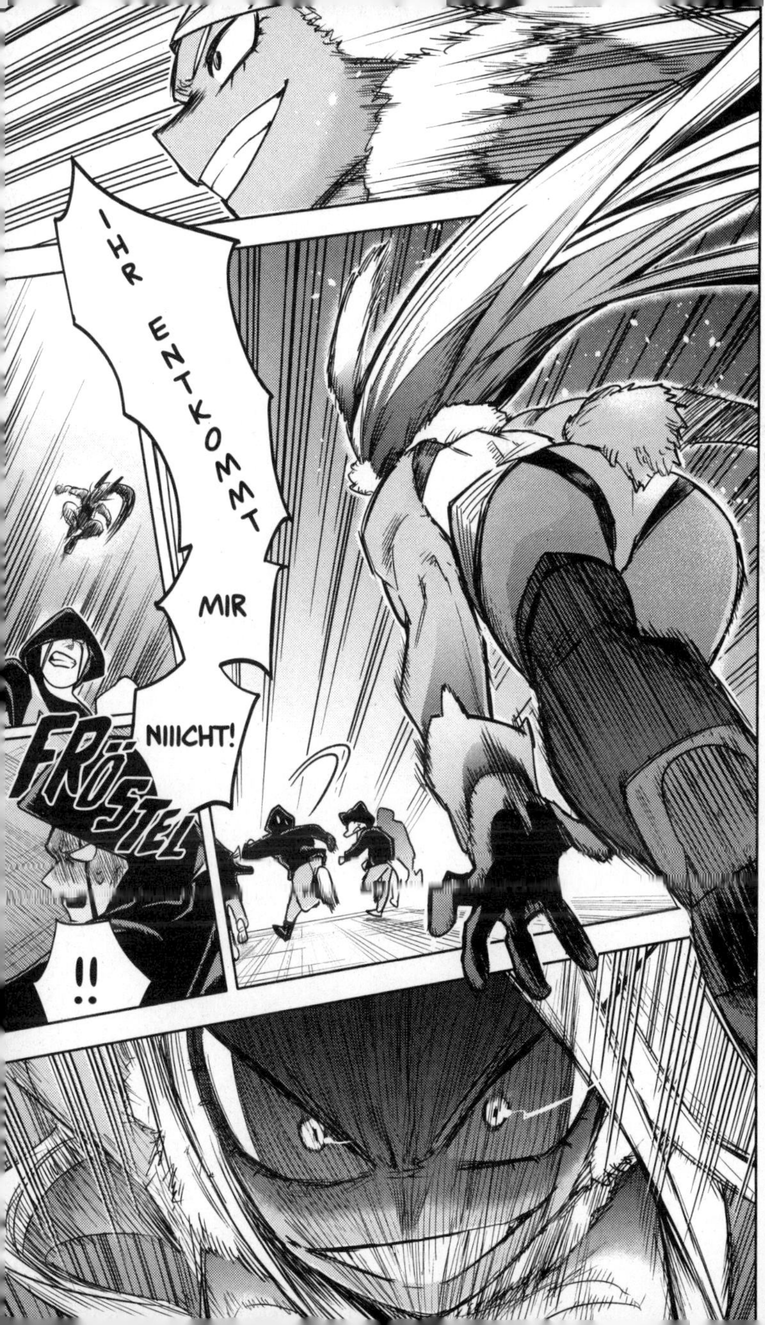
IHR ENTKOMMT MIR NIIICHT!
FRÖSTEL
!!

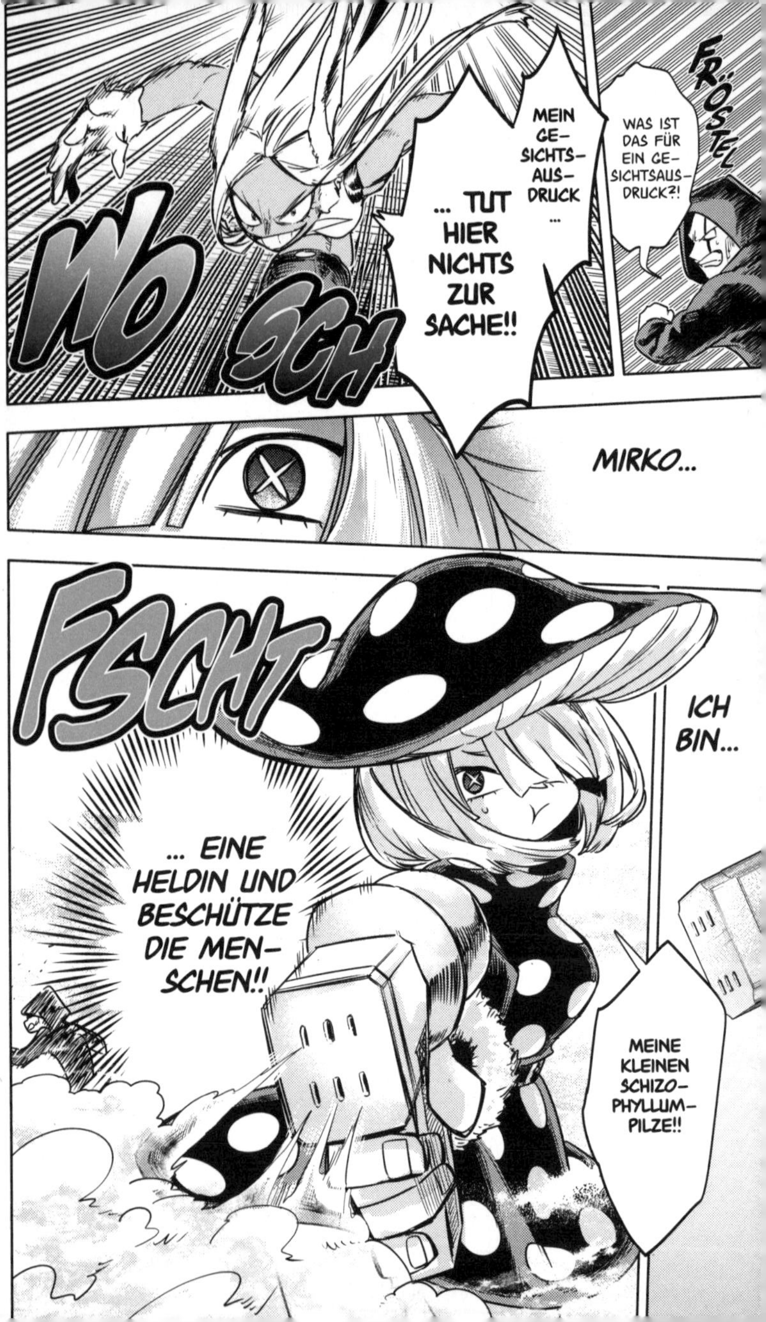
FRÖSTEL
WAS IST DAS FÜR EIN GESICHTSAUSDRUCK?!
MEIN GESICHTSAUSDRUCK ...
... TUT HIER NICHTS ZUR SACHE!!
WOOSCH
MIRKO...
FSCHT
ICH BIN...
... EINE HELDIN UND BESCHÜTZE DIE MENSCHEN!!
MEINE KLEINEN SCHIZOPHYLLUMPILZE!!

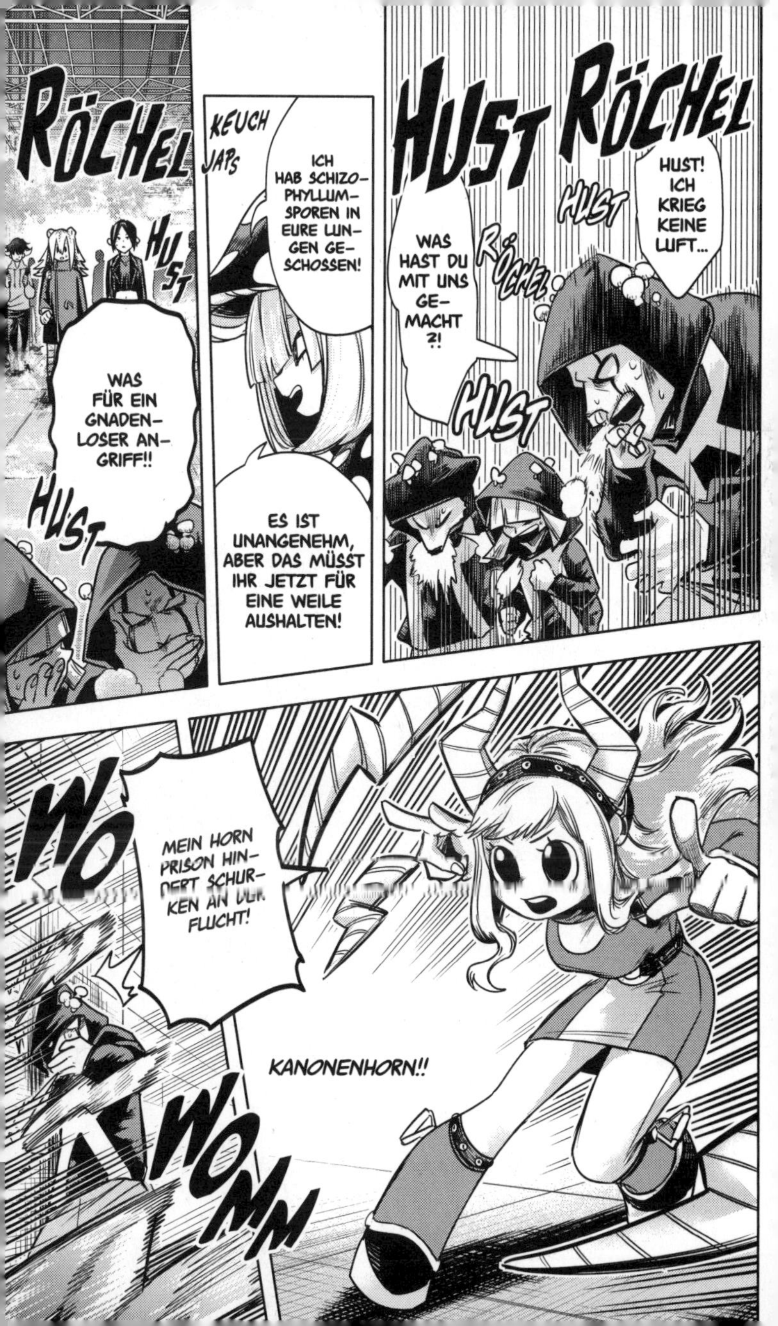
HUST RÖCHEL
HUST! ICH KRIEG KEINE LUFT…
HUST
RÖCHEL
WAS HAST DU MIT UNS GEMACHT?!
HUST
KEUCH JAPS
ICH HAB SCHIZOPHYLLUMSPOREN IN EURE LUNGEN GESCHOSSEN!
ES IST UNANGENEHM, ABER DAS MÜSST IHR JETZT FÜR EINE WEILE AUSHALTEN!
RÖCHEL
HUST
WAS FÜR EIN GNADENLOSER ANGRIFF!!
HUST
MEIN HORN PRISON HINDERT SCHURKEN AN DER FLUCHT!
KANONENHORN!!
WO
WOMM

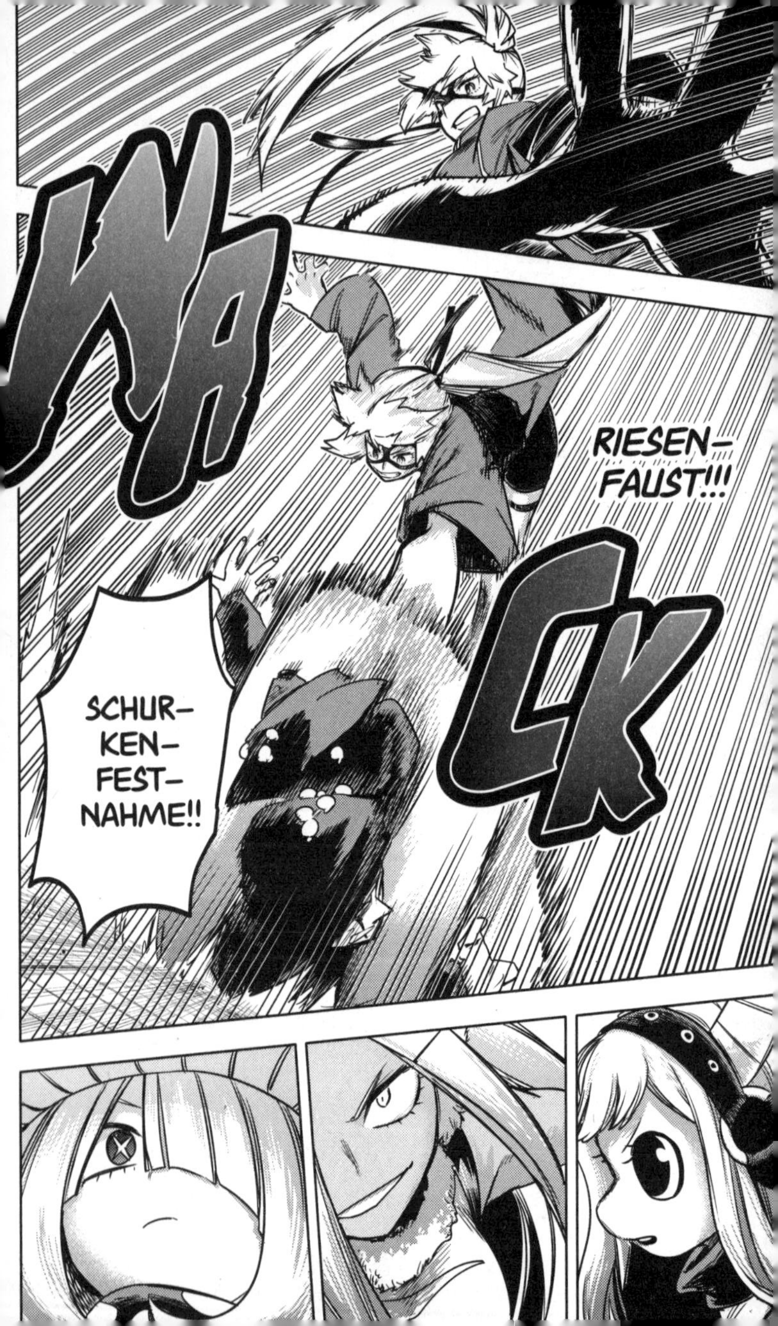
RIESEN-
FAUST!!!
SCHUR-
KEN-
FEST-
NAHME!!

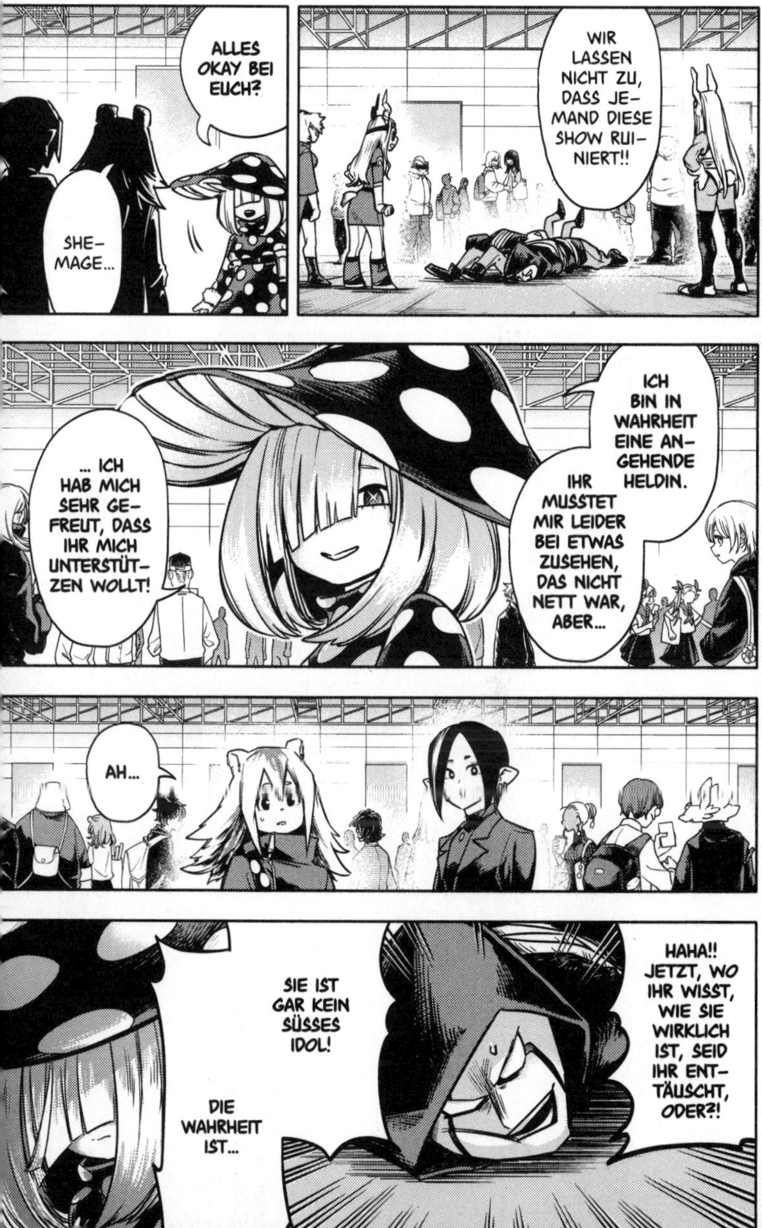
WIR LASSEN NICHT ZU, DASS JE-MAND DIESE SHOW RUI-NIERT!!
ALLES OKAY BEI EUCH?
SHE-MAGE...
ICH BIN IN WAHRHEIT EINE AN-GEHENDE HELDIN.
IHR MUSSTET MIR LEIDER BEI ETWAS ZUSEHEN, DAS NICHT NETT WAR, ABER...
... ICH HAB MICH SEHR GE-FREUT, DASS IHR MICH UNTERSTÜT-ZEN WOLLT!
AH...
HAHA!! JETZT, WO IHR WISST, WIE SIE WIRKLICH IST, SEID IHR ENT-TÄUSCHT, ODER?!
SIE IST GAR KEIN SÜSSES IDOL!
DIE WAHRHEIT IST...

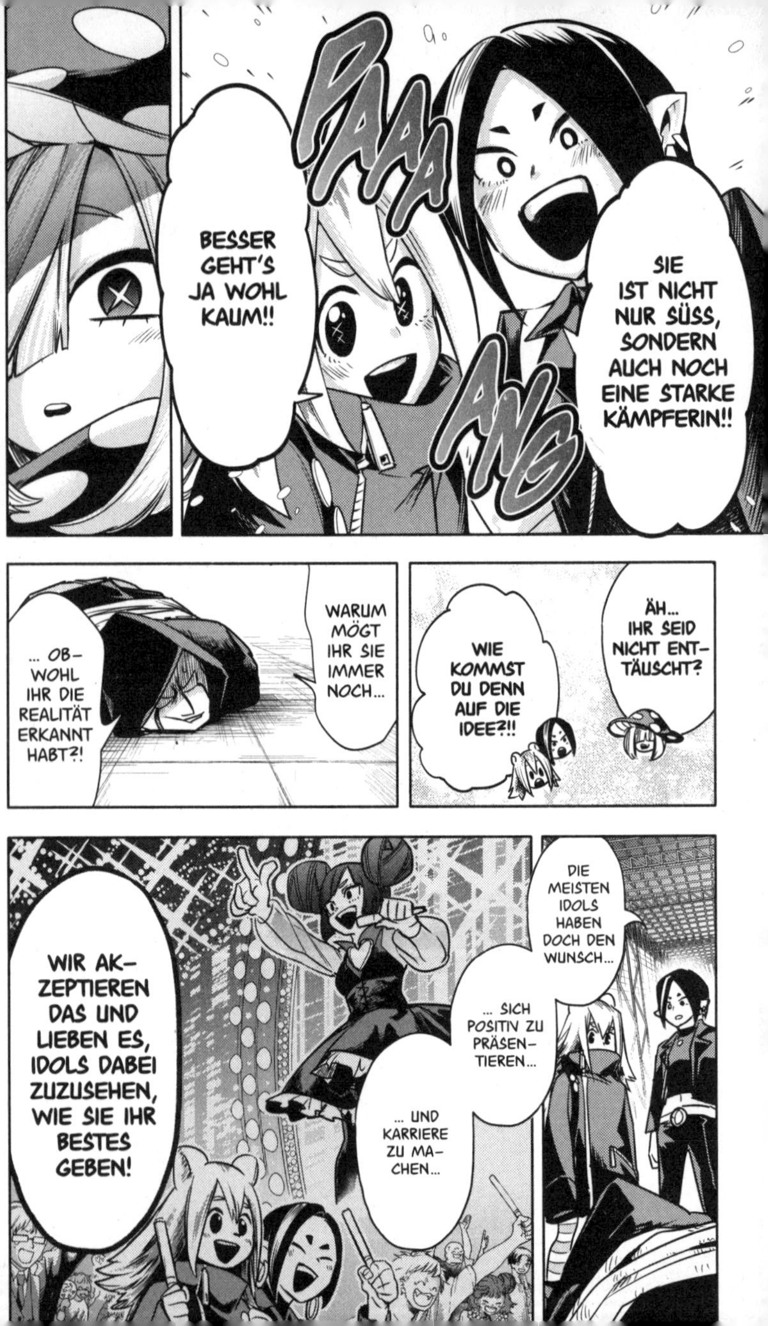
SIE IST NICHT NUR SÜSS, SONDERN AUCH NOCH EINE STARKE KÄMPFERIN!!
PAAAANG
BESSER GEHT'S JA WOHL KAUM!!
ÄH... IHR SEID NICHT ENTTÄUSCHT?
WIE KOMMST DU DENN AUF DIE IDEE?!!
WARUM MÖGT IHR SIE IMMER NOCH...
... OBWOHL IHR DIE REALITÄT ERKANNT HABT?!
DIE MEISTEN IDOLS HABEN DOCH DEN WUNSCH...
... SICH POSITIV ZU PRÄSENTIEREN...
... UND KARRIERE ZU MACHEN...
WIR AKZEPTIEREN DAS UND LIEBEN ES, IDOLS DABEI ZUZUSEHEN, WIE SIE IHR BESTES GEBEN!

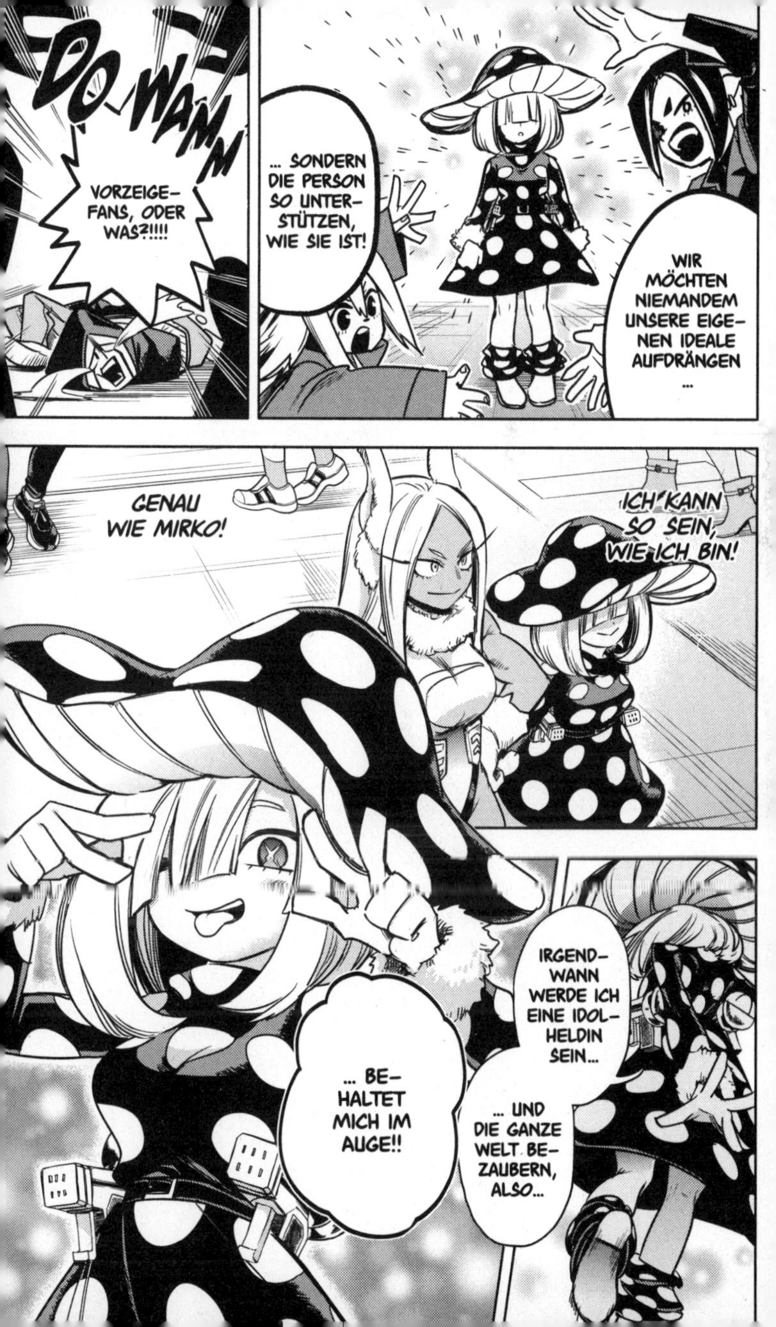
DO-WAMM
VORZEIGE-FANS, ODER WAS?!!!!
WIR MÖCHTEN NIEMANDEM UNSERE EIGENEN IDEALE AUFDRÄNGEN ...
... SONDERN DIE PERSON SO UNTERSTÜTZEN, WIE SIE IST!
ICH KANN SO SEIN, WIE ICH BIN!
GENAU WIE MIRKO!
IRGENDWANN WERDE ICH EINE IDOL-HELDIN SEIN...
... UND DIE GANZE WELT BEZAUBERN, ALSO...
... BEHALTET MICH IM AUGE!!

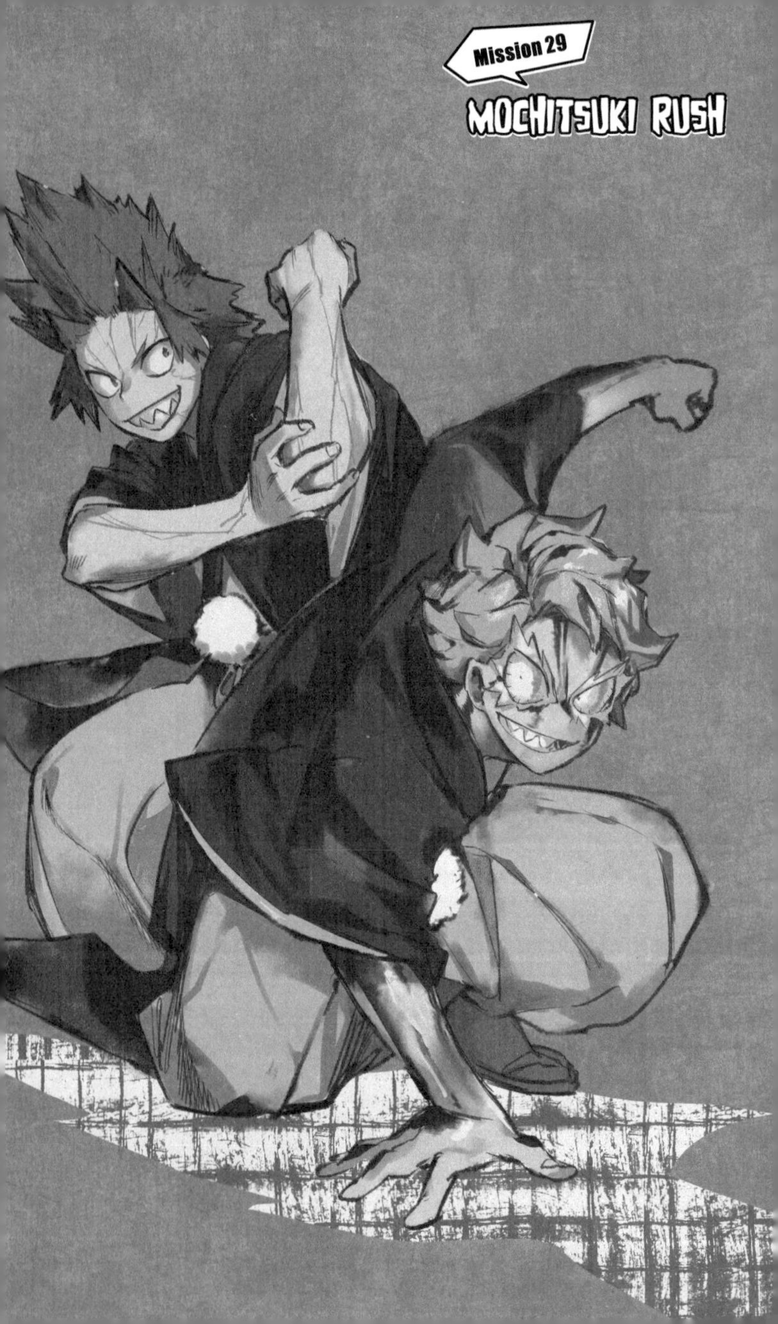
Mission 29
MOCHITSUKI RUSH

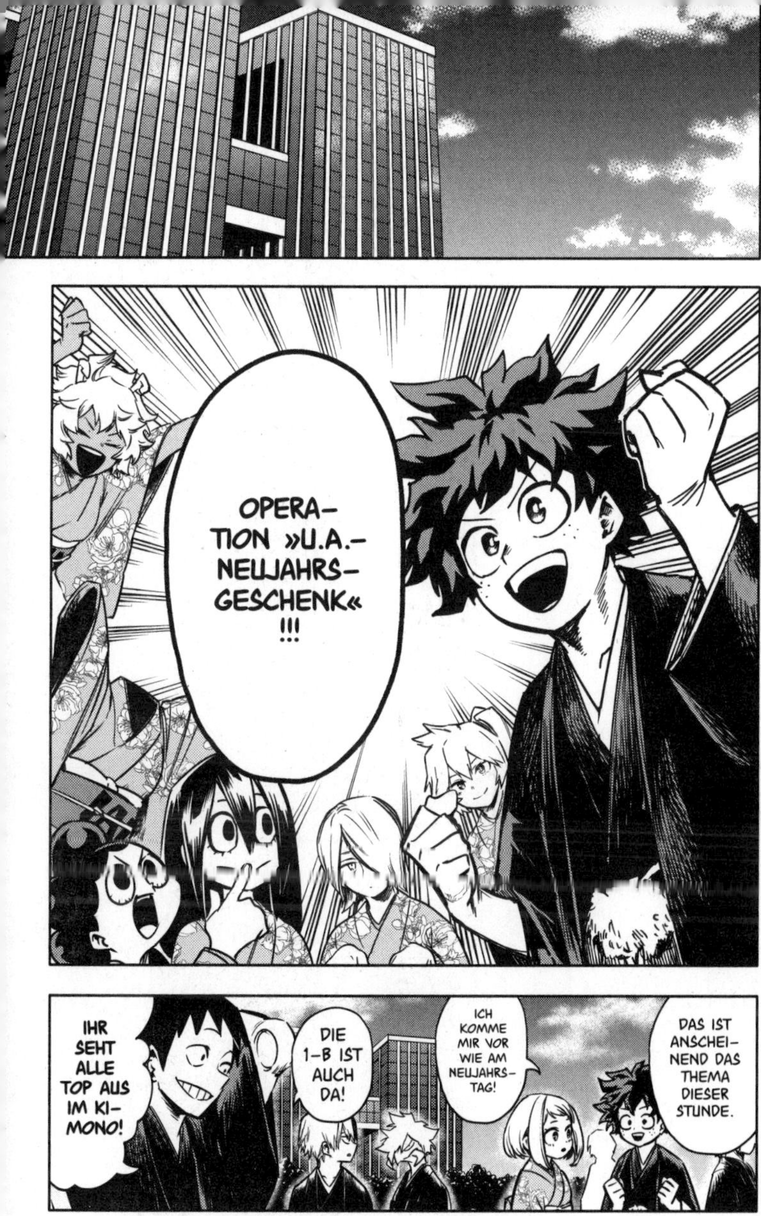
OPERATION »U.A.-NEUJAHRSGESCHENK«!!!
DAS IST ANSCHEINEND DAS THEMA DIESER STUNDE.
ICH KOMME MIR VOR WIE AM NEUJAHRSTAG!
DIE 1-B IST AUCH DA!
IHR SEHT ALLE TOP AUS IM KIMONO!

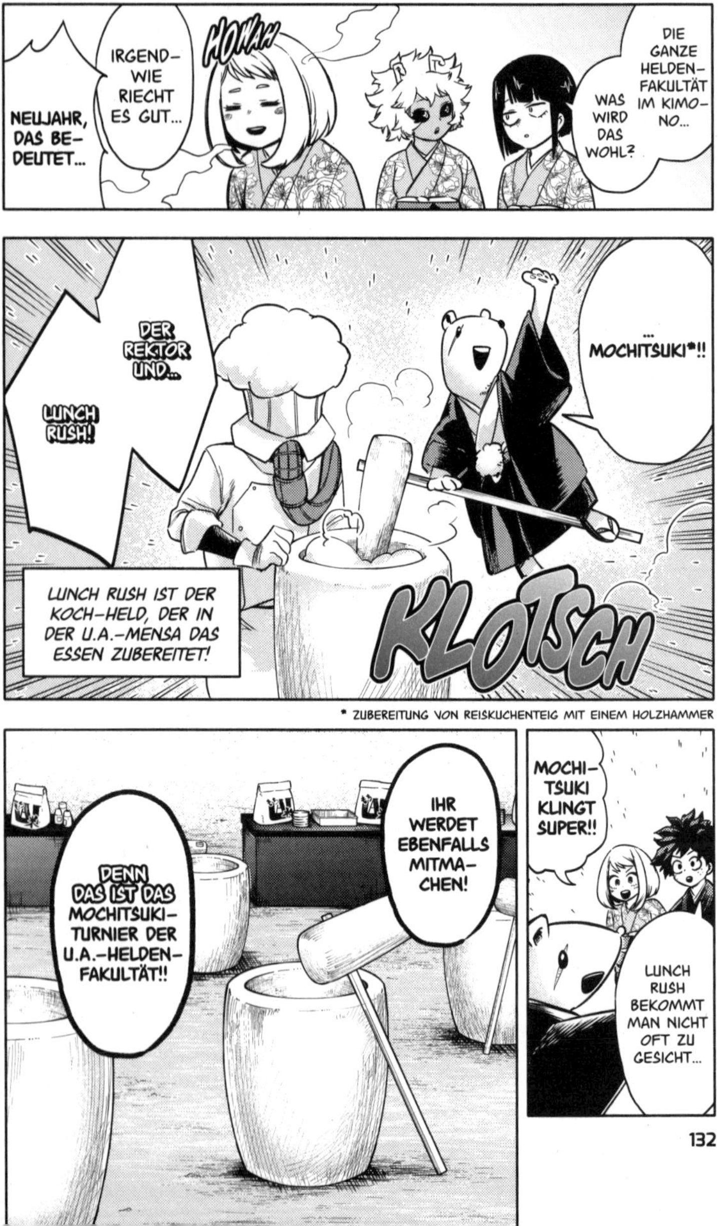

* ZUBEREITUNG VON REISKUCHENTEIG MIT EINEM HOLZHAMMER

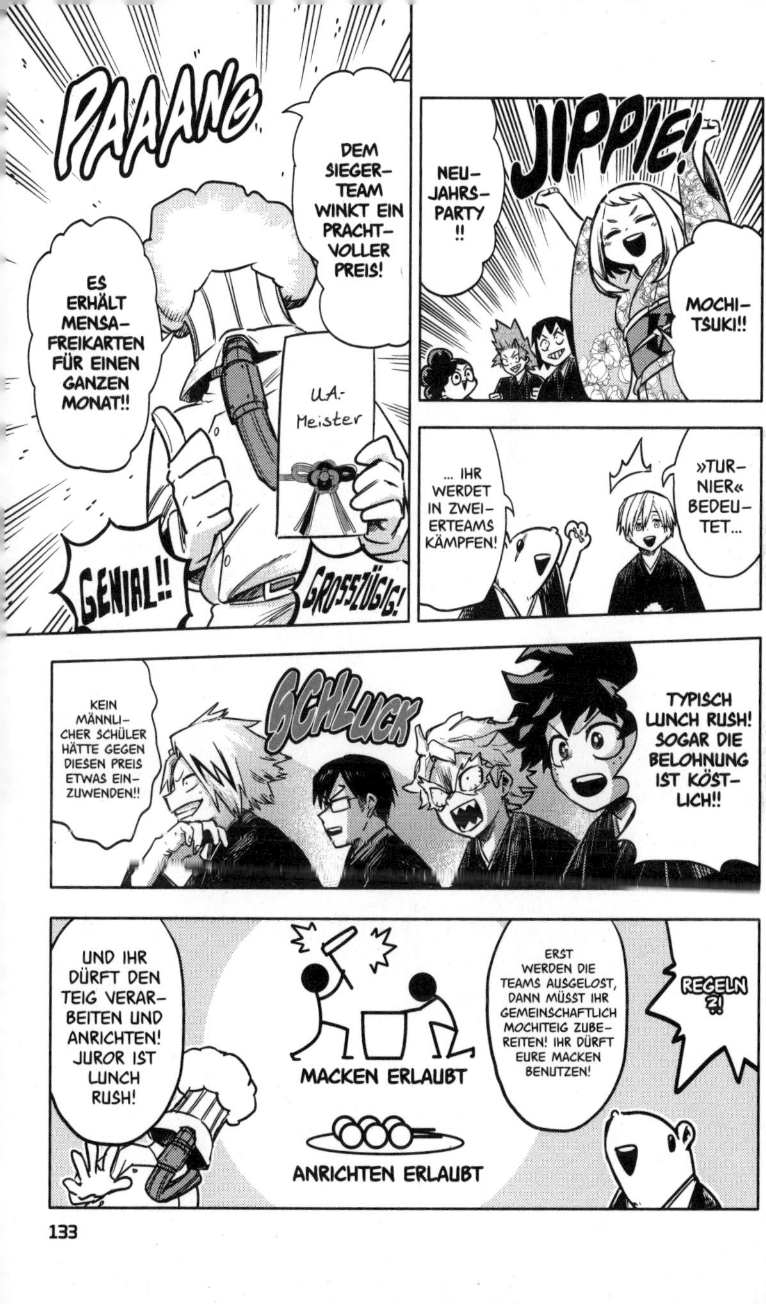
MOCHI-TSUKI!!
JIPPIE!
NEU-JAHRS-PARTY !!
»TUR-NIER« BEDEU-TET...
... IHR WERDET IN ZWEI-ERTEAMS KÄMPFEN!
PAAANG
DEM SIEGER-TEAM WINKT EIN PRACHT-VOLLER PREIS!
ES ERHÄLT MENSA-FREIKARTEN FÜR EINEN GANZEN MONAT!!
U.A.-Meister
GROSSZÜGIG!
GENIAL!!
TYPISCH LUNCH RUSH! SOGAR DIE BELOHNUNG IST KÖST-LICH!!
SCHLUCK
KEIN MÄNNLI-CHER SCHÜLER HÄTTE GEGEN DIESEN PREIS ETWAS EIN-ZUWENDEN!!
REGELN ?!
ERST WERDEN DIE TEAMS AUSGELOST, DANN MÜSST IHR GEMEINSCHAFTLICH MOCHITEIG ZUBE-REITEN! IHR DÜRFT EURE MACKEN BENUTZEN!
MACKEN ERLAUBT
ANRICHTEN ERLAUBT
UND IHR DÜRFT DEN TEIG VERAR-BEITEN UND ANRICHTEN! JUROR IST LUNCH RUSH!

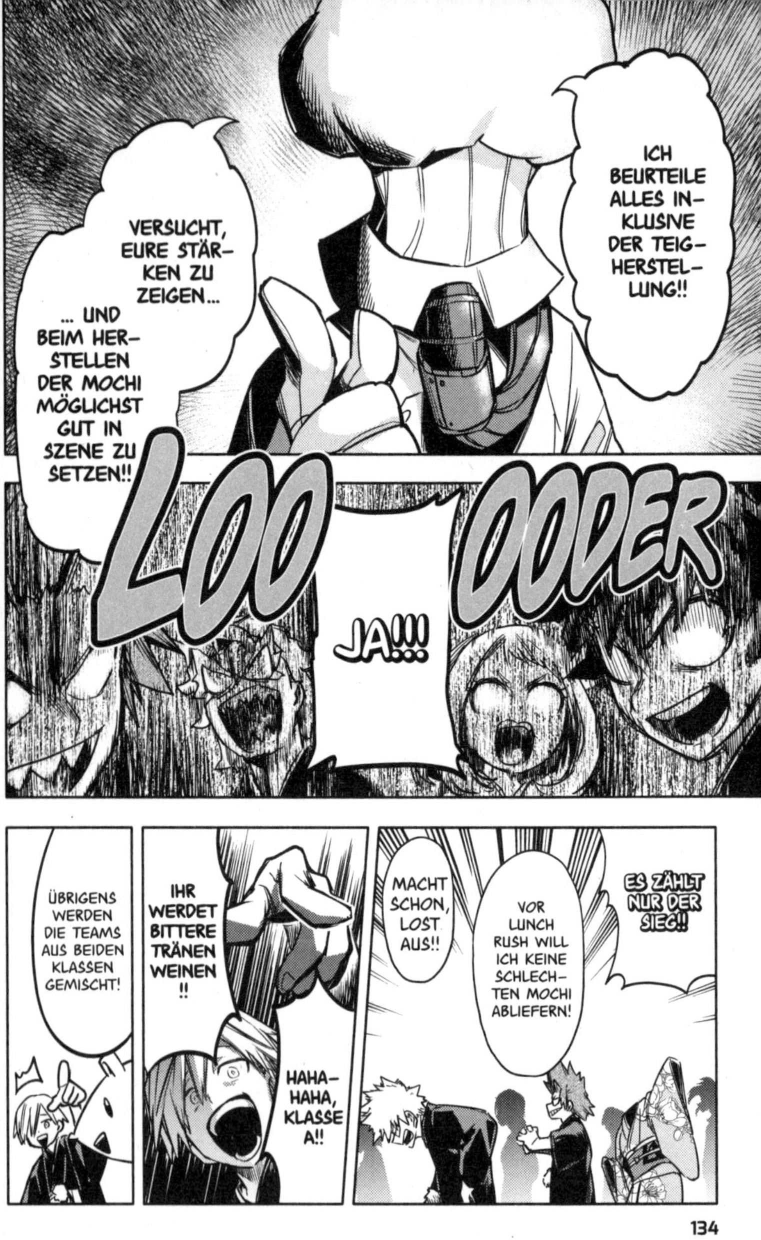
ICH BEURTEILE ALLES INKLUSIVE DER TEIGHERSTELLUNG!!
VERSUCHT, EURE STÄRKEN ZU ZEIGEN…
… UND BEIM HERSTELLEN DER MOCHI MÖGLICHST GUT IN SZENE ZU SETZEN!!
LOO OODER
JA!!!
ES ZÄHLT NUR DER SIEG!!
VOR LUNCH RUSH WILL ICH KEINE SCHLECHTEN MOCHI ABLIEFERN!
MACHT SCHON, LOST AUS!!
IHR WERDET BITTERE TRÄNEN WEINEN !!
HAHAHAHA, KLASSE A!!
ÜBRIGENS WERDEN DIE TEAMS AUS BEIDEN KLASSEN GEMISCHT!

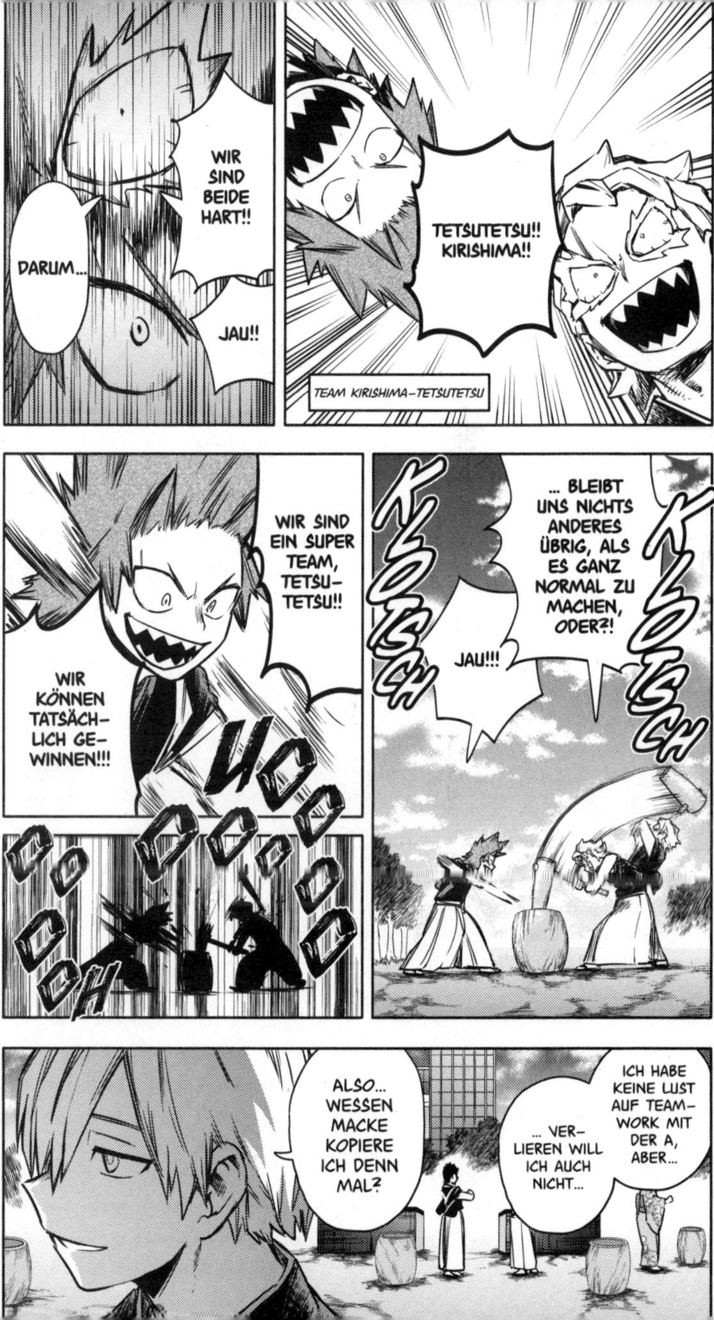
TETSUTETSU!! KIRISHIMA!!
TEAM KIRISHIMA-TETSUTETSU
WIR SIND BEIDE HART!!
DARUM...
JAU!!
KLOTSCH
... BLEIBT UNS NICHTS ANDERES ÜBRIG, ALS ES GANZ NORMAL ZU MACHEN, ODER?!
JAU!!!
KLOTSCH
WIR SIND EIN SUPER TEAM, TETSU-TETSU!!
WIR KÖNNEN TATSÄCH-LICH GE-WINNEN!!!
UOOOOOOOOOOOOOOOOH
ICH HABE KEINE LUST AUF TEAM-WORK MIT DER A, ABER...
... VER-LIEREN WILL ICH AUCH NICHT...
ALSO... WESSEN MACKE KOPIERE ICH DENN MAL?

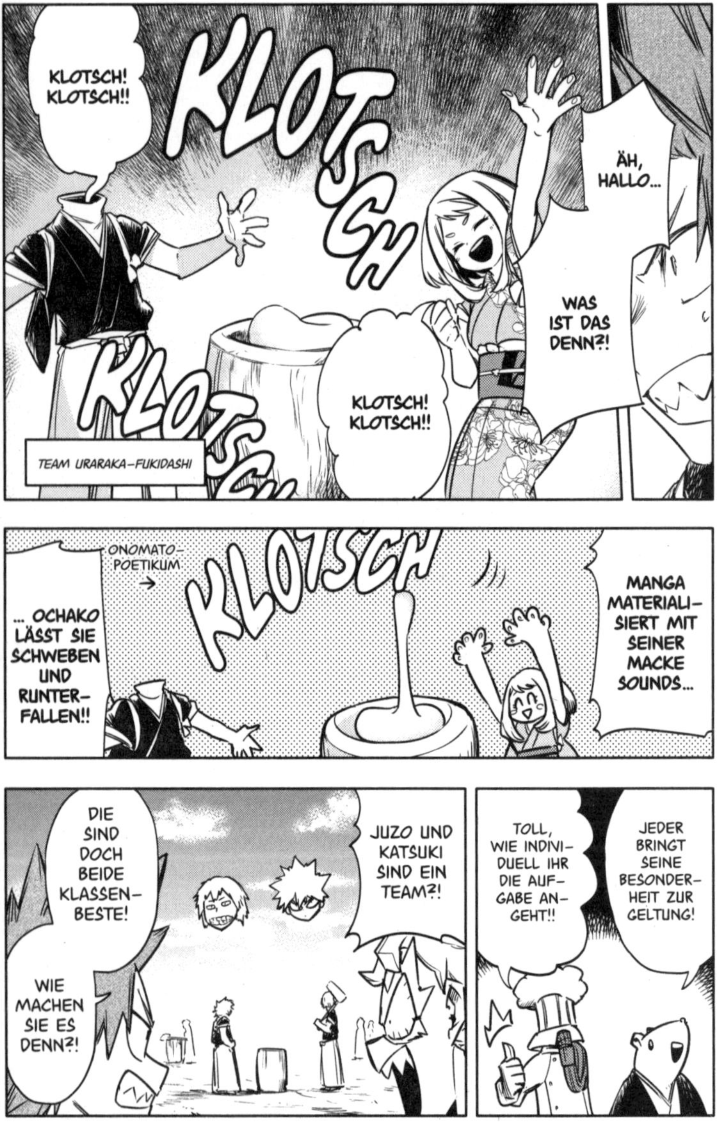
ÄH, HALLO...
WAS IST DAS DENN?!
KLOTSCH! KLOTSCH!!
KLOTSCH! KLOTSCH!!
KLOTSCH
KLOTSCH
TEAM URARAKA-FUKIDASHI
MANGA MATERIALISIERT MIT SEINER MACKE SOUNDS...
... OCHAKO LÄSST SIE SCHWEBEN UND RUNTERFALLEN!!
ONOMATOPOETIKUM →
KLOTSCH
JEDER BRINGT SEINE BESONDERHEIT ZUR GELTUNG!
TOLL, WIE INDIVIDUELL IHR DIE AUFGABE ANGEHT!!
JUZO UND KATSUKI SIND EIN TEAM?!
DIE SIND DOCH BEIDE KLASSENBESTE!
WIE MACHEN SIE ES DENN?!

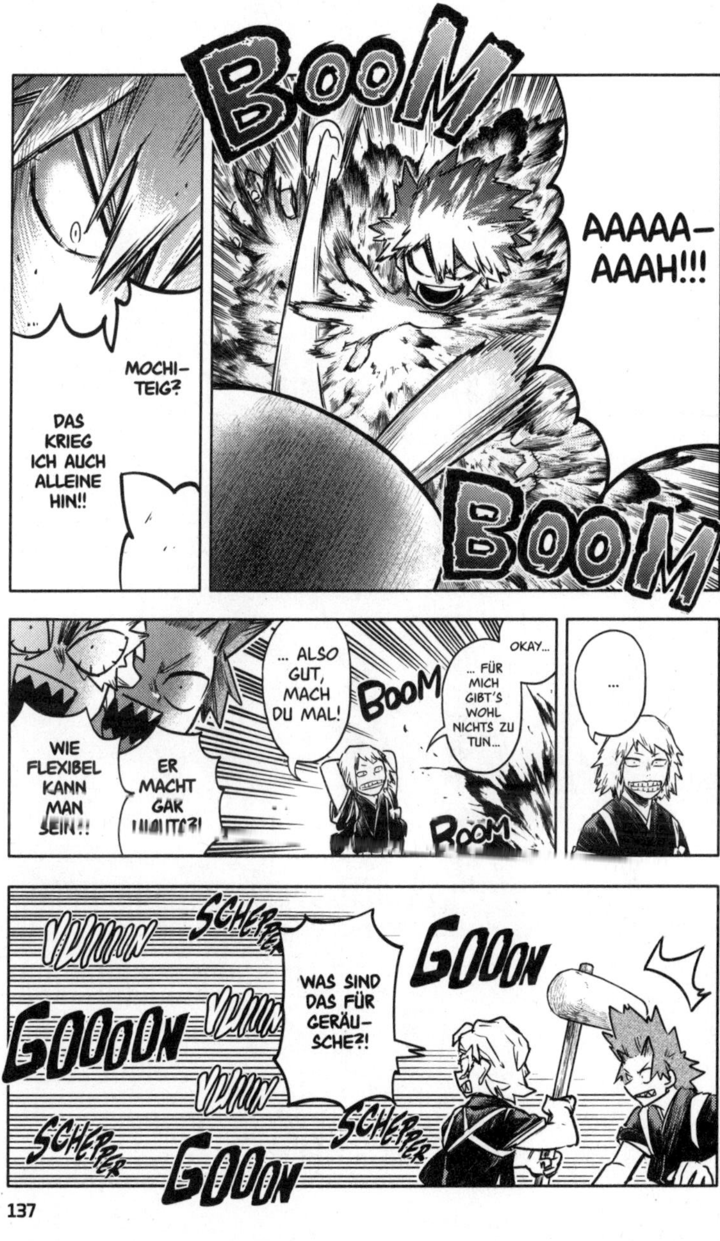
BOOM
AAAAA-AAAH!!!
BOOM
MOCHI-TEIG?
DAS KRIEG ICH AUCH ALLEINE HIN!!
...
OKAY...
... FÜR MICH GIBT'S WOHL NICHTS ZU TUN...
... ALSO GUT, MACH DU MAL!
BOOM
ER MACHT GAR
WIE FLEXIBEL KANN MAN SEIN!!
BOOM
GOOON
WAS SIND DAS FÜR GERÄU-SCHE?!
SCHEPPER
GOOOON
SCHEPPER
SCHEPPER
GOOON

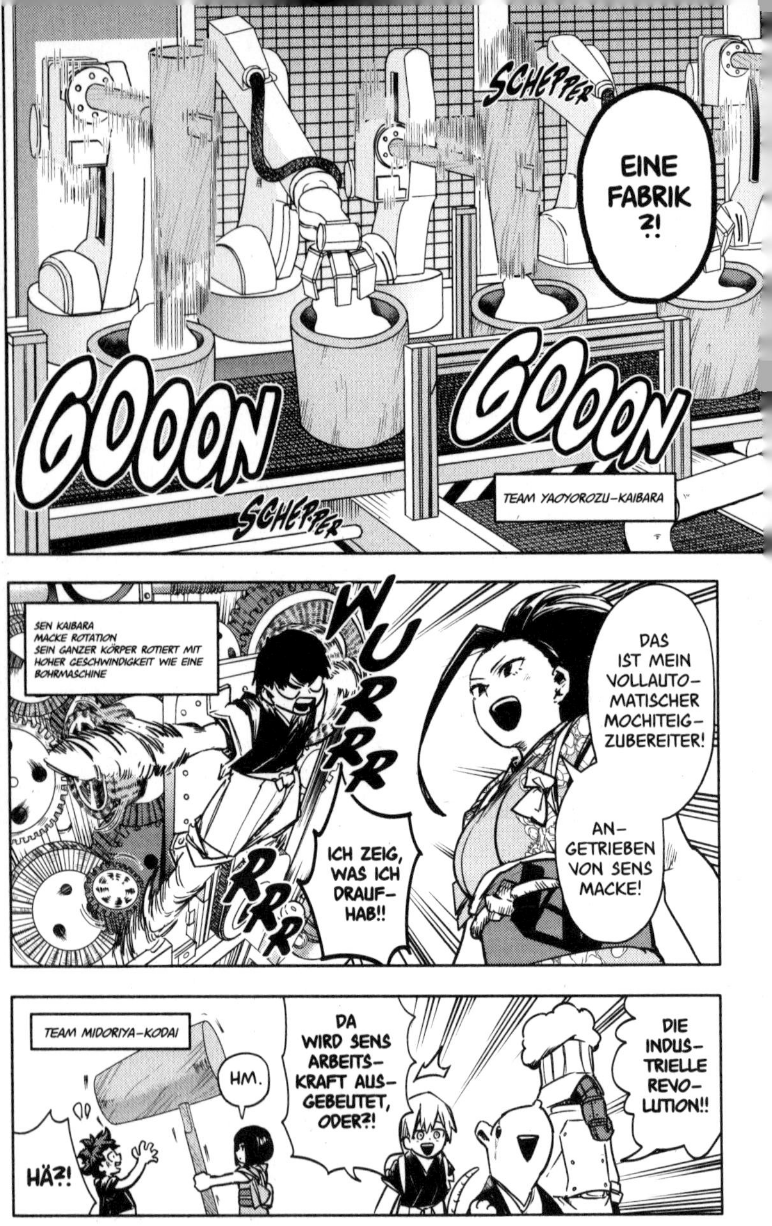
SCHEPPER
EINE FABRIK ?!
GOOON
GOOON
SCHEPPER
TEAM YAOYOROZU-KAIBARA
SEN KAIBARA
MACKE ROTATION
SEIN GANZER KÖRPER ROTIERT MIT HOHER GESCHWINDIGKEIT WIE EINE BOHRMASCHINE
DAS IST MEIN VOLLAUTOMATISCHER MOCHITEIGZUBEREITER!
ANGETRIEBEN VON SENS MACKE!
WURRRR
ICH ZEIG, WAS ICH DRAUFHAB!!
RRRR
TEAM MIDORIYA-KODAI
DIE INDUSTRIELLE REVOLUTION!!
DA WIRD SENS ARBEITSKRAFT AUSGEBEUTET, ODER?!
HM.
HÄ?!

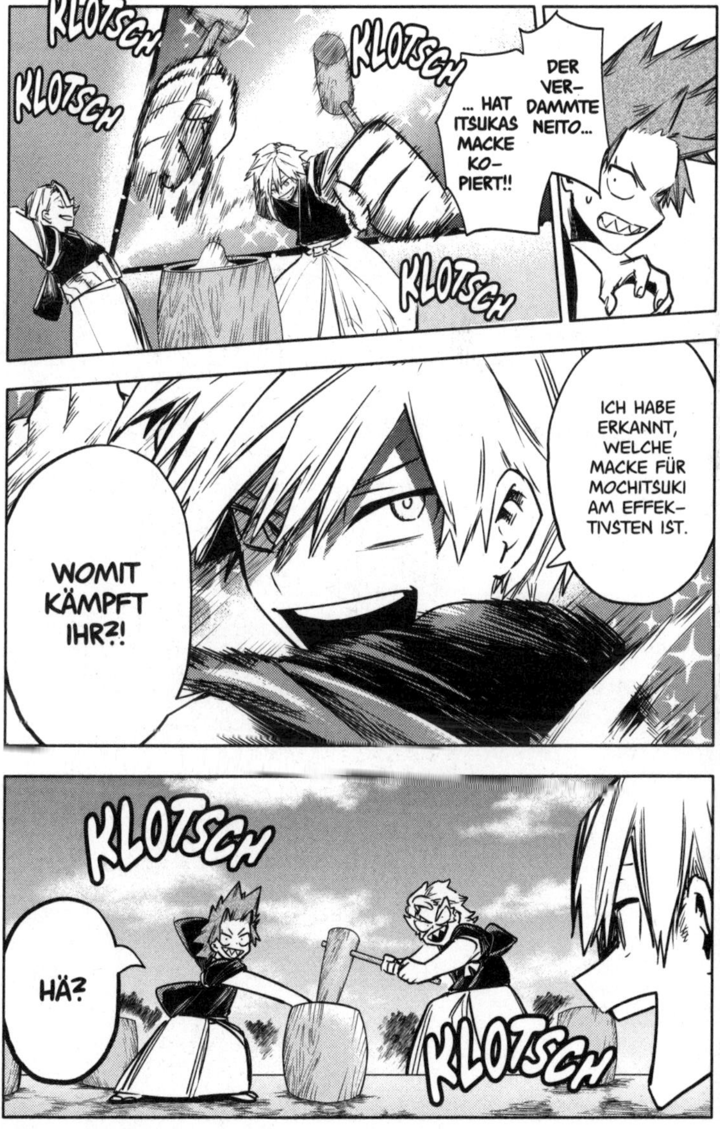
KLOTSCH
KLOTSCH
KLOTSCH
DER VERDAMMTE NEITO…
… HAT ITSUKAS MACKE KOPIERT!!
KLOTSCH
ICH HABE ERKANNT, WELCHE MACKE FÜR MOCHITSUKI AM EFFEKTIVSTEN IST.
WOMIT KÄMPFT IHR?!
KLOTSCH
HÄ?
KLOTSCH

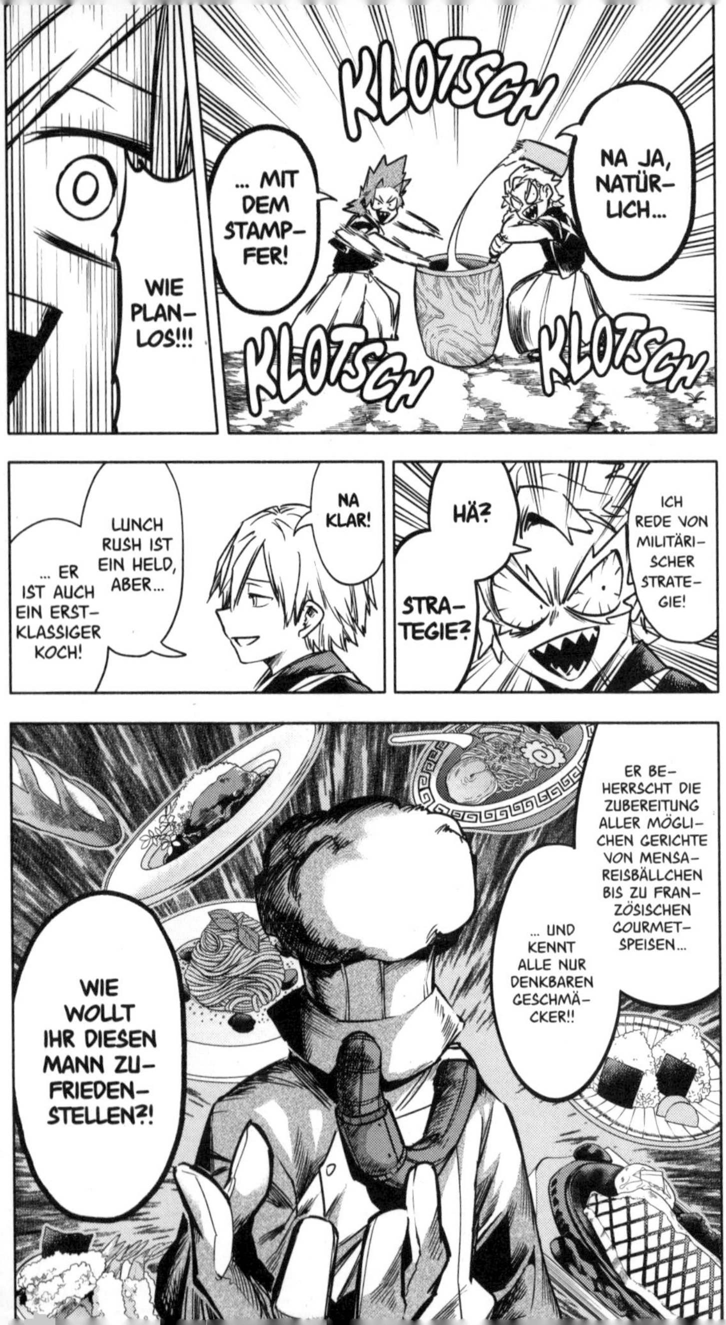
KLOTSCH
NA JA, NATÜRLICH...
... MIT DEM STAMPFER!
KLOTSCH
KLOTSCH
WIE PLANLOS!!!
ICH REDE VON MILITÄRISCHER STRATEGIE!
HÄ?
STRATEGIE?
NA KLAR!
LUNCH RUSH IST EIN HELD, ABER...
... ER IST AUCH EIN ERSTKLASSIGER KOCH!
ER BEHERRSCHT DIE ZUBEREITUNG ALLER MÖGLICHEN GERICHTE VON MENSAREISBÄLLCHEN BIS ZU FRANZÖSISCHEN GOURMETSPEISEN...
... UND KENNT ALLE NUR DENKBAREN GESCHMÄCKER!!
WIE WOLLT IHR DIESEN MANN ZUFRIEDENSTELLEN?!

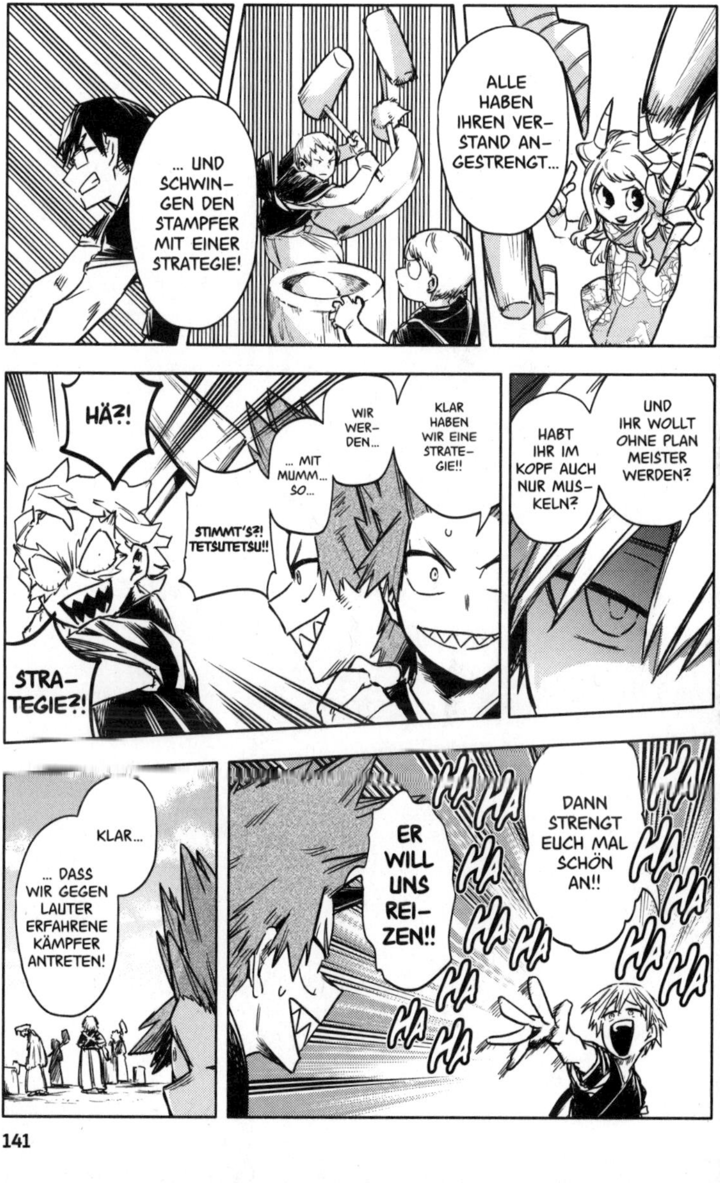

ALLE HABEN IHREN VERSTAND ANGESTRENGT…
… UND SCHWINGEN DEN STAMPFER MIT EINER STRATEGIE!
UND IHR WOLLT OHNE PLAN MEISTER WERDEN?
HABT IHR IM KOPF AUCH NUR MUSKELN?
KLAR HABEN WIR EINE STRATEGIE!!
WIR WERDEN…
… MIT MUMM… SO…
STIMMT'S?! TETSUTETSU!!
HÄ?!
STRATEGIE?!
DANN STRENGT EUCH MAL SCHÖN AN!!
HA HA HA HA HA HA HA HA HA HA HA HA HA HA HA HA
ER WILL UNS REIZEN!!
KLAR…
… DASS WIR GEGEN LAUTER ERFAHRENE KÄMPFER ANTRETEN!

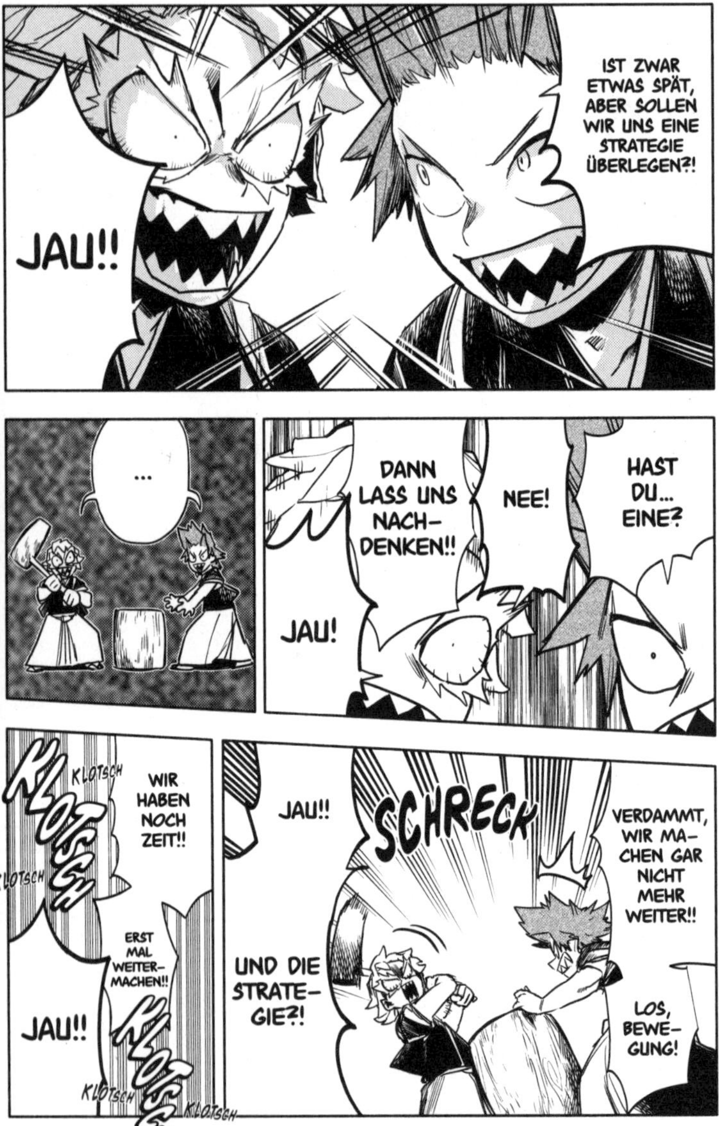

IST ZWAR ETWAS SPÄT, ABER SOLLEN WIR UNS EINE STRATEGIE ÜBERLEGEN?!
JAU!!
HAST DU... EINE?
NEE!
DANN LASS UNS NACH-DENKEN!!
JAU!
...
VERDAMMT, WIR MA-CHEN GAR NICHT MEHR WEITER!!
SCHRECK
JAU!!
LOS, BEWE-GUNG!
UND DIE STRATE-GIE?!
WIR HABEN NOCH ZEIT!!
KLOTSCH
KLOTSCH
KLOTSCH
ERST MAL WEITER-MACHEN!!
JAU!!
KLOTSCH
KLOTSCH
KLOTSCH

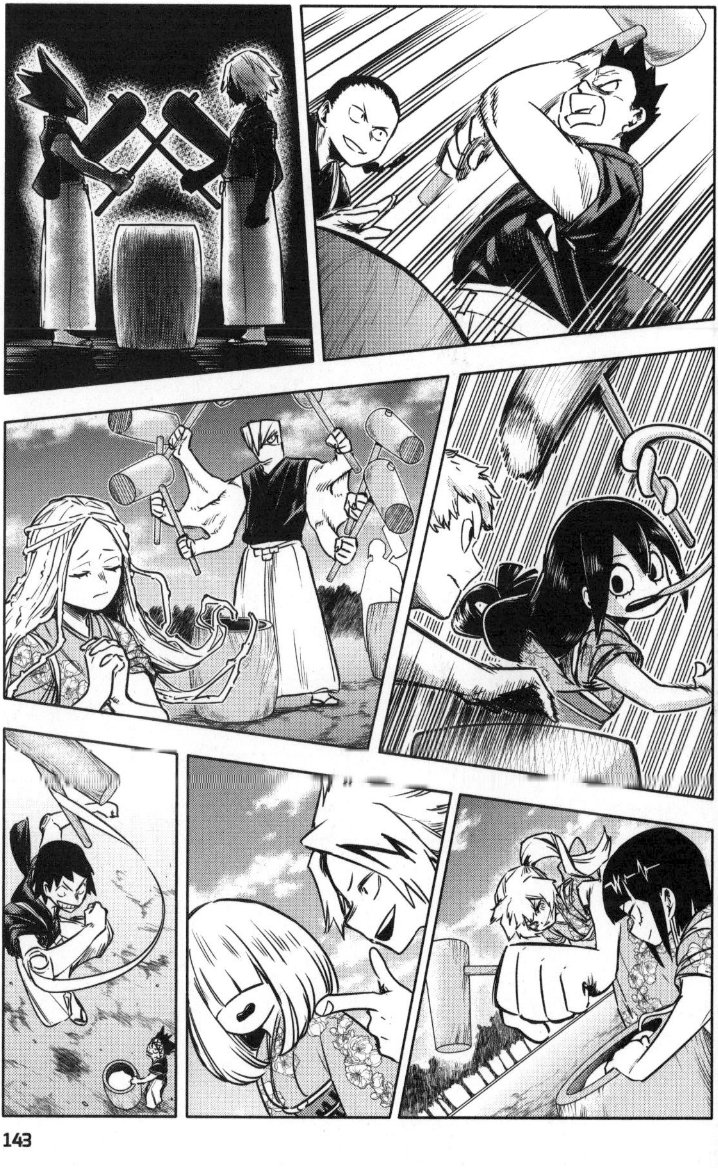

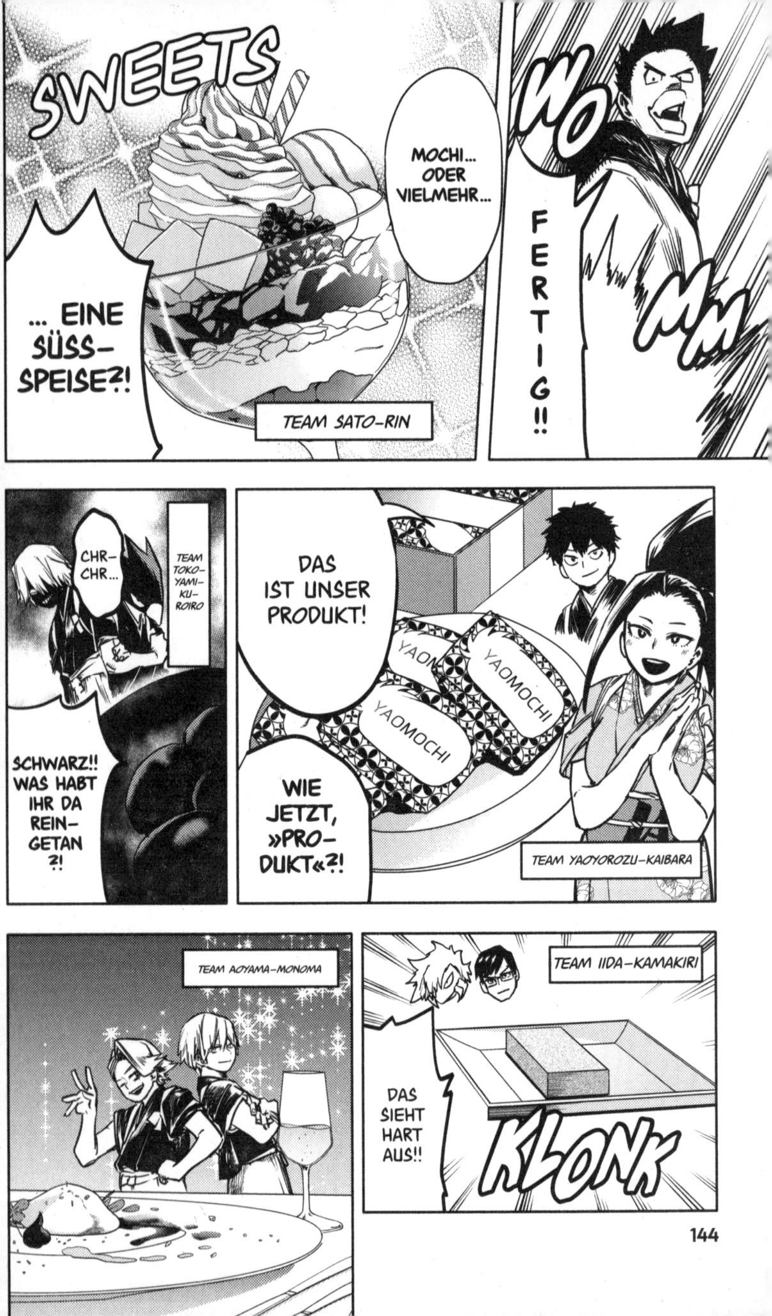
WOMM
FERTIG!!
MOCHI... ODER VIELMEHR...
SWEETS
... EINE SÜSS-SPEISE?!
TEAM SATO-RIN
DAS IST UNSER PRODUKT!
YAOMOCHI
YAOMOCHI
YAOM
WIE JETZT, »PRODUKT«?!
TEAM YAOYOROZU-KAIBARA
TEAM TOKOYAMI-KUROIRO
CHR-CHR...
SCHWARZ!! WAS HABT IHR DA REINGETAN?!
TEAM IIDA-KAMAKIRI
DAS SIEHT HART AUS!!
KLONK
TEAM AOYAMA-MONOMA

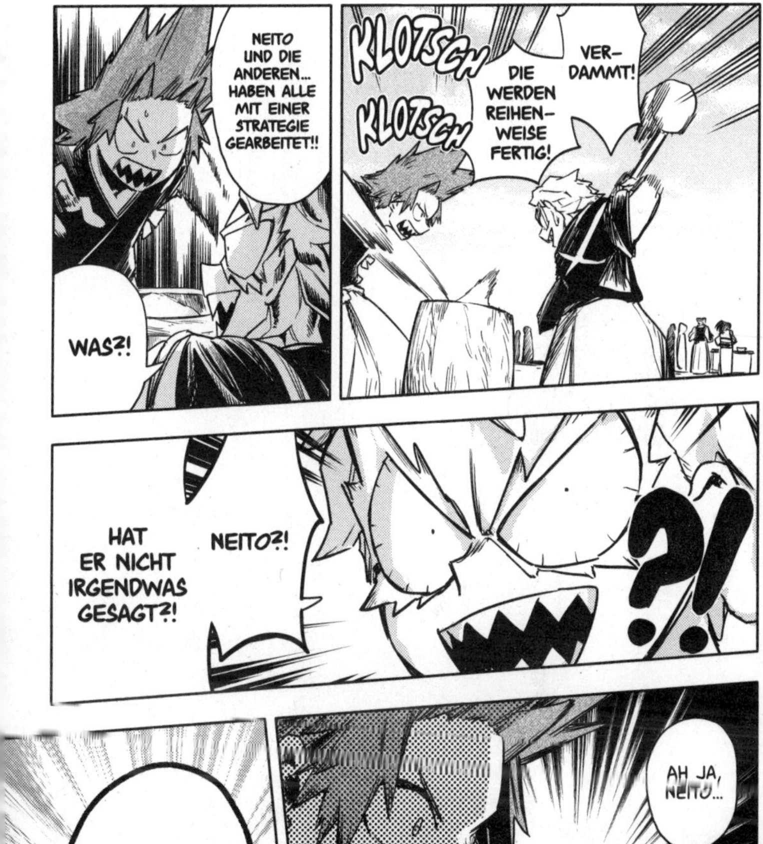
KLOTSCH
KLOTSCH
VER-
DAMMT!
DIE
WERDEN
REIHEN-
WEISE
FERTIG!
NEITO
UND DIE
ANDEREN...
HABEN ALLE
MIT EINER
STRATEGIE
GEARBEITET!!
WAS?!
?!
NEITO?!
HAT
ER NICHT
IRGENDWAS
GESAGT?!
AH JA,
NEITO...
DANN
STRENGT
EUCH MAL
SCHÖN AN!!
...
ACH
SO!!
DAS IST
DAS EINZIGE,
WAS WIR TUN
KÖNNEN!!!

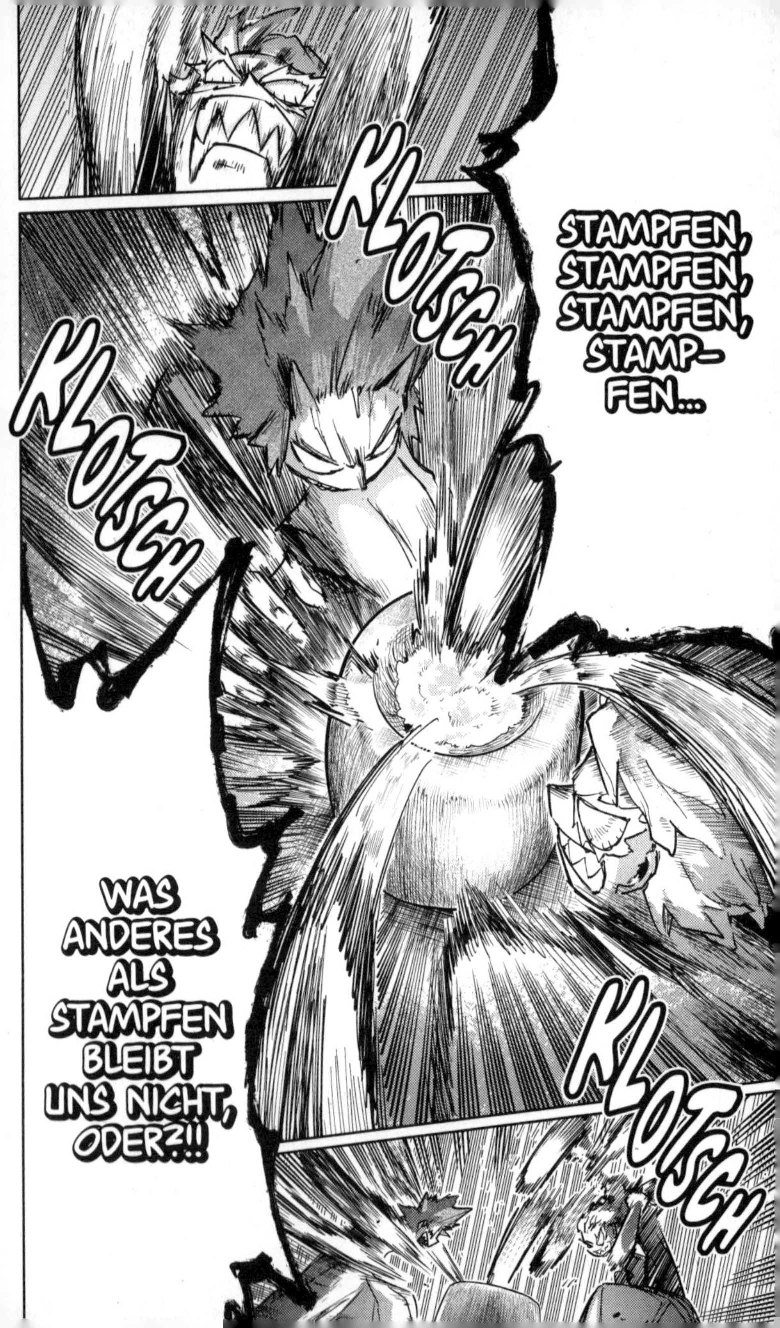
STAMPFEN, STAMPFEN, STAMPFEN, STAMP-FEN...
KLOTSCH
KLOTSCH
WAS ANDERES ALS STAMPFEN BLEIBT UNS NICHT, ODER?!!
KLOTSCH

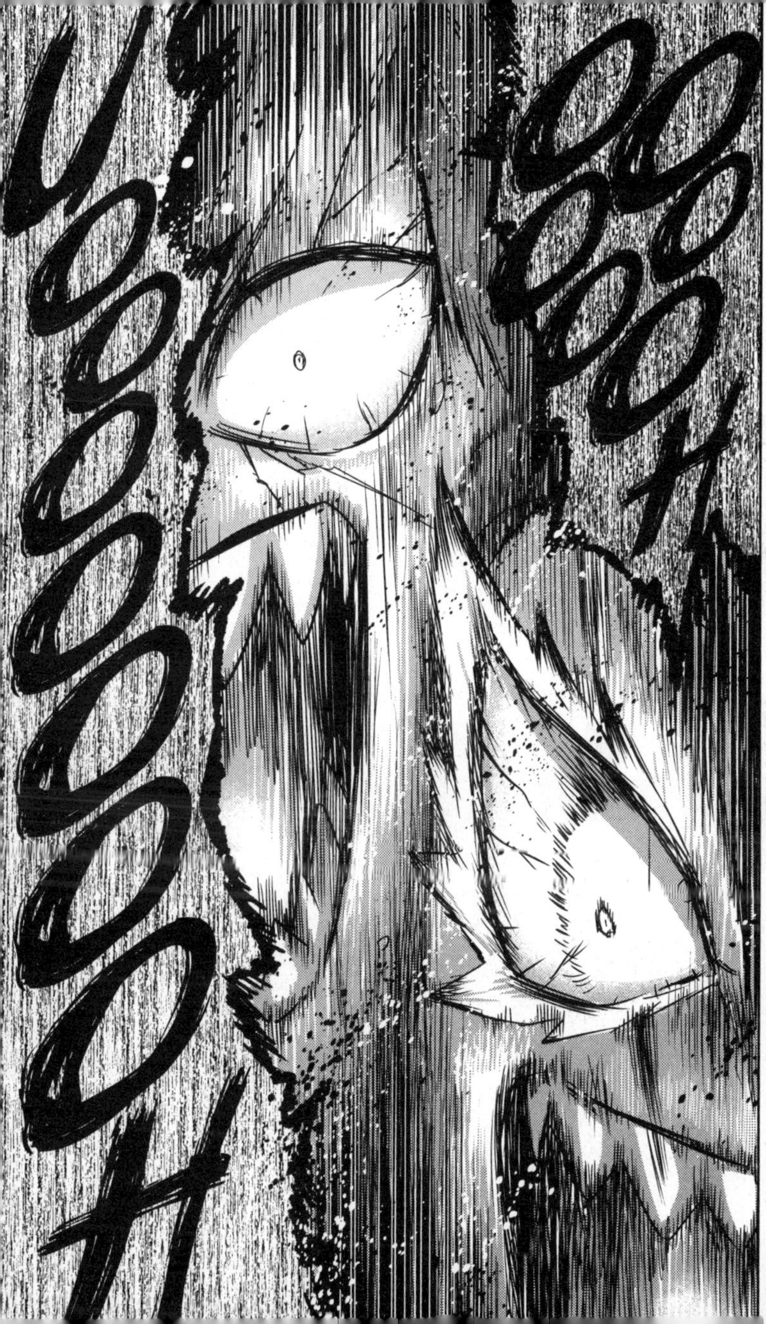
UOOOOOOOH
OOOOOOH

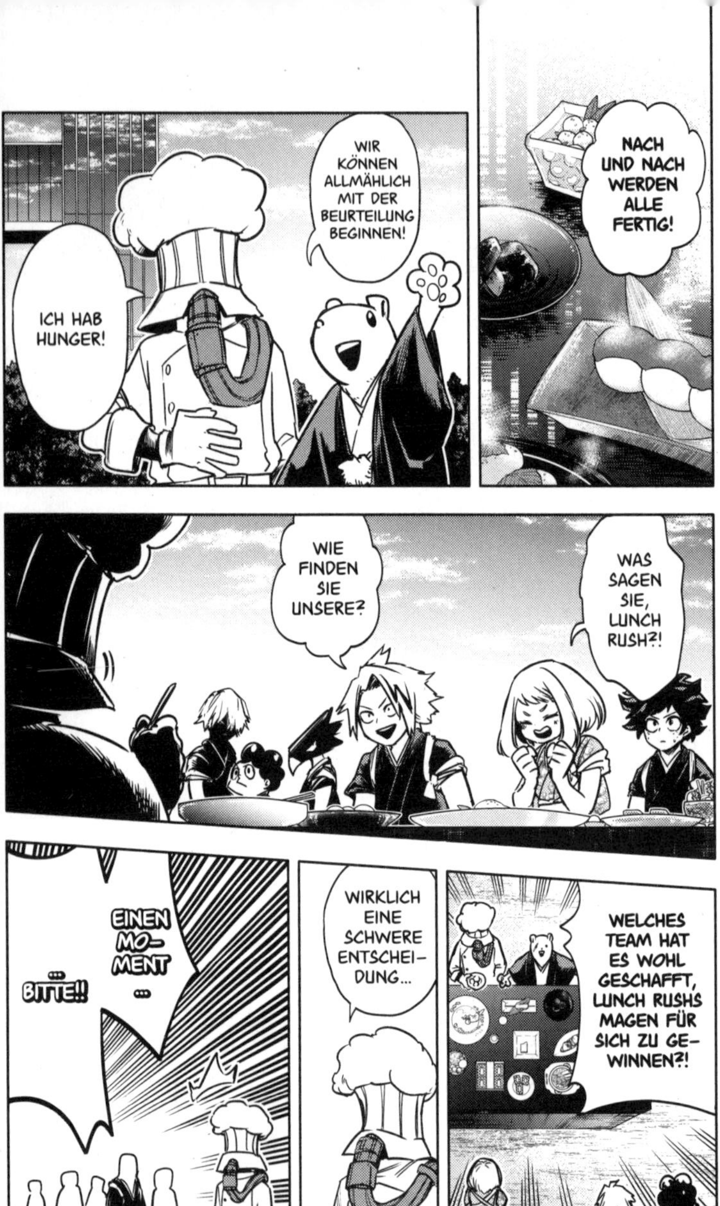
NACH UND NACH WERDEN ALLE FERTIG!
WIR KÖNNEN ALLMÄHLICH MIT DER BEURTEILUNG BEGINNEN!
ICH HAB HUNGER!
WAS SAGEN SIE, LUNCH RUSH?!
WIE FINDEN SIE UNSERE?
WELCHES TEAM HAT ES WOHL GESCHAFFT, LUNCH RUSHS MAGEN FÜR SICH ZU GEWINNEN?!
WIRKLICH EINE SCHWERE ENTSCHEIDUNG...
EINEN MOMENT ...
... BITTE!!

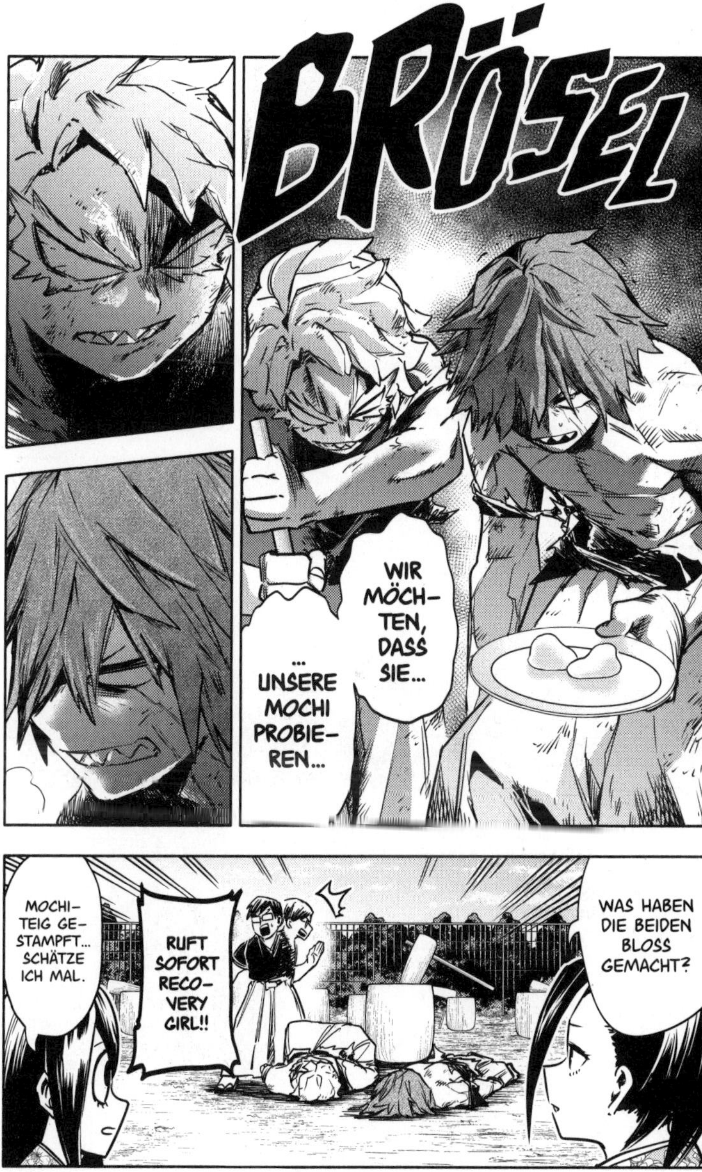
BRÖSEL
WIR MÖCH-TEN, DASS SIE...
... UNSERE MOCHI PROBIE-REN...
WAS HABEN DIE BEIDEN BLOSS GEMACHT?
RUFT SOFORT RECO-VERY GIRL!!
MOCHI-TEIG GE-STAMPFT... SCHÄTZE ICH MAL.

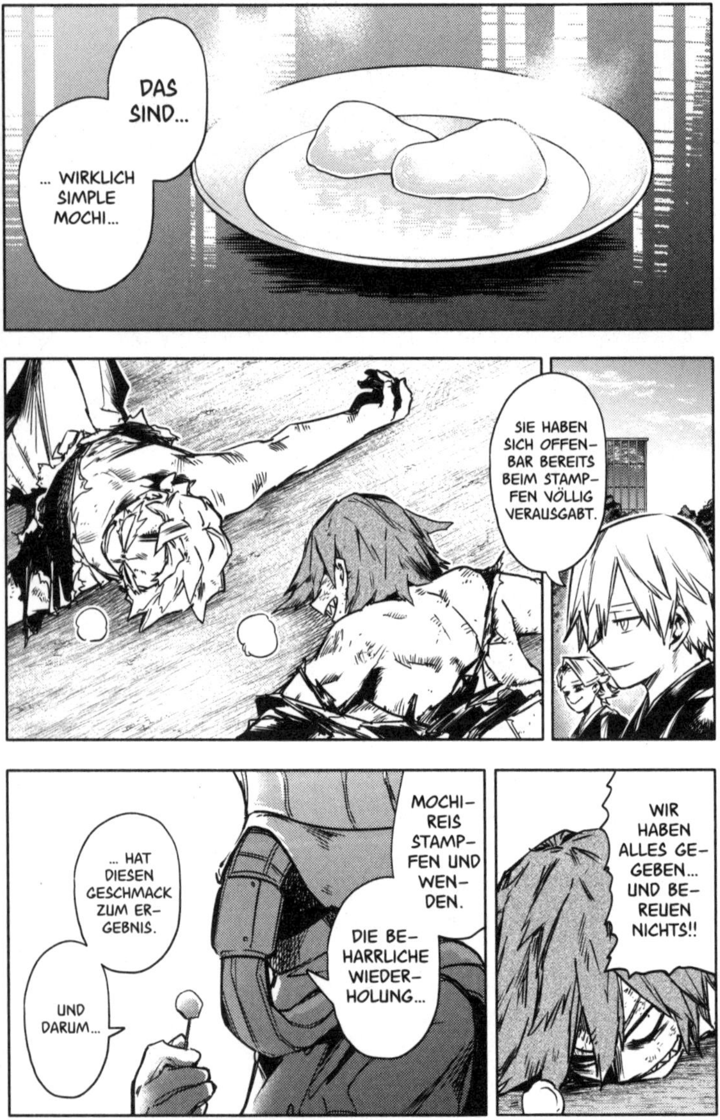
DAS SIND...
... WIRKLICH SIMPLE MOCHI...
SIE HABEN SICH OFFENBAR BEREITS BEIM STAMPFEN VÖLLIG VERAUSGABT.
WIR HABEN ALLES GEGEBEN... UND BEREUEN NICHTS!!
MOCHIREIS STAMPFEN UND WENDEN.
DIE BEHARRLICHE WIEDERHOLUNG...
... HAT DIESEN GESCHMACK ZUM ERGEBNIS.
UND DARUM...

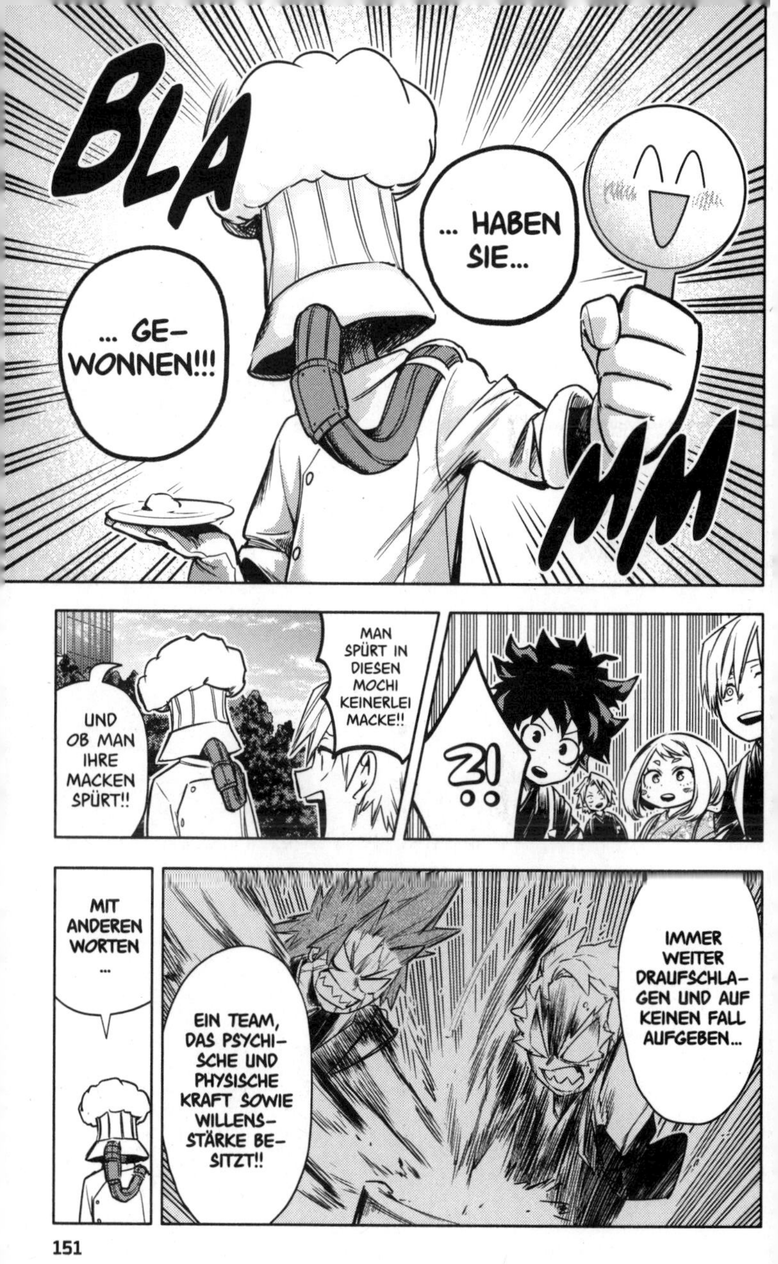
BLA
MM
... HABEN SIE...
... GE-WONNEN!!!
ZI!
MAN SPÜRT IN DIESEN MOCHI KEINERLEI MACKE!!
UND OB MAN IHRE MACKEN SPÜRT!!
IMMER WEITER DRAUFSCHLAGEN UND AUF KEINEN FALL AUFGEBEN...
MIT ANDEREN WORTEN ...
EIN TEAM, DAS PSYCHISCHE UND PHYSISCHE KRAFT SOWIE WILLENSSTÄRKE BESITZT!!

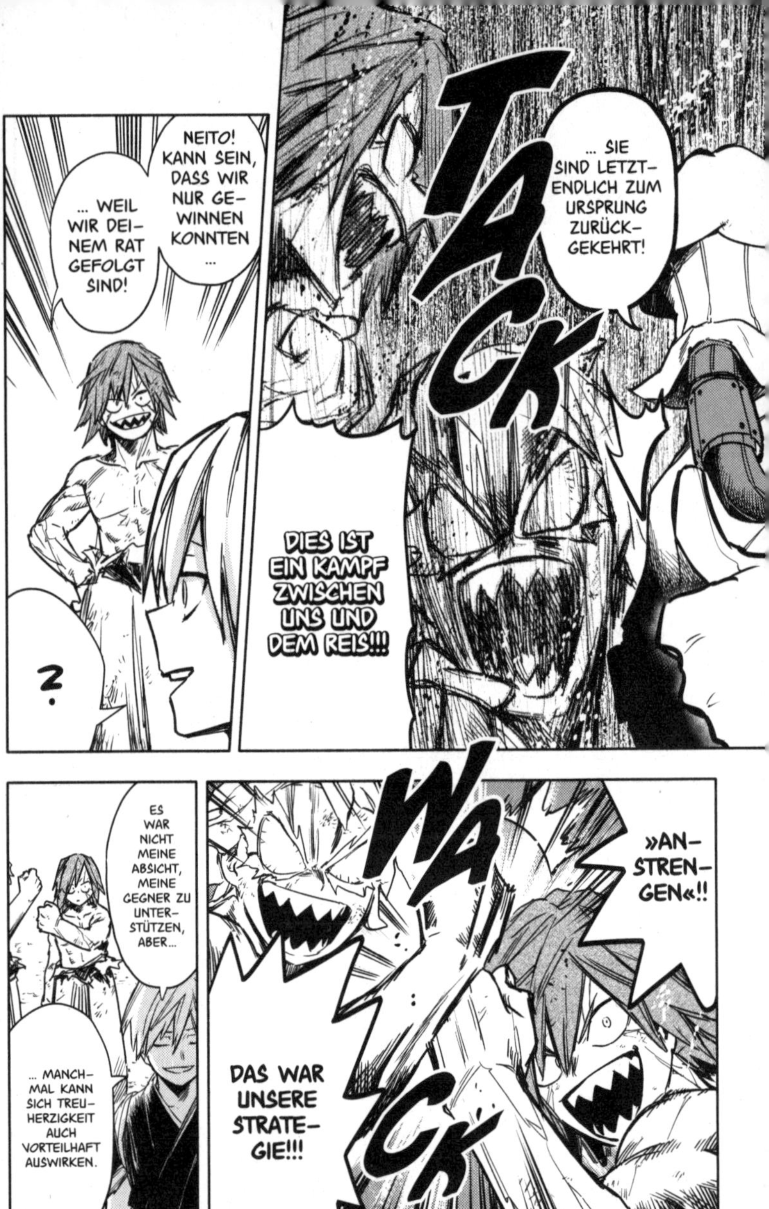
TACK
... SIE SIND LETZTENDLICH ZUM URSPRUNG ZURÜCKGEKEHRT!
DIES IST EIN KAMPF ZWISCHEN UNS UND DEM REIS!!!
NEITO! KANN SEIN, DASS WIR NUR GEWINNEN KONNTEN ...
... WEIL WIR DEINEM RAT GEFOLGT SIND!
?
WACK
»ANSTRENGEN«!!
DAS WAR UNSERE STRATEGIE!!!
ES WAR NICHT MEINE ABSICHT, MEINE GEGNER ZU UNTERSTÜTZEN, ABER...
... MANCHMAL KANN SICH TREUHERZIGKEIT AUCH VORTEILHAFT AUSWIRKEN.

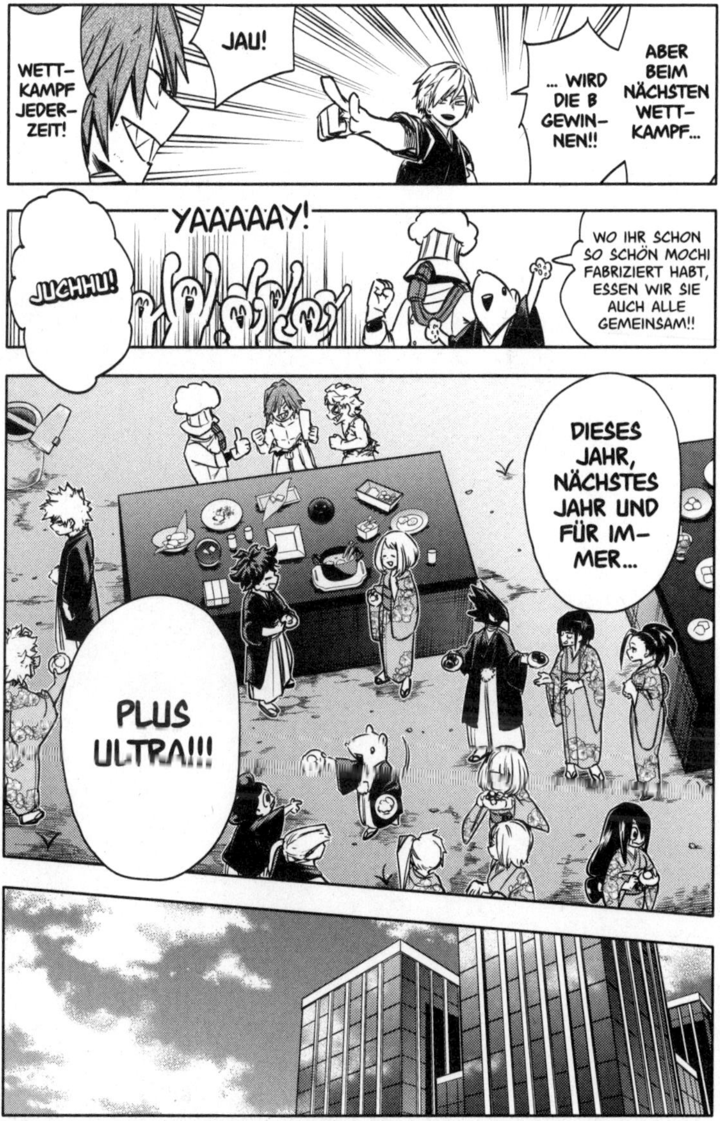
ABER BEIM NÄCHSTEN WETT-KAMPF...
... WIRD DIE B GEWIN-NEN!!
JAU!
WETT-KAMPF JEDER-ZEIT!
WO IHR SCHON SO SCHÖN MOCHI FABRIZIERT HABT, ESSEN WIR SIE AUCH ALLE GEMEINSAM!!
YAAAAAY!
JUCHHU!
DIESES JAHR, NÄCHSTES JAHR UND FÜR IM-MER...
PLUS ULTRA!!!

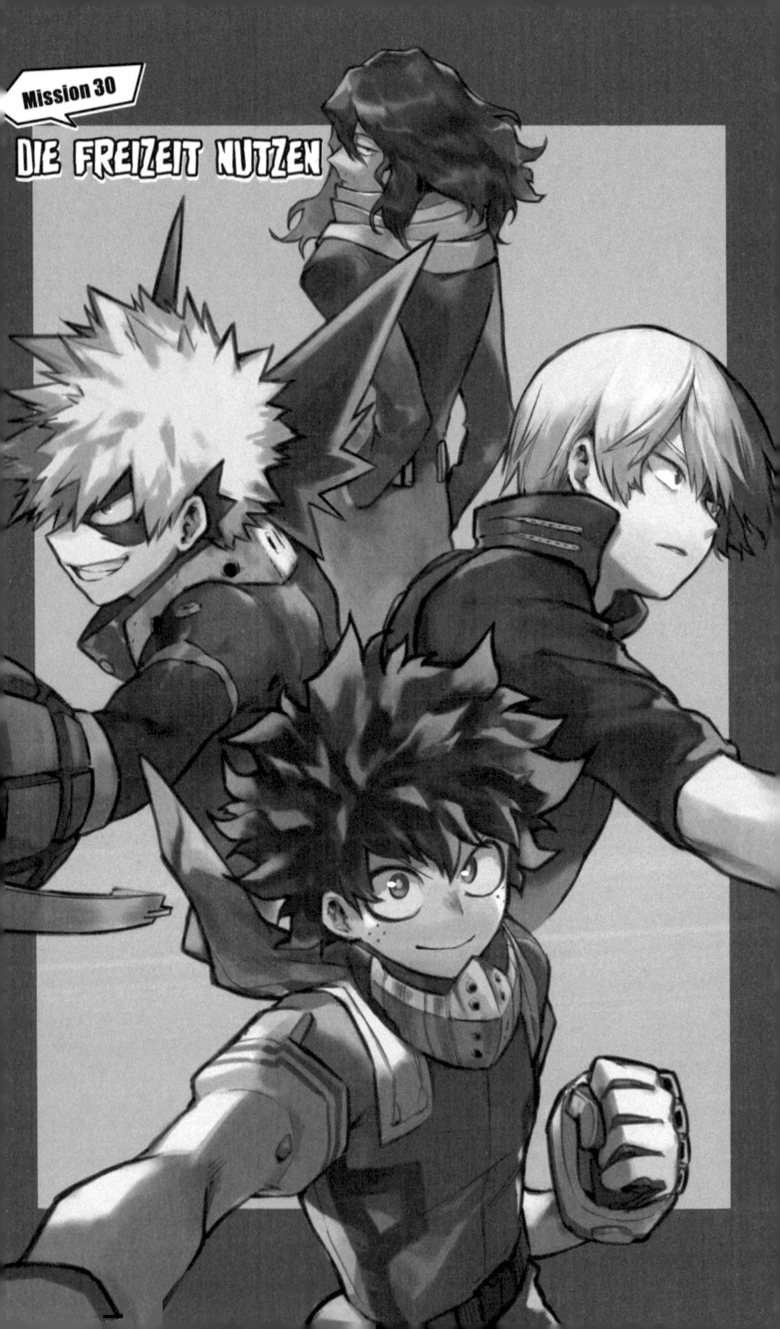
Mission 30
DIE FREIZEIT NUTZEN

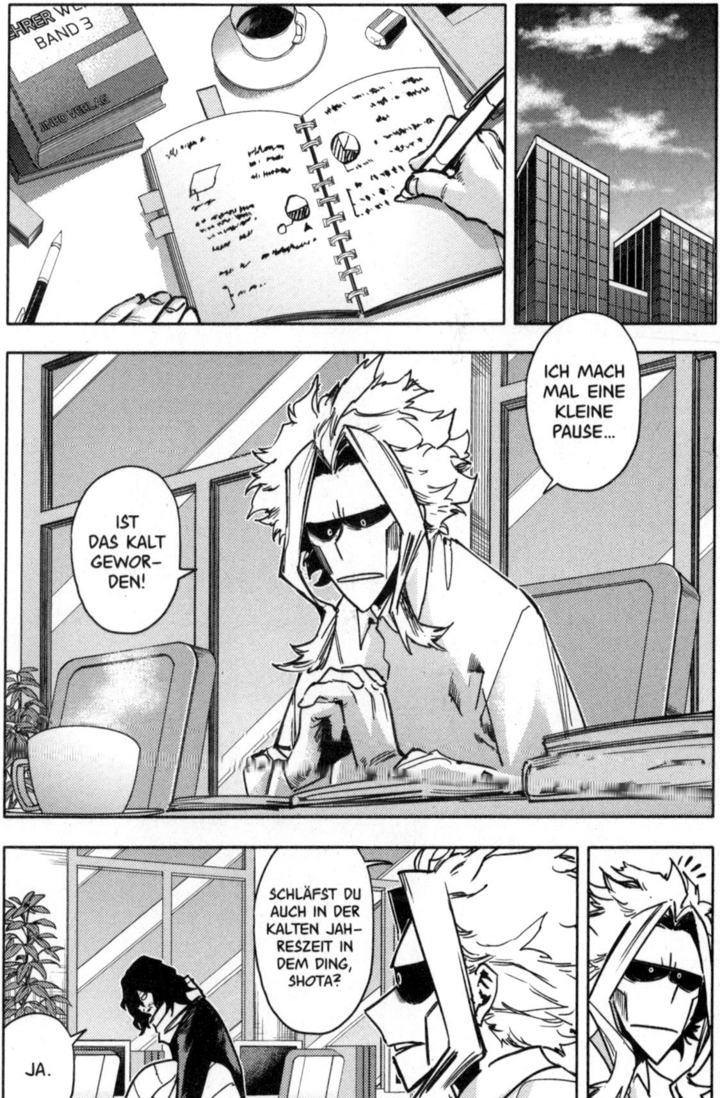

BAND 3
JINBO VERLAG
ICH MACH MAL EINE KLEINE PAUSE...
IST DAS KALT GEWOR-DEN!
SCHLÄFST DU AUCH IN DER KALTEN JAH-RESZEIT IN DEM DING, SHOTA?
JA.

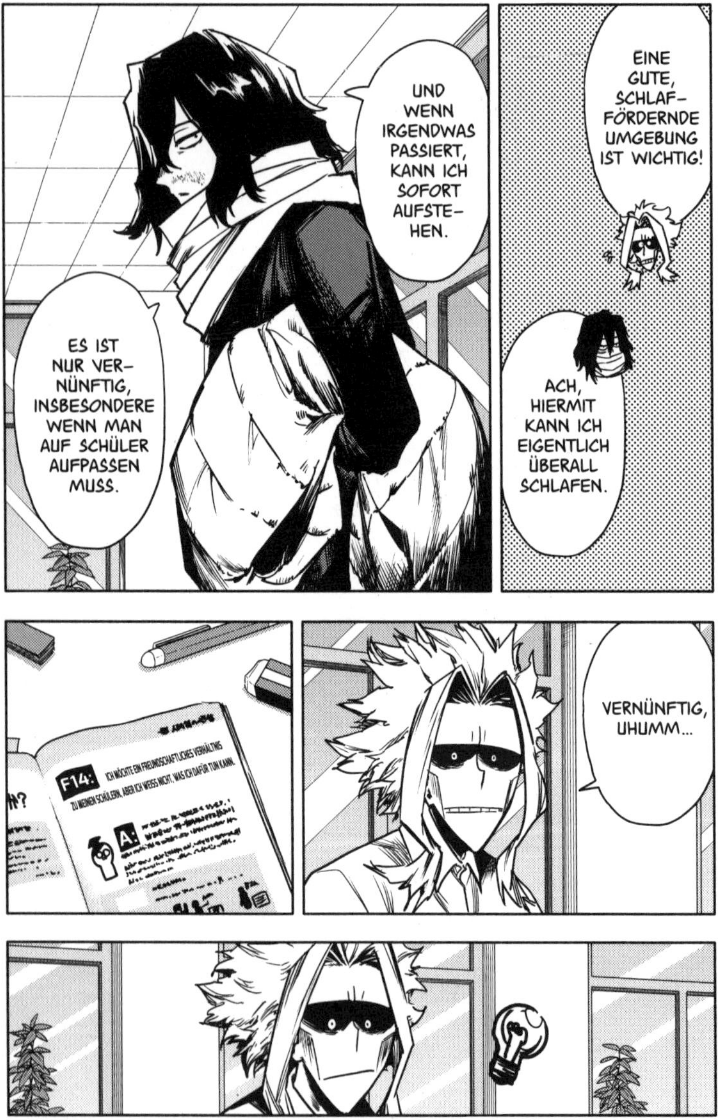
EINE GUTE, SCHLAF-FÖRDERNDE UMGEBUNG IST WICHTIG!
ACH, HIERMIT KANN ICH EIGENTLICH ÜBERALL SCHLAFEN.
UND WENN IRGENDWAS PASSIERT, KANN ICH SOFORT AUFSTE-HEN.
ES IST NUR VER-NÜNFTIG, INSBESONDERE WENN MAN AUF SCHÜLER AUFPASSEN MUSS.
VERNÜNFTIG, UHUMM...
F14: ICH MÖCHTE EIN FREUNDSCHAFTLICHES VERHÄLTNIS ZU MEINEN SCHÜLERN, ABER ICH WEISS NICHT, WAS ICH DAFÜR TUN KANN.
A:

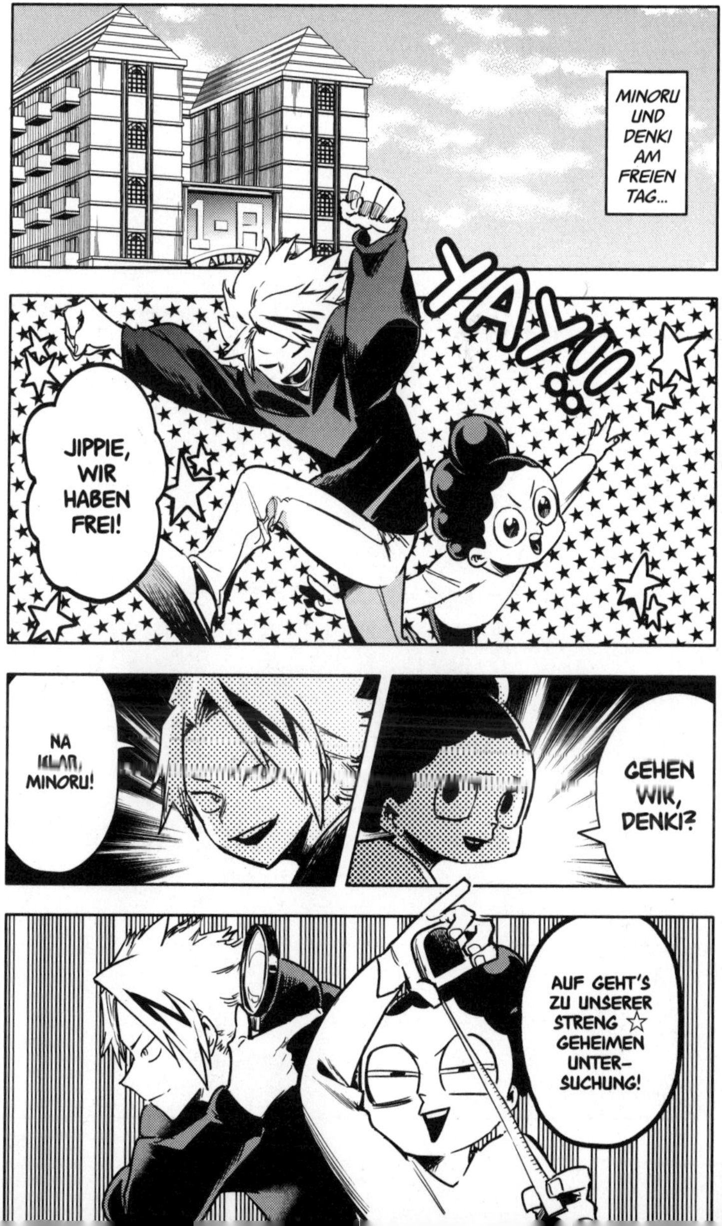
MINORU UND DENKI AM FREIEN TAG...
1-A
YAY!!
JIPPIE, WIR HABEN FREI!
GEHEN WIR, DENKI?
NA KLAR, MINORU!
AUF GEHT'S ZU UNSERER STRENG ☆ GEHEIMEN UNTER-SUCHUNG!

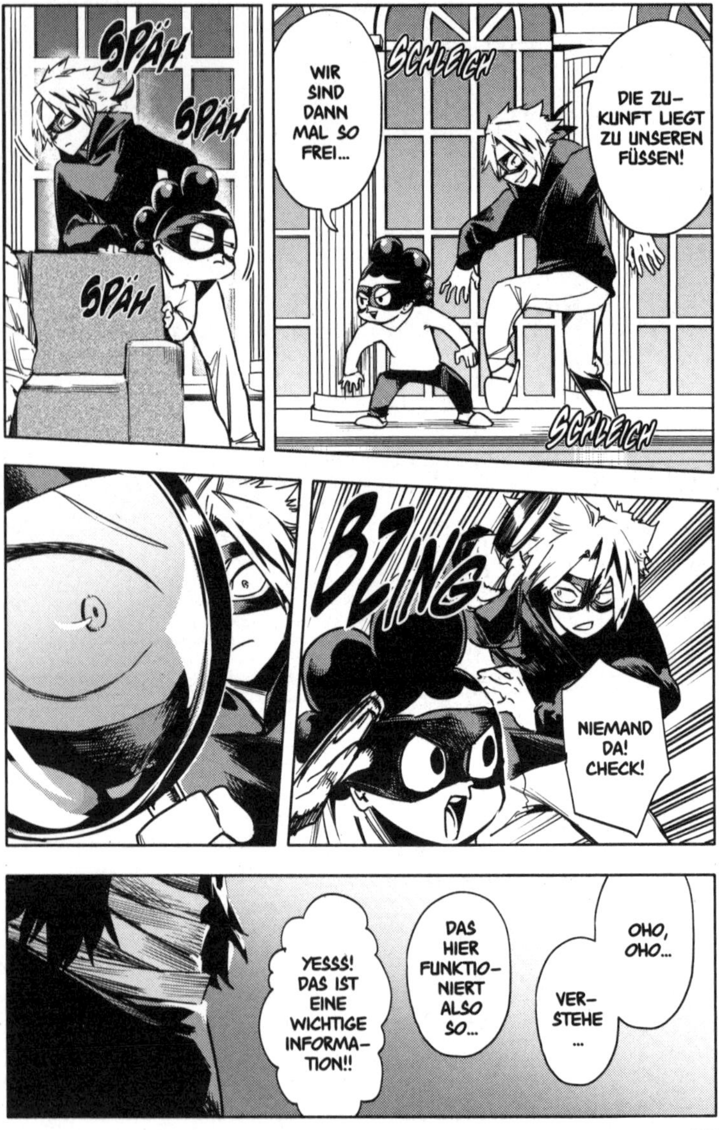
SCHLEICH
DIE ZU-KUNFT LIEGT ZU UNSEREN FÜSSEN!
WIR SIND DANN MAL SO FREI...
SCHLEICH
SPÄH
SPÄH
SPÄH
BZING
NIEMAND DA! CHECK!
OHO, OHO...
VER-STEHE ...
DAS HIER FUNKTIO-NIERT ALSO SO...
YESSS! DAS IST EINE WICHTIGE INFORMA-TION!!

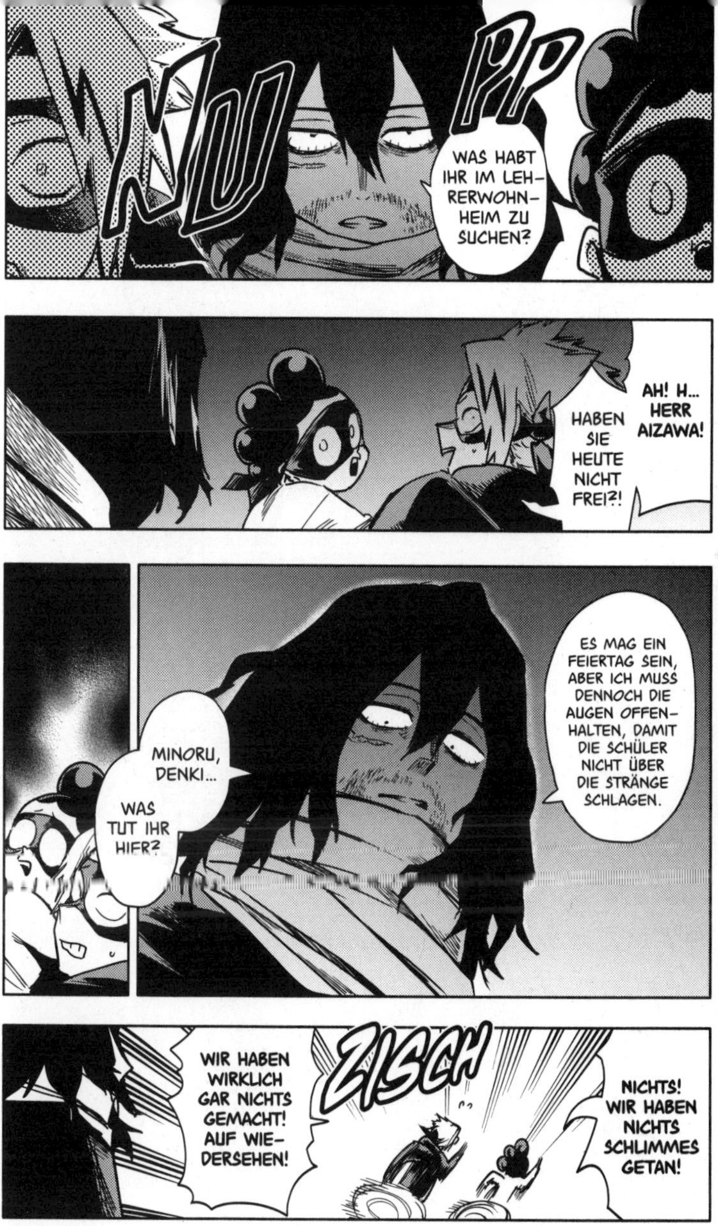
WUPP
WAS HABT IHR IM LEHRERWOHNHEIM ZU SUCHEN?
AH! H... HERR AIZAWA!
HABEN SIE HEUTE NICHT FREI?!
ES MAG EIN FEIERTAG SEIN, ABER ICH MUSS DENNOCH DIE AUGEN OFFENHALTEN, DAMIT DIE SCHÜLER NICHT ÜBER DIE STRÄNGE SCHLAGEN.
MINORU, DENKI...
WAS TUT IHR HIER?
ZISCH
NICHTS! WIR HABEN NICHTS SCHLIMMES GETAN!
WIR HABEN WIRKLICH GAR NICHTS GEMACHT! AUF WIEDERSEHEN!

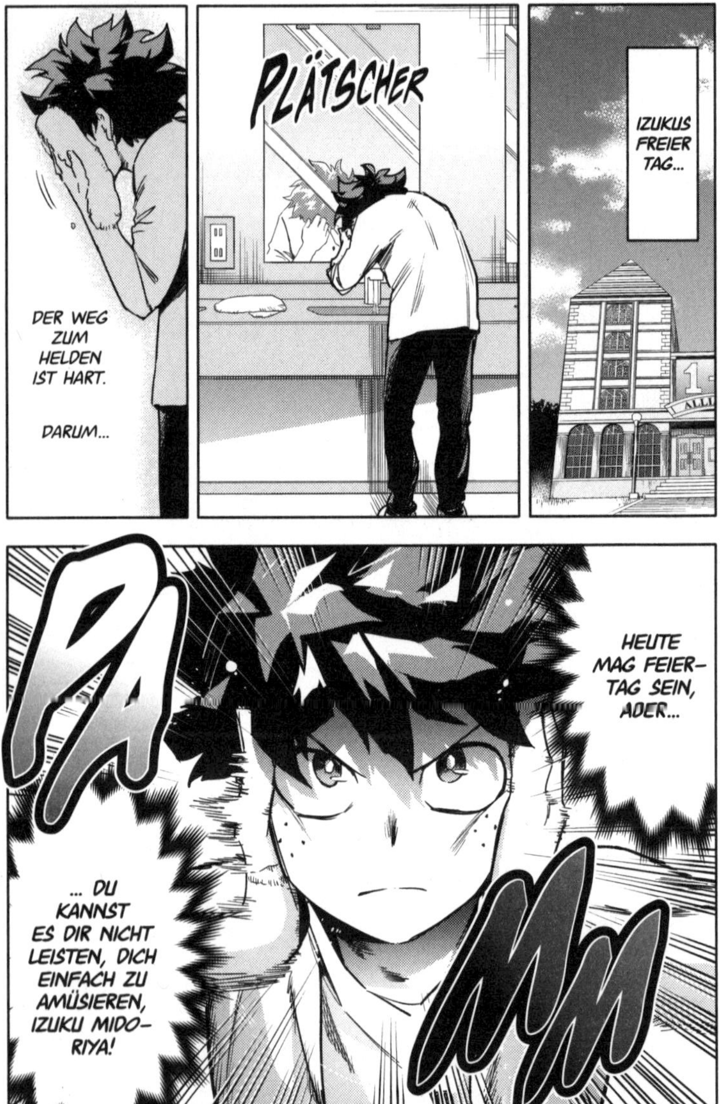
IZUKUS FREIER TAG...
PLÄTSCHER
DER WEG ZUM HELDEN IST HART.
DARUM...
HEUTE MAG FEIER-TAG SEIN, ABER...
DA
... DU KANNST ES DIR NICHT LEISTEN, DICH EINFACH ZU AMÜSIEREN, IZUKU MIDO-RIYA!

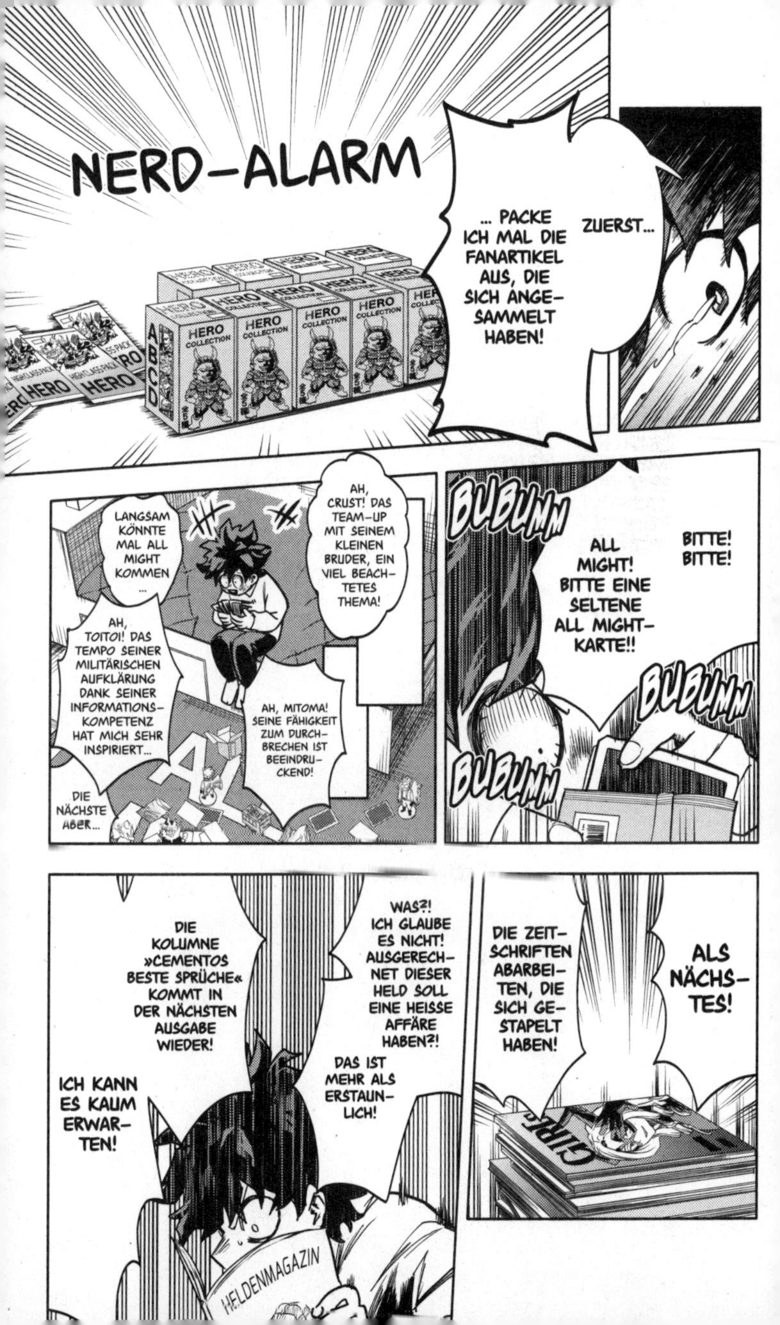
ZUERST...
... PACKE ICH MAL DIE FANARTIKEL AUS, DIE SICH ANGESAMMELT HABEN!
NERD-ALARM
BUBUMM
BITTE! BITTE!
ALL MIGHT! BITTE EINE SELTENE ALL MIGHT-KARTE!!
BUBUMM
BUBUMM
AH, CRUST! DAS TEAM-UP MIT SEINEM KLEINEN BRUDER, EIN VIEL BEACHTETES THEMA!
LANGSAM KÖNNTE MAL ALL MIGHT KOMMEN ...
AH, TOITOI! DAS TEMPO SEINER MILITÄRISCHEN AUFKLÄRUNG DANK SEINER INFORMATIONSKOMPETENZ HAT MICH SEHR INSPIRIERT...
AH, MITOMA! SEINE FÄHIGKEIT ZUM DURCHBRECHEN IST BEEINDRUCKEND!
DIE NÄCHSTE ABER...
ALS NÄCHSTES!
DIE ZEITSCHRIFTEN ABARBEITEN, DIE SICH GESTAPELT HABEN!
WAS?! ICH GLAUBE ES NICHT! AUSGERECHNET DIESER HELD SOLL EINE HEISSE AFFÄRE HABEN?!
DIE KOLUMNE »CEMENTOS BESTE SPRÜCHE« KOMMT IN DER NÄCHSTEN AUSGABE WIEDER!
DAS IST MEHR ALS ERSTAUNLICH!
ICH KANN ES KAUM ERWARTEN!
HELDENMAGAZIN

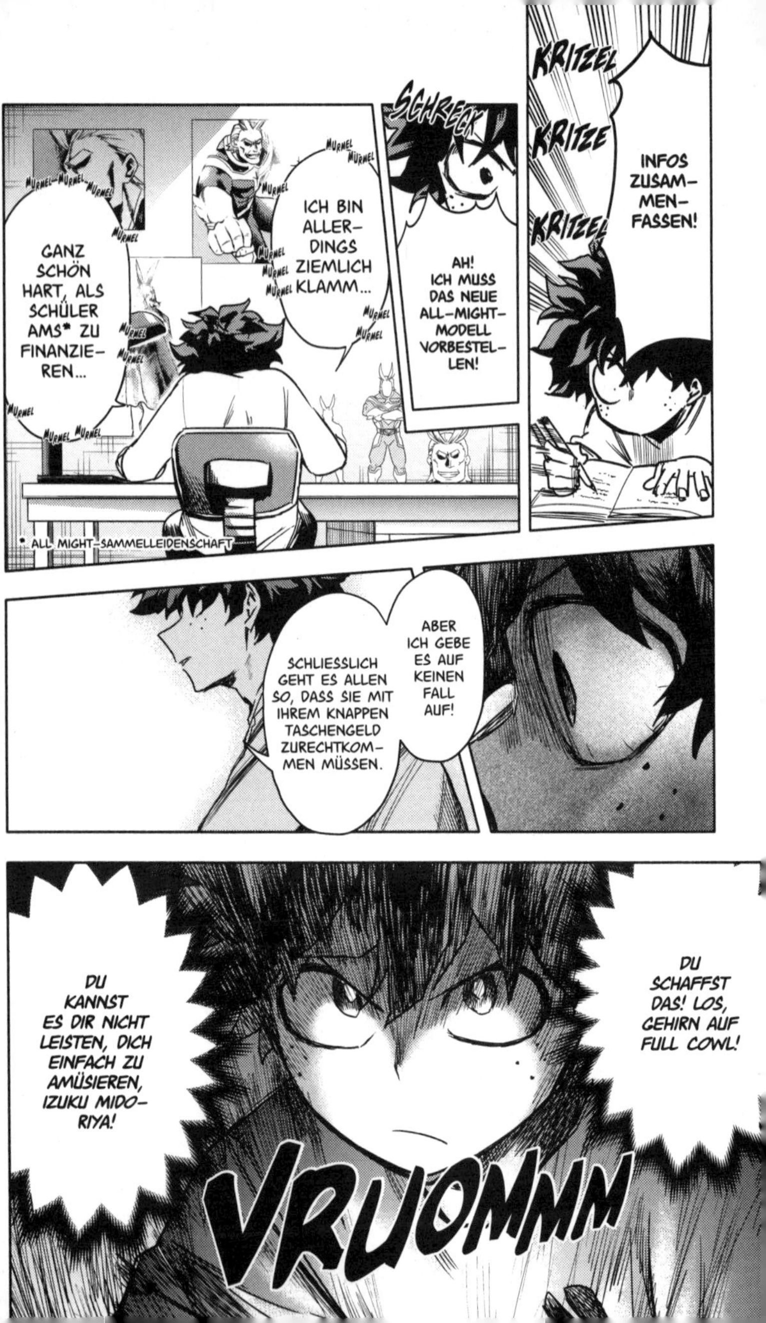
KRITZEL
KRITZE
KRITZEL
INFOS ZUSAMMENFASSEN!
SCHRECK
AH! ICH MUSS DAS NEUE ALL-MIGHT-MODELL VORBESTELLEN!
MURMEL MURMEL
ICH BIN ALLERDINGS ZIEMLICH KLAMM...
MURMEL-MURMEL-MURMEL
GANZ SCHÖN HART, ALS SCHÜLER AMS* ZU FINANZIEREN...
MURMEL MURMEL
* ALL MIGHT-SAMMELLEIDENSCHAFT
SCHLIESSLICH GEHT ES ALLEN SO, DASS SIE MIT IHREM KNAPPEN TASCHENGELD ZURECHTKOMMEN MÜSSEN.
ABER ICH GEBE ES AUF KEINEN FALL AUF!
DU KANNST ES DIR NICHT LEISTEN, DICH EINFACH ZU AMÜSIEREN, IZUKU MIDORIYA!
DU SCHAFFST DAS! LOS, GEHIRN AUF FULL COWL!
VRUOMMM

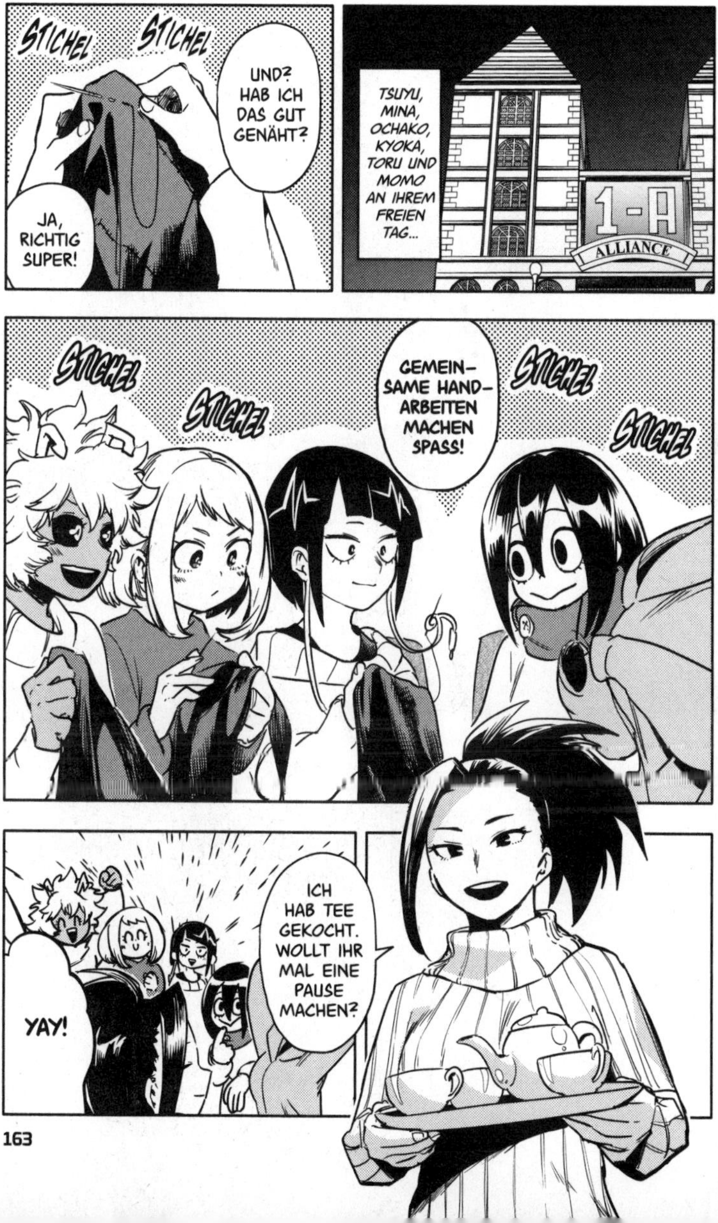
TSUYU, MINA, OCHAKO, KYOKA, TORU UND MOMO AN IHREM FREIEN TAG...
1-A
ALLIANCE
STICHEL
STICHEL
UND? HAB ICH DAS GUT GENÄHT?
JA, RICHTIG SUPER!
STICHEL
STICHEL
GEMEIN-SAME HAND-ARBEITEN MACHEN SPASS!
STICHEL
STICHEL
ICH HAB TEE GEKOCHT. WOLLT IHR MAL EINE PAUSE MACHEN?
YAY!

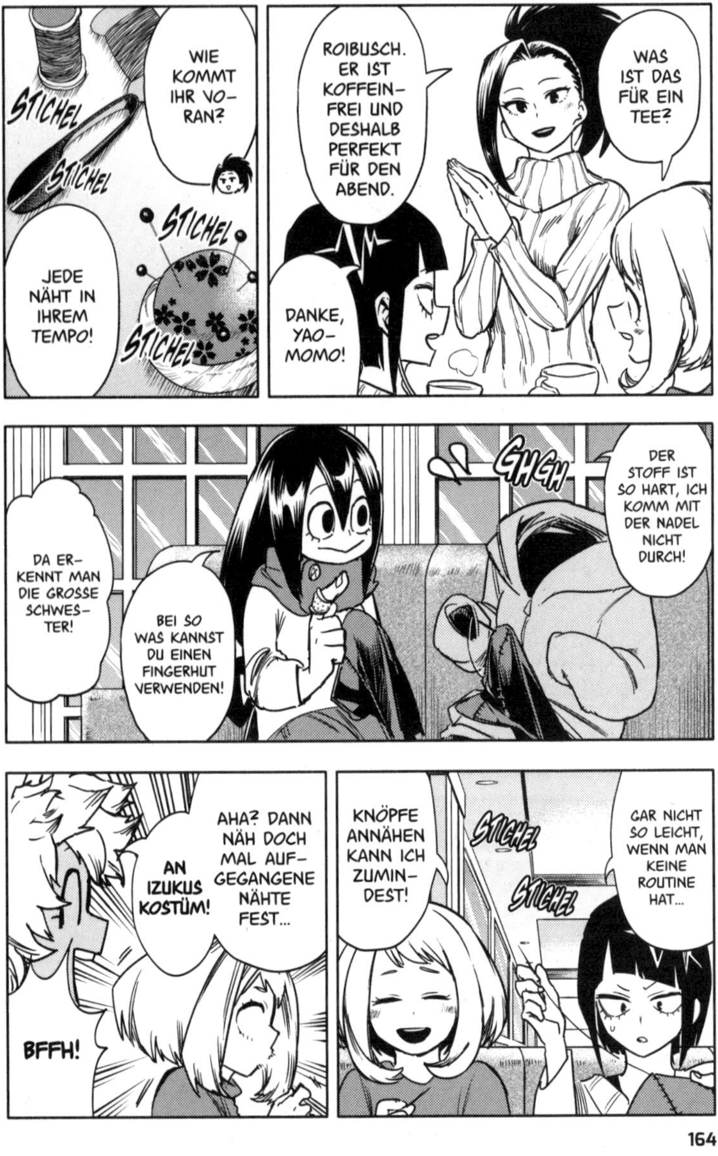
WAS IST DAS FÜR EIN TEE?
ROIBUSCH. ER IST KOFFEINFREI UND DESHALB PERFEKT FÜR DEN ABEND.
DANKE, YAOMOMO!
WIE KOMMT IHR VORAN?
STICHEL
STICHEL
STICHEL
STICHEL
JEDE NÄHT IN IHREM TEMPO!
DER STOFF IST SO HART, ICH KOMM MIT DER NADEL NICHT DURCH!
GHGH
BEI SO WAS KANNST DU EINEN FINGERHUT VERWENDEN!
DA ERKENNT MAN DIE GROSSE SCHWESTER!
GAR NICHT SO LEICHT, WENN MAN KEINE ROUTINE HAT...
STICHEL
STICHEL
KNÖPFE ANNÄHEN KANN ICH ZUMINDEST!
AHA? DANN NÄH DOCH MAL AUFGEGANGENE NÄHTE FEST...
AN IZUKUS KOSTÜM!
BFFH!

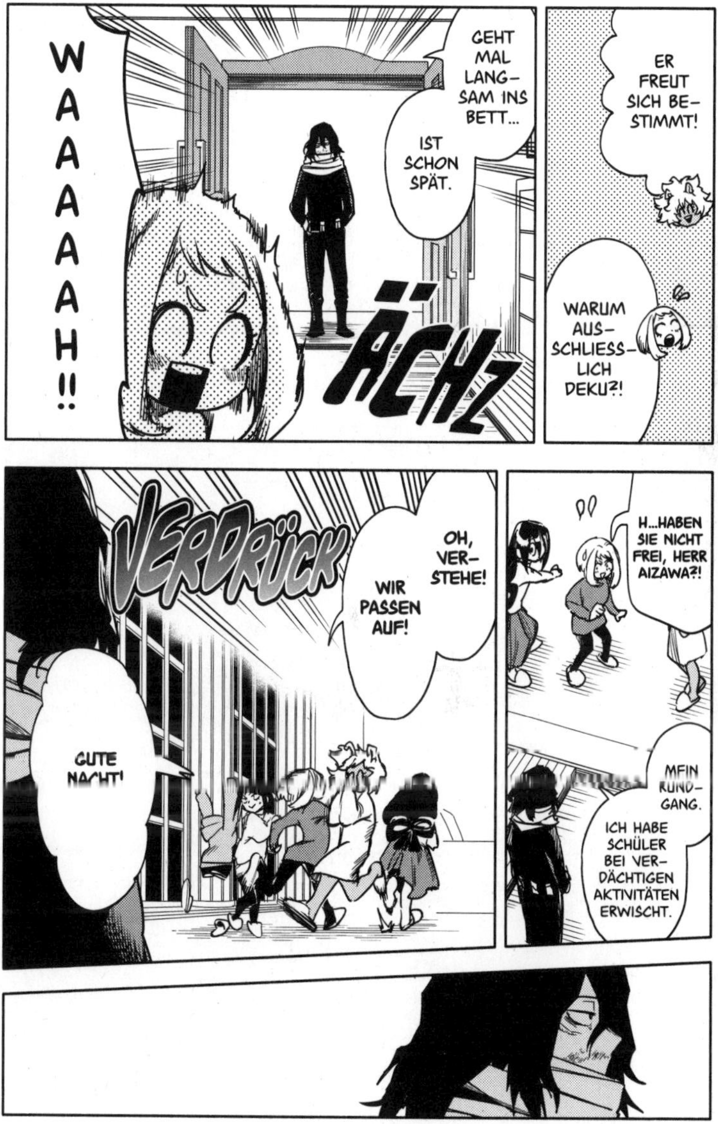
ER FREUT SICH BE-STIMMT!
WARUM AUS-SCHLIESS-LICH DEKU?!
GEHT MAL LANG-SAM INS BETT…
IST SCHON SPÄT.
WAAAAAAAH!!
ÄCHZ
H…HABEN SIE NICHT FREI, HERR AIZAWA?!
MEIN RUND-GANG.
ICH HABE SCHÜLER BEI VER-DÄCHTIGEN AKTIVITÄTEN ERWISCHT.
OH, VER-STEHE!
WIR PASSEN AUF!
VERDRÜCK
GUTE NACHT!

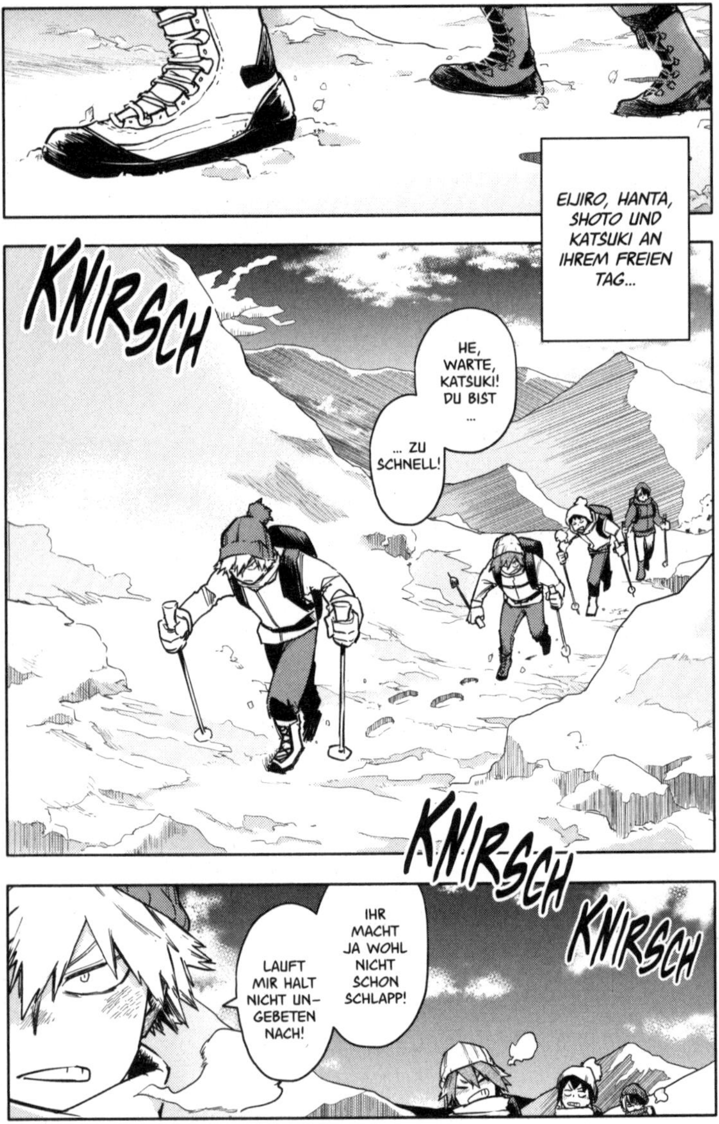
EIJIRO, HANTA, SHOTO UND KATSUKI AN IHREM FREIEN TAG...
KNIRSCH
HE, WARTE, KATSUKI! DU BIST ...
... ZU SCHNELL!
KNIRSCH
KNIRSCH
IHR MACHT JA WOHL NICHT SCHON SCHLAPP!
LAUFT MIR HALT NICHT UN-GEBETEN NACH!

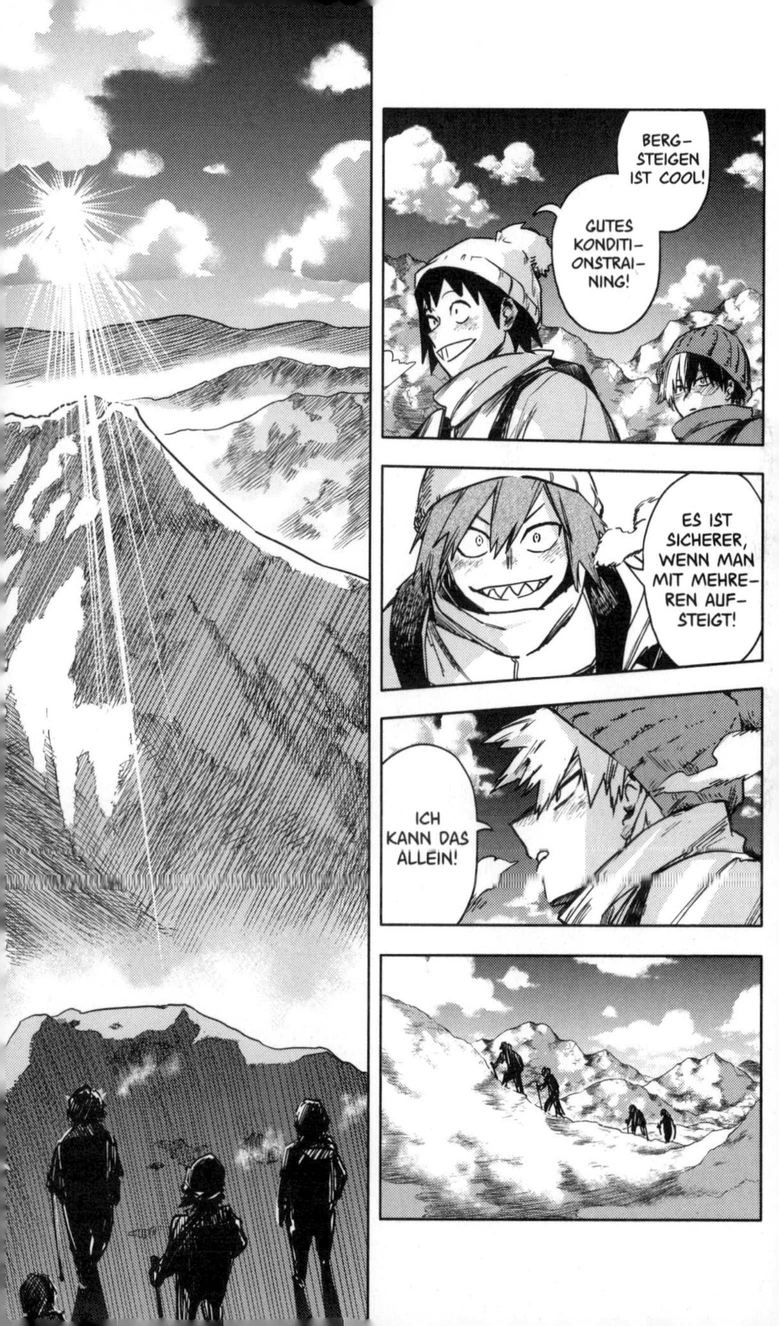
BERG-STEIGEN IST COOL!
GUTES KONDITI-ONSTRAI-NING!
ES IST SICHERER, WENN MAN MIT MEHRE-REN AUF-STEIGT!
ICH KANN DAS ALLEIN!

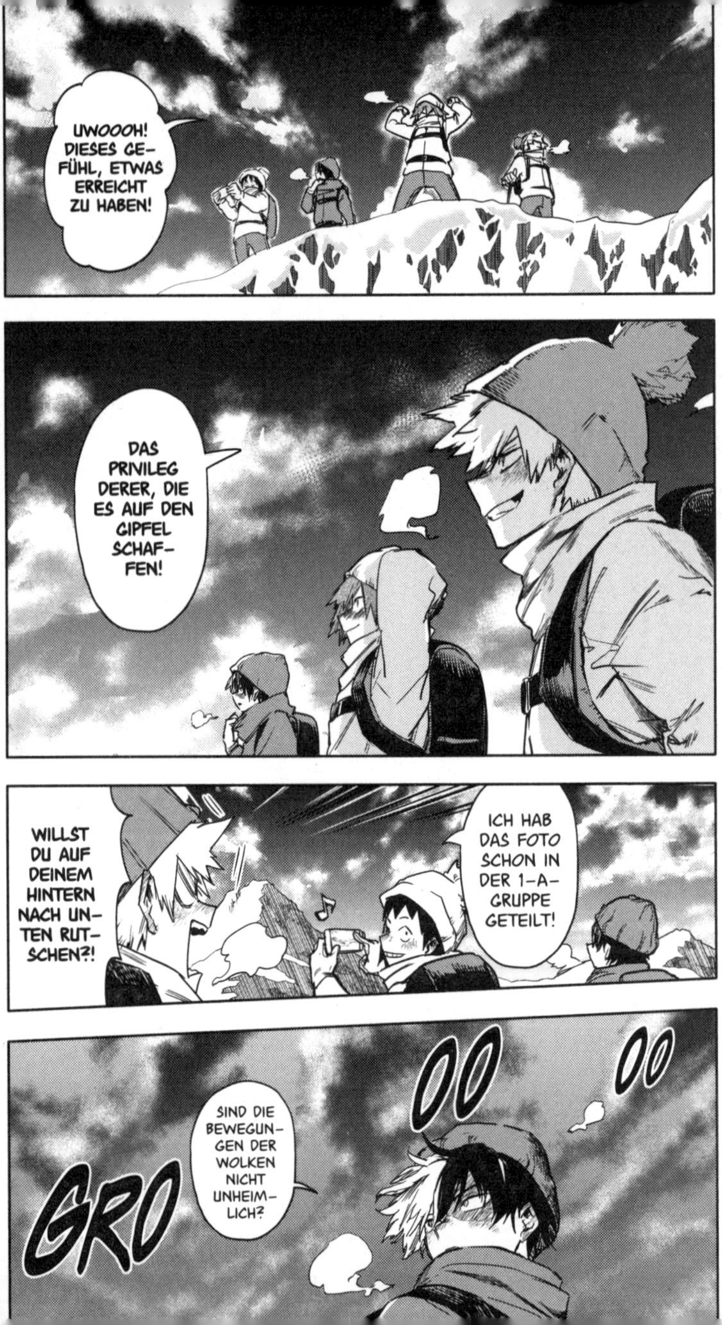
UWOOOH! DIESES GE-FÜHL, ETWAS ERREICHT ZU HABEN!
DAS PRIVILEG DERER, DIE ES AUF DEN GIPFEL SCHAF-FEN!
ICH HAB DAS FOTO SCHON IN DER 1-A-GRUPPE GETEILT!
WILLST DU AUF DEINEM HINTERN NACH UN-TEN RUT-SCHEN?!
SIND DIE BEWEGUN-GEN DER WOLKEN NICHT UNHEIM-LICH?
GROOOOO

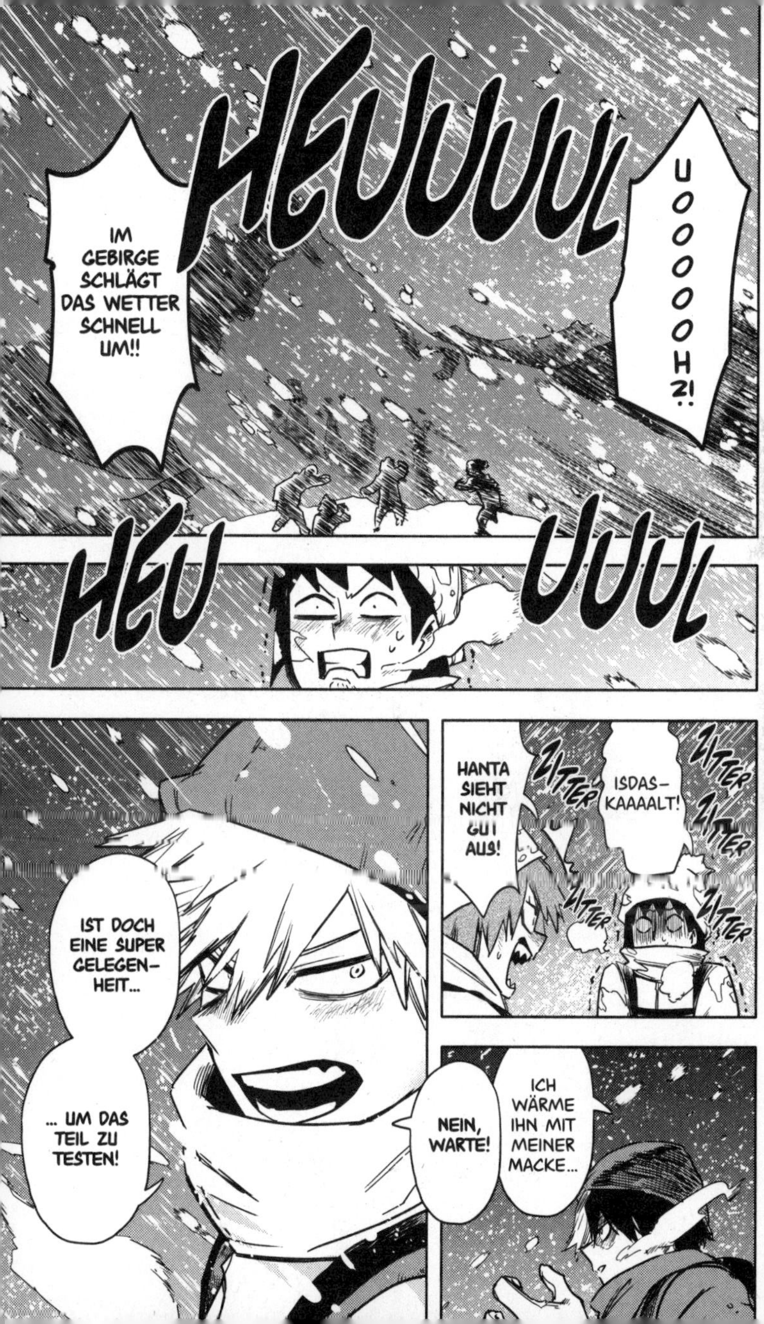
HEUUUUUL
UOOOOOOH?!
IM GEBIRGE SCHLÄGT DAS WETTER SCHNELL UM!!
HEU UUUL
ISDAS-KAAAALT!
ZITTER ZITTER ZITTER ZITTER
HANTA SIEHT NICHT GUT AUS!
ICH WÄRME IHN MIT MEINER MACKE...
NEIN, WARTE!
IST DOCH EINE SUPER GELEGEN-HEIT...
... UM DAS TEIL ZU TESTEN!

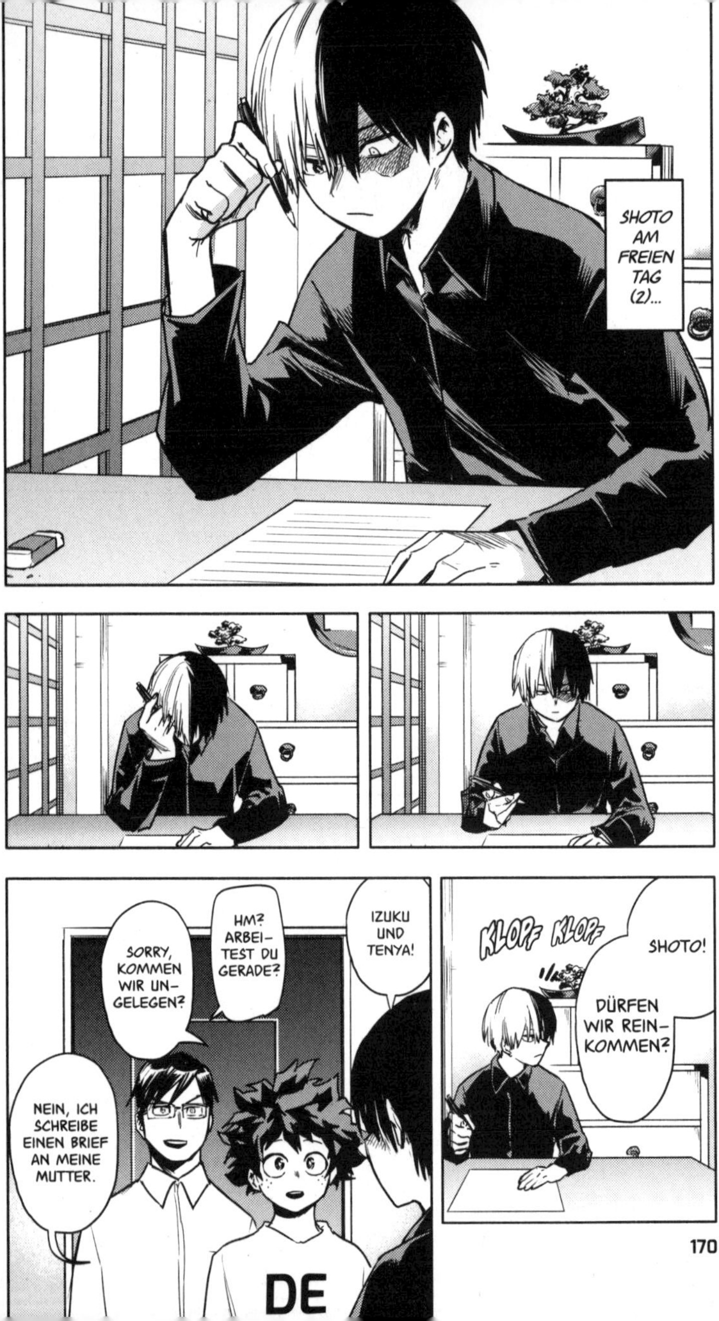
SHOTO AM FREIEN TAG (2)...
KLOPF KLOPF
SHOTO!
DÜRFEN WIR REIN-KOMMEN?
IZUKU UND TENYA!
HM? ARBEI-TEST DU GERADE?
SORRY, KOMMEN WIR UN-GELEGEN?
NEIN, ICH SCHREIBE EINEN BRIEF AN MEINE MUTTER.
DE

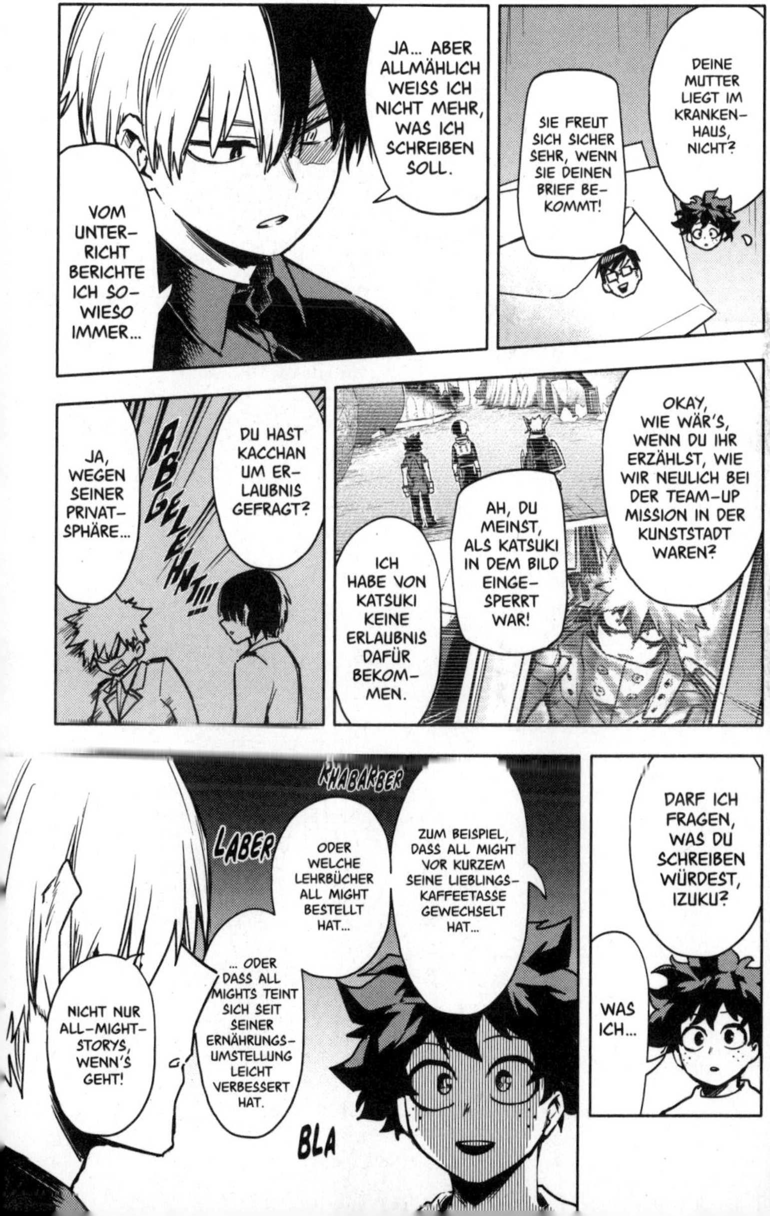

DEINE MUTTER LIEGT IM KRANKENHAUS, NICHT?
SIE FREUT SICH SICHER SEHR, WENN SIE DEINEN BRIEF BEKOMMT!
JA... ABER ALLMÄHLICH WEISS ICH NICHT MEHR, WAS ICH SCHREIBEN SOLL.
VOM UNTERRICHT BERICHTE ICH SOWIESO IMMER...
OKAY, WIE WÄR'S, WENN DU IHR ERZÄHLST, WIE WIR NEULICH BEI DER TEAM-UP MISSION IN DER KUNSTSTADT WAREN?
AH, DU MEINST, ALS KATSUKI IN DEM BILD EINGESPERRT WAR!
ICH HABE VON KATSUKI KEINE ERLAUBNIS DAFÜR BEKOMMEN.
DU HAST KACCHAN UM ERLAUBNIS GEFRAGT?
ABGELEHNT!!!
JA, WEGEN SEINER PRIVATSPHÄRE...
DARF ICH FRAGEN, WAS DU SCHREIBEN WÜRDEST, IZUKU?
WAS ICH...
RHABARBER
ZUM BEISPIEL, DASS ALL MIGHT VOR KURZEM SEINE LIEBLINGSKAFFEETASSE GEWECHSELT HAT...
LABER
ODER WELCHE LEHRBÜCHER ALL MIGHT BESTELLT HAT...
... ODER DASS ALL MIGHTS TEINT SICH SEIT SEINER ERNÄHRUNGSUMSTELLUNG LEICHT VERBESSERT HAT.
BLA
NICHT NUR ALL-MIGHT-STORYS, WENN'S GEHT!

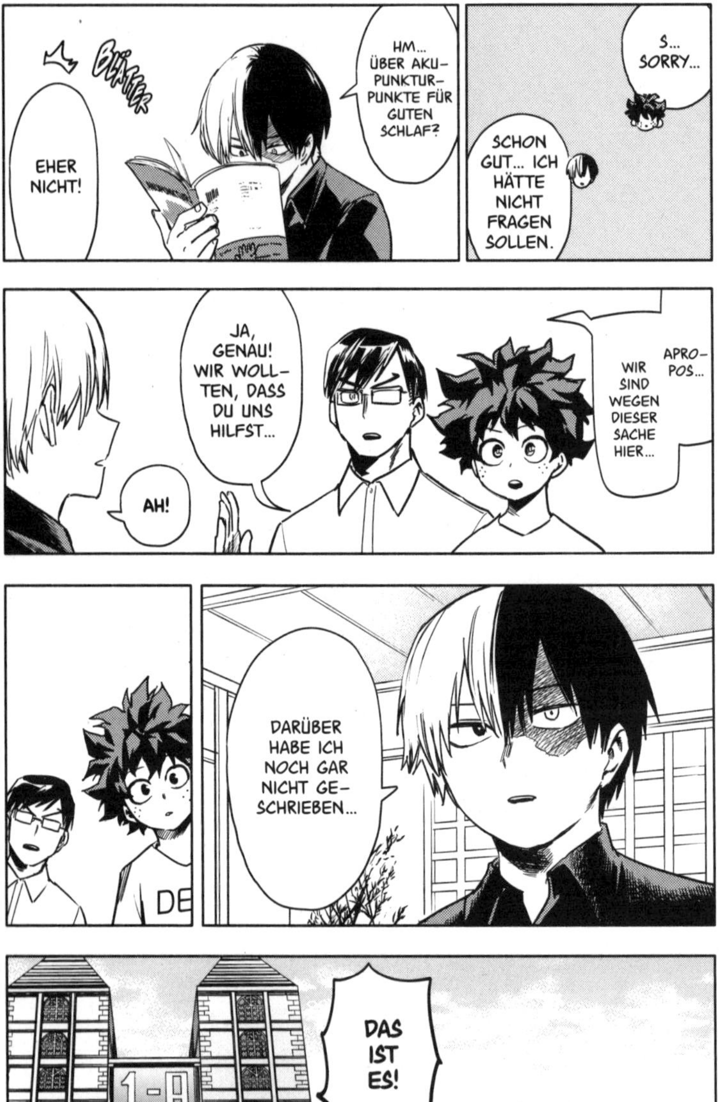
S... SORRY...
SCHON GUT... ICH HÄTTE NICHT FRAGEN SOLLEN.
HM... ÜBER AKU-PUNKTUR-PUNKTE FÜR GUTEN SCHLAF?
BLÄTTER
EHER NICHT!
APRO-POS...
WIR SIND WEGEN DIESER SACHE HIER...
JA, GENAU! WIR WOLL-TEN, DASS DU UNS HILFST...
AH!
DARÜBER HABE ICH NOCH GAR NICHT GE-SCHRIEBEN...
DE
1-A
DAS IST ES!

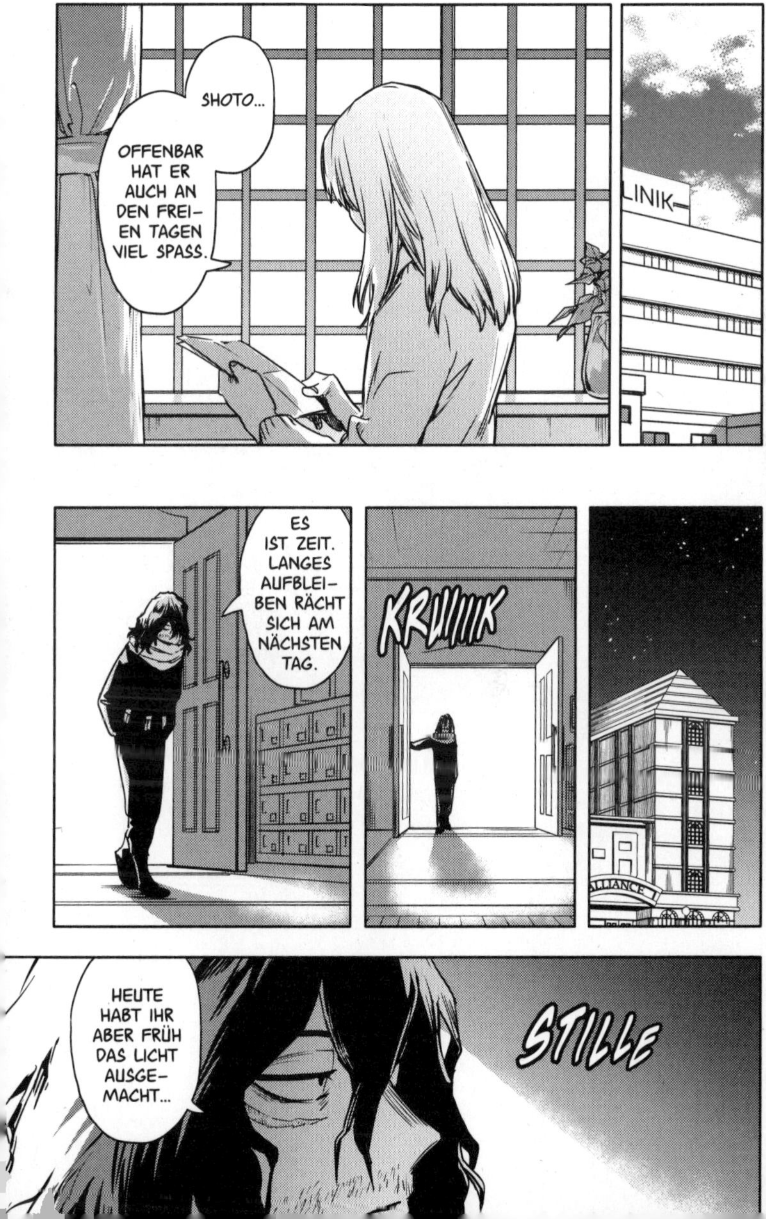
LINIK–
SHOTO…
OFFENBAR HAT ER AUCH AN DEN FREI-EN TAGEN VIEL SPASS.
ALLIANCE
KRUIIIIK
ES IST ZEIT. LANGES AUFBLEI-BEN RÄCHT SICH AM NÄCHSTEN TAG.
STILLE
HEUTE HABT IHR ABER FRÜH DAS LICHT AUSGE-MACHT…

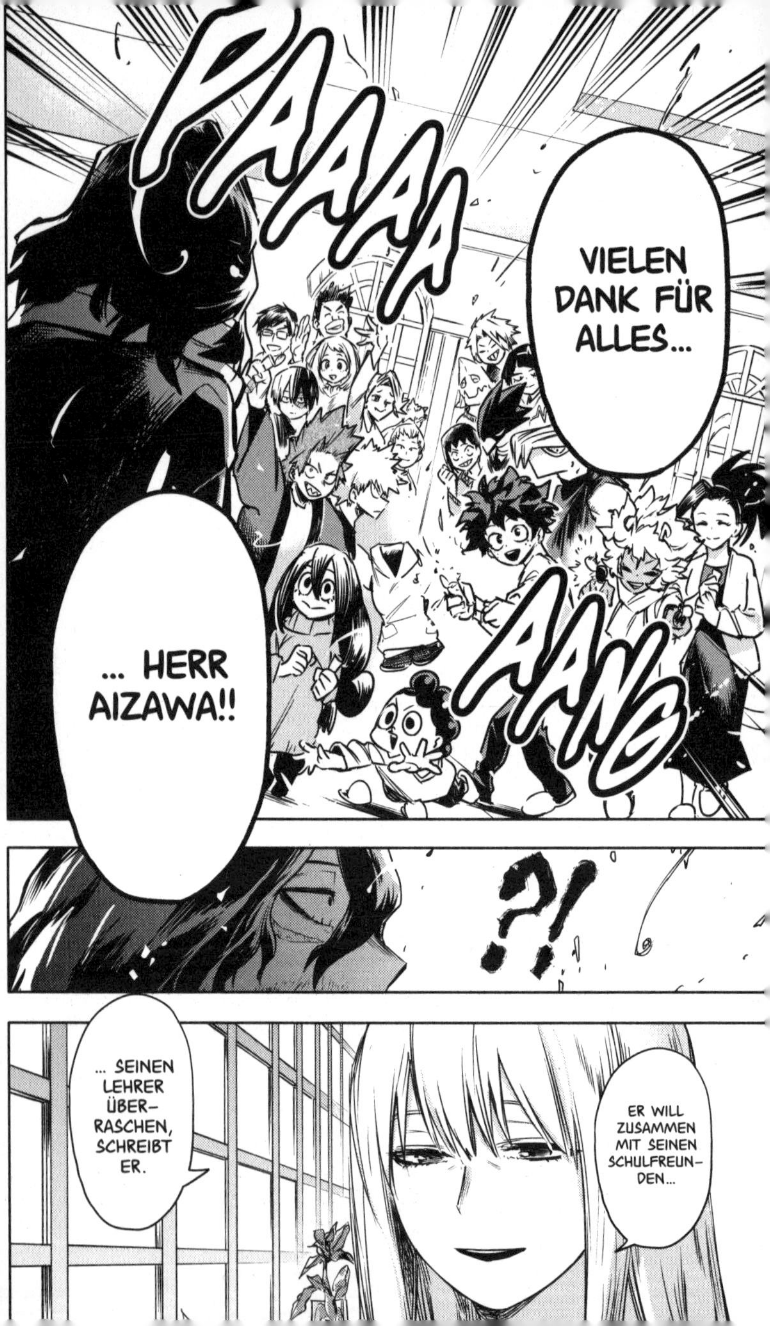
PAAAAA
VIELEN DANK FÜR ALLES...
... HERR AIZAWA!!
AANG
?!
ER WILL ZUSAMMEN MIT SEINEN SCHULFREUN-DEN...
... SEINEN LEHRER ÜBER-RASCHEN, SCHREIBT ER.

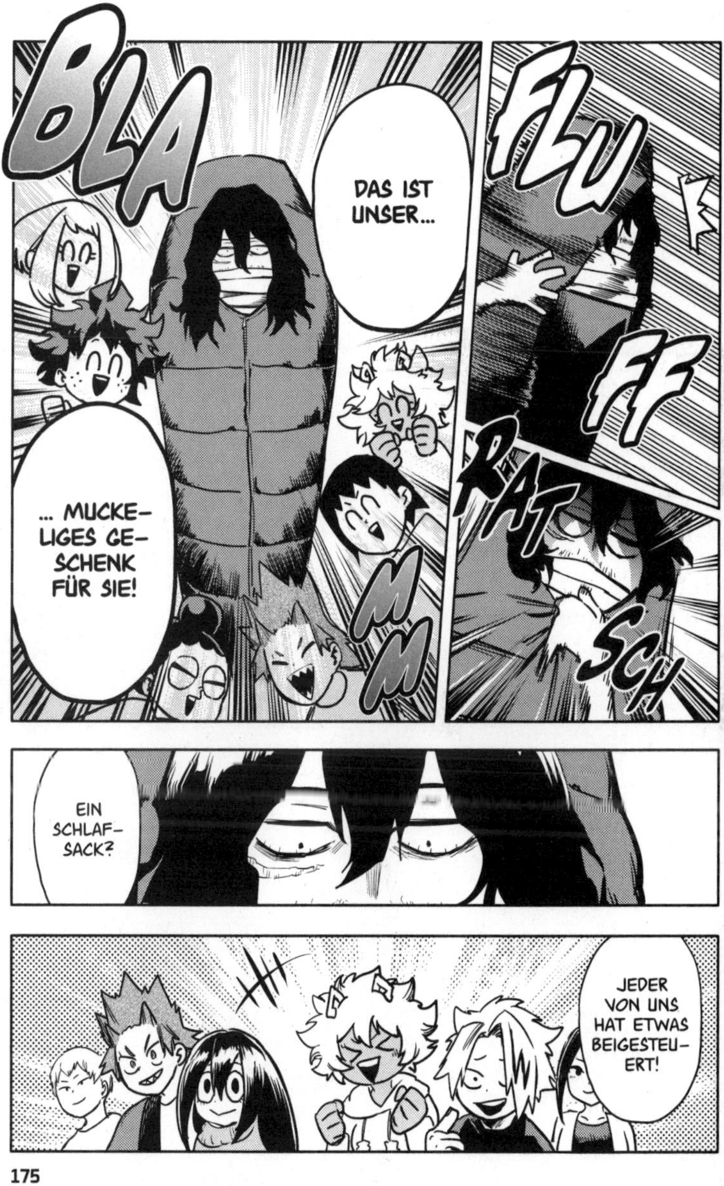

FLU
FF
RATSCH
BLA
DAS IST UNSER...
... MUCKE-LIGES GE-SCHENK FÜR SIE!
MMM
EIN SCHLAF-SACK?
JEDER VON UNS HAT ETWAS BEIGESTEU-ERT!

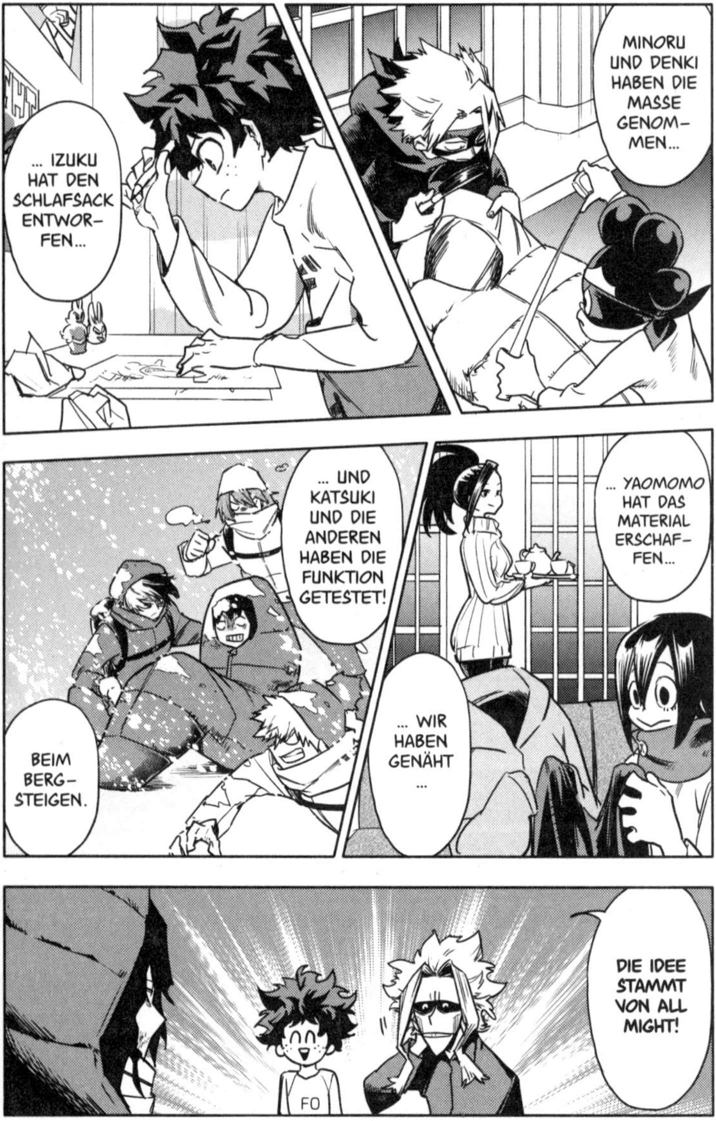
MINORU UND DENKI HABEN DIE MASSE GENOM-MEN...
... IZUKU HAT DEN SCHLAFSACK ENTWOR-FEN...
... YAOMOMO HAT DAS MATERIAL ERSCHAF-FEN...
... WIR HABEN GENÄHT ...
... UND KATSUKI UND DIE ANDEREN HABEN DIE FUNKTION GETESTET!
BEIM BERG-STEIGEN.
DIE IDEE STAMMT VON ALL MIGHT!

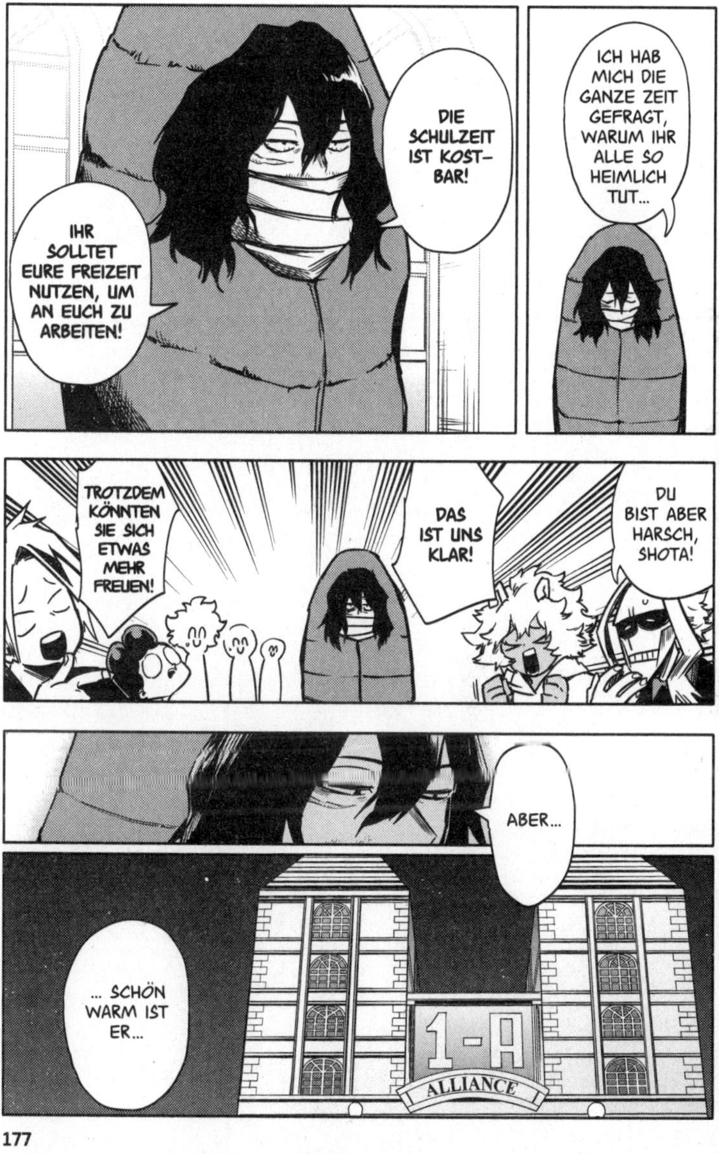
ICH HAB MICH DIE GANZE ZEIT GEFRAGT, WARUM IHR ALLE SO HEIMLICH TUT...
DIE SCHULZEIT IST KOST-BAR!
IHR SOLLTET EURE FREIZEIT NUTZEN, UM AN EUCH ZU ARBEITEN!
DU BIST ABER HARSCH, SHOTA!
DAS IST UNS KLAR!
TROTZDEM KÖNNTEN SIE SICH ETWAS MEHR FREUEN!
ABER...
... SCHÖN WARM IST ER...
1-A
ALLIANCE

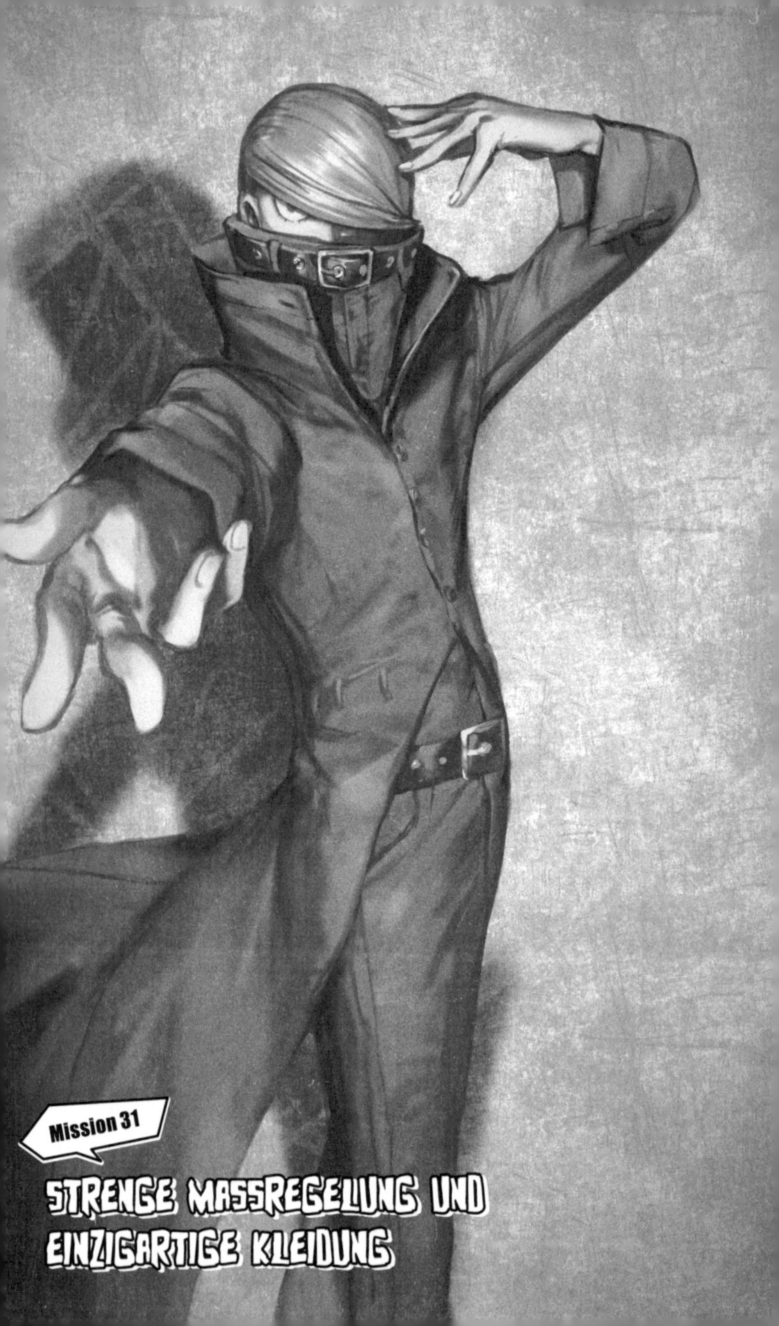
Mission 31
STRENGE MASSREGELUNG UND
EINZIGARTIGE KLEIDUNG

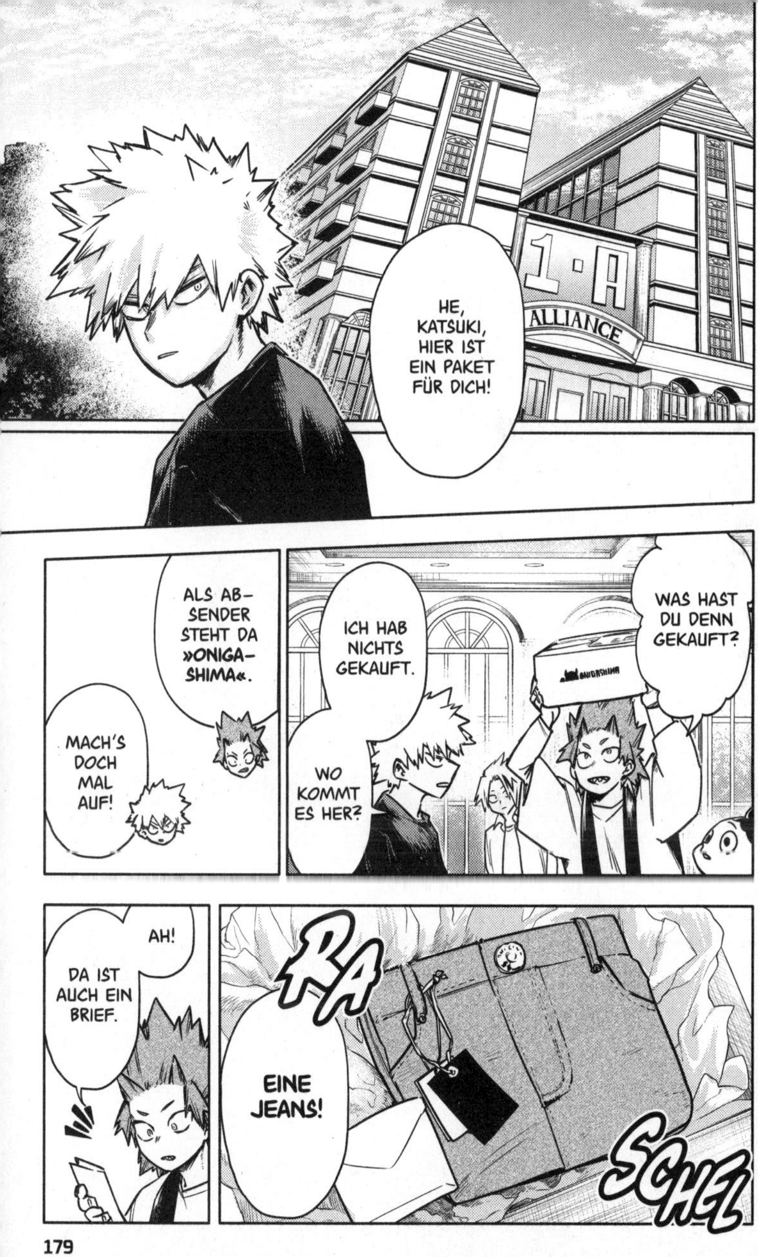
1-A
ALLIANCE
HE, KATSUKI, HIER IST EIN PAKET FÜR DICH!
WAS HAST DU DENN GEKAUFT?
ICH HAB NICHTS GEKAUFT.
WO KOMMT ES HER?
ALS ABSENDER STEHT DA »ONIGASHIMA«.
MACH'S DOCH MAL AUF!
SCHEI
RA
EINE JEANS!
AH!
DA IST AUCH EIN BRIEF.

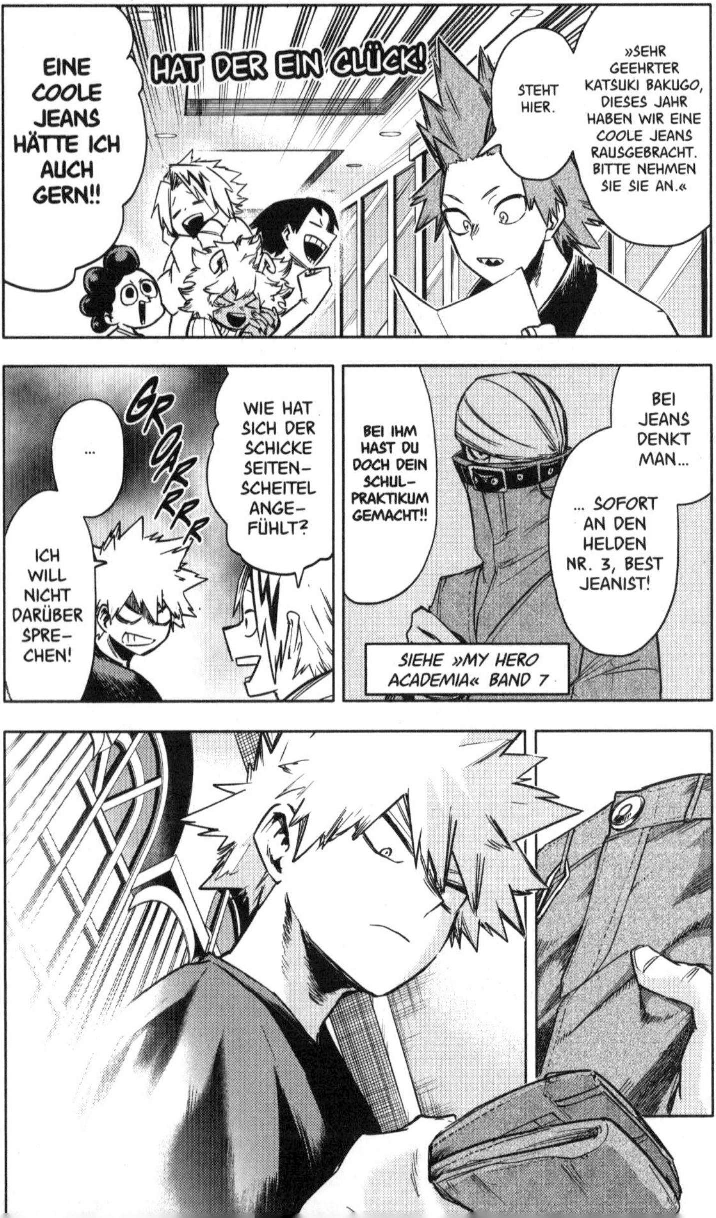
»SEHR GEEHRTER KATSUKI BAKUGO, DIESES JAHR HABEN WIR EINE COOLE JEANS RAUSGEBRACHT. BITTE NEHMEN SIE SIE AN.«
STEHT HIER.
HAT DER EIN GLÜCK!
EINE COOLE JEANS HÄTTE ICH AUCH GERN!!
BEI JEANS DENKT MAN...
... SOFORT AN DEN HELDEN NR. 3, BEST JEANIST!
BEI IHM HAST DU DOCH DEIN SCHUL-PRAKTIKUM GEMACHT!!
SIEHE »MY HERO ACADEMIA« BAND 7
WIE HAT SICH DER SCHICKE SEITEN-SCHEITEL ANGE-FÜHLT?
GROARRRR
...
ICH WILL NICHT DARÜBER SPRE-CHEN!

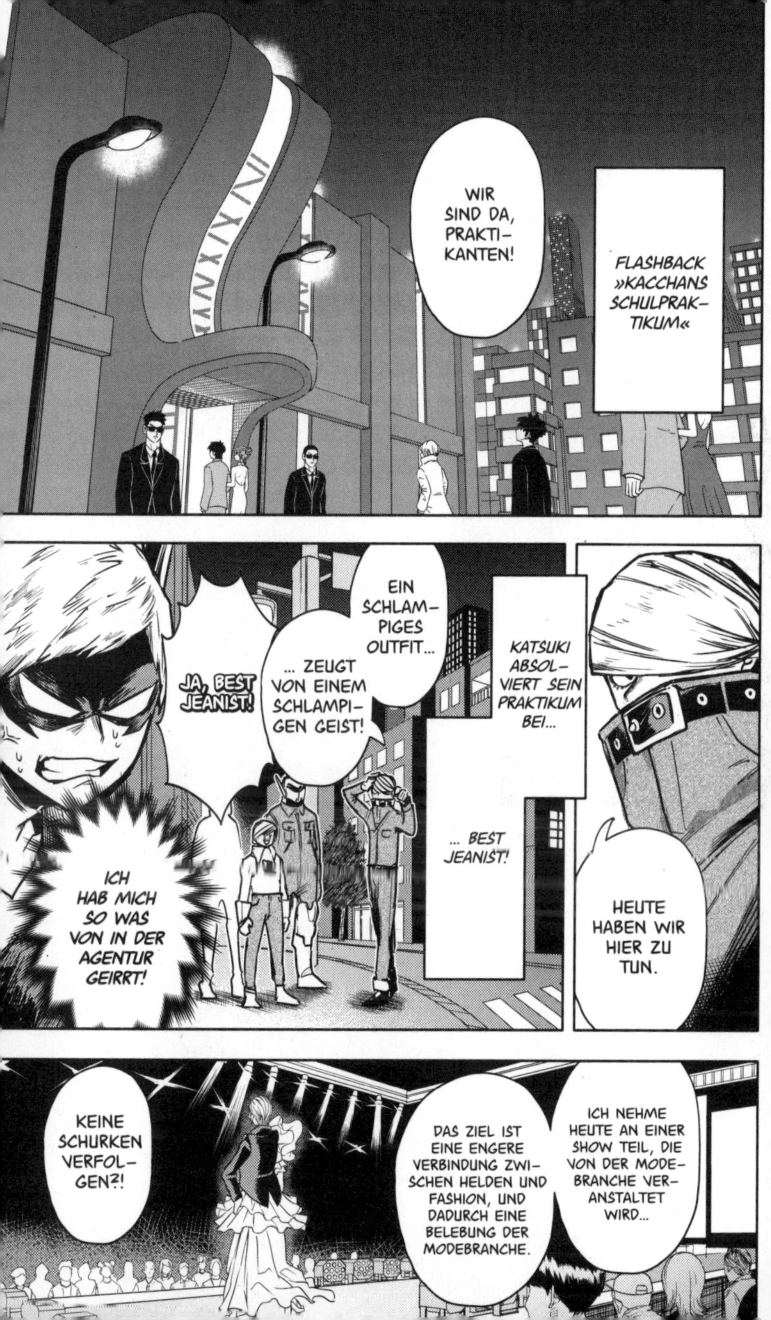
FLASHBACK »KACCHANS SCHULPRAKTIKUM«
WIR SIND DA, PRAKTIKANTEN!
KATSUKI ABSOLVIERT SEIN PRAKTIKUM BEI...
... BEST JEANIST!
HEUTE HABEN WIR HIER ZU TUN.
EIN SCHLAMPIGES OUTFIT...
... ZEUGT VON EINEM SCHLAMPIGEN GEIST!
JA, BEST JEANIST!
ICH HAB MICH SO WAS VON IN DER AGENTUR GEIRRT!
ICH NEHME HEUTE AN EINER SHOW TEIL, DIE VON DER MODEBRANCHE VERANSTALTET WIRD...
DAS ZIEL IST EINE ENGERE VERBINDUNG ZWISCHEN HELDEN UND FASHION, UND DADURCH EINE BELEBUNG DER MODEBRANCHE.
KEINE SCHURKEN VERFOLGEN?!

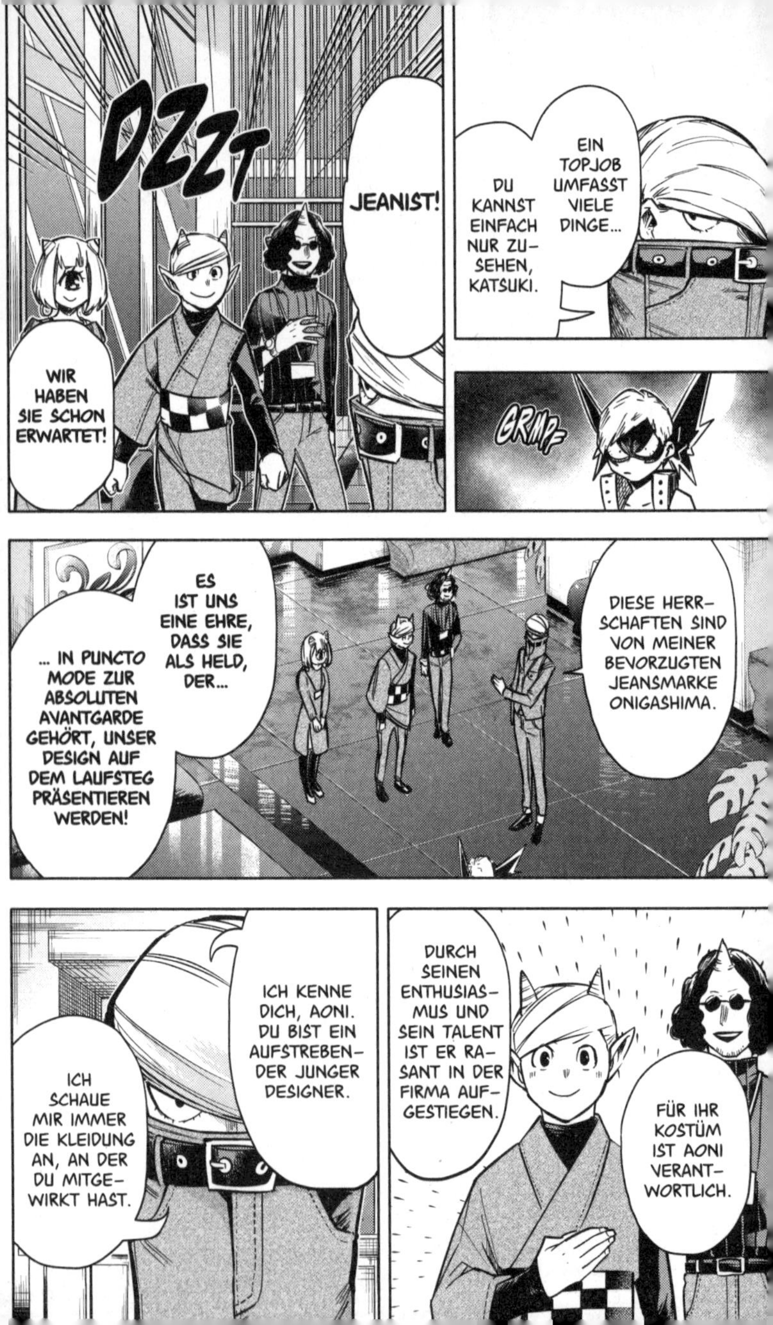

EIN TOPJOB UMFASST VIELE DINGE...
DU KANNST EINFACH NUR ZU-SEHEN, KATSUKI.
GRMPF
DZZT
JEANIST!
WIR HABEN SIE SCHON ERWARTET!
DIESE HERR-SCHAFTEN SIND VON MEINER BEVORZUGTEN JEANSMARKE ONIGASHIMA.
ES IST UNS EINE EHRE, DASS SIE ALS HELD, DER...
... IN PUNCTO MODE ZUR ABSOLUTEN AVANTGARDE GEHÖRT, UNSER DESIGN AUF DEM LAUFSTEG PRÄSENTIEREN WERDEN!
FÜR IHR KOSTÜM IST AONI VERANT-WORTLICH.
DURCH SEINEN ENTHUSIAS-MUS UND SEIN TALENT IST ER RA-SANT IN DER FIRMA AUF-GESTIEGEN.
ICH KENNE DICH, AONI. DU BIST EIN AUFSTREBEN-DER JUNGER DESIGNER.
ICH SCHAUE MIR IMMER DIE KLEIDUNG AN, AN DER DU MITGE-WIRKT HAST.

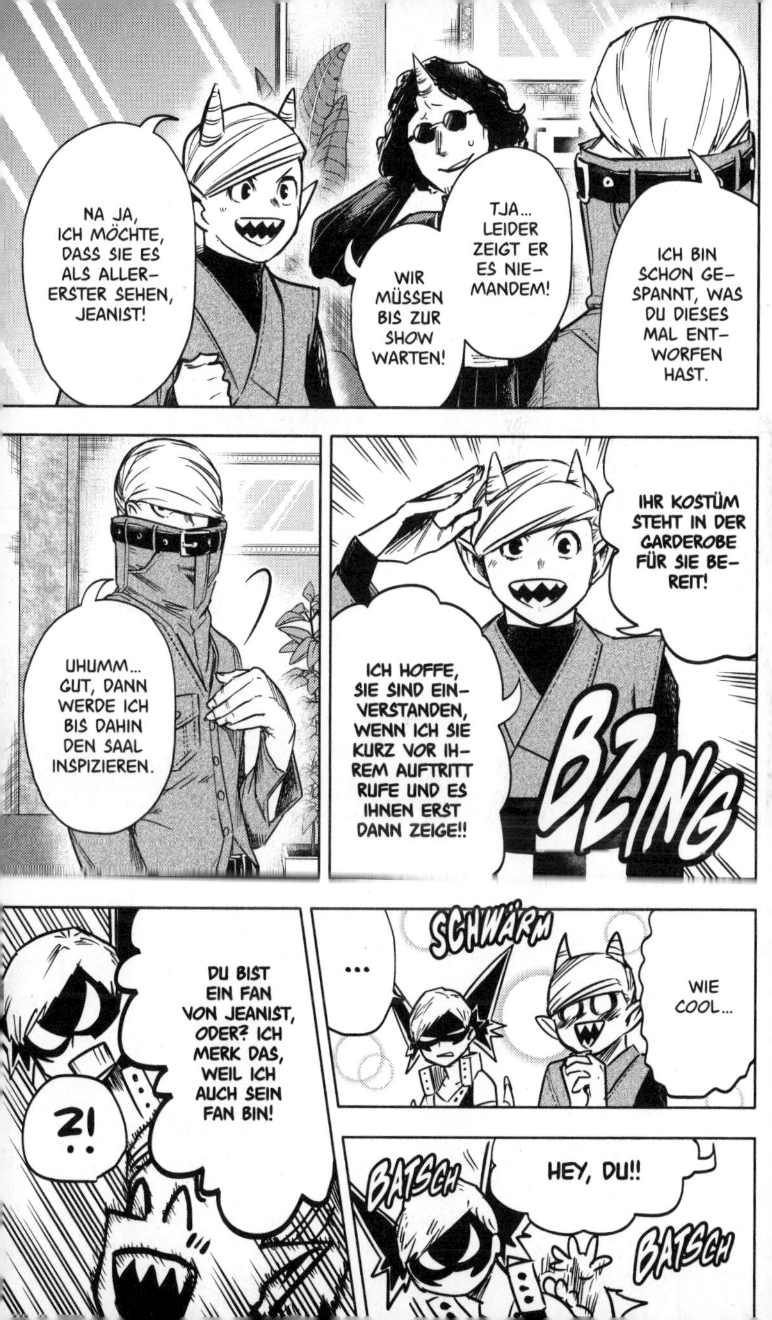
ICH BIN SCHON GESPANNT, WAS DU DIESES MAL ENTWORFEN HAST.
TJA... LEIDER ZEIGT ER ES NIEMANDEM!
WIR MÜSSEN BIS ZUR SHOW WARTEN!
NA JA, ICH MÖCHTE, DASS SIE ES ALS ALLERERSTER SEHEN, JEANIST!
IHR KOSTÜM STEHT IN DER GARDEROBE FÜR SIE BEREIT!
ICH HOFFE, SIE SIND EINVERSTANDEN, WENN ICH SIE KURZ VOR IHREM AUFTRITT RUFE UND ES IHNEN ERST DANN ZEIGE!!
BZING
UHUMM... GUT, DANN WERDE ICH BIS DAHIN DEN SAAL INSPIZIEREN.
SCHWÄRM
WIE COOL...
...
HEY, DU!!
BATSCH
BATSCH
DU BIST EIN FAN VON JEANIST, ODER? ICH MERK DAS, WEIL ICH AUCH SEIN FAN BIN!
?!

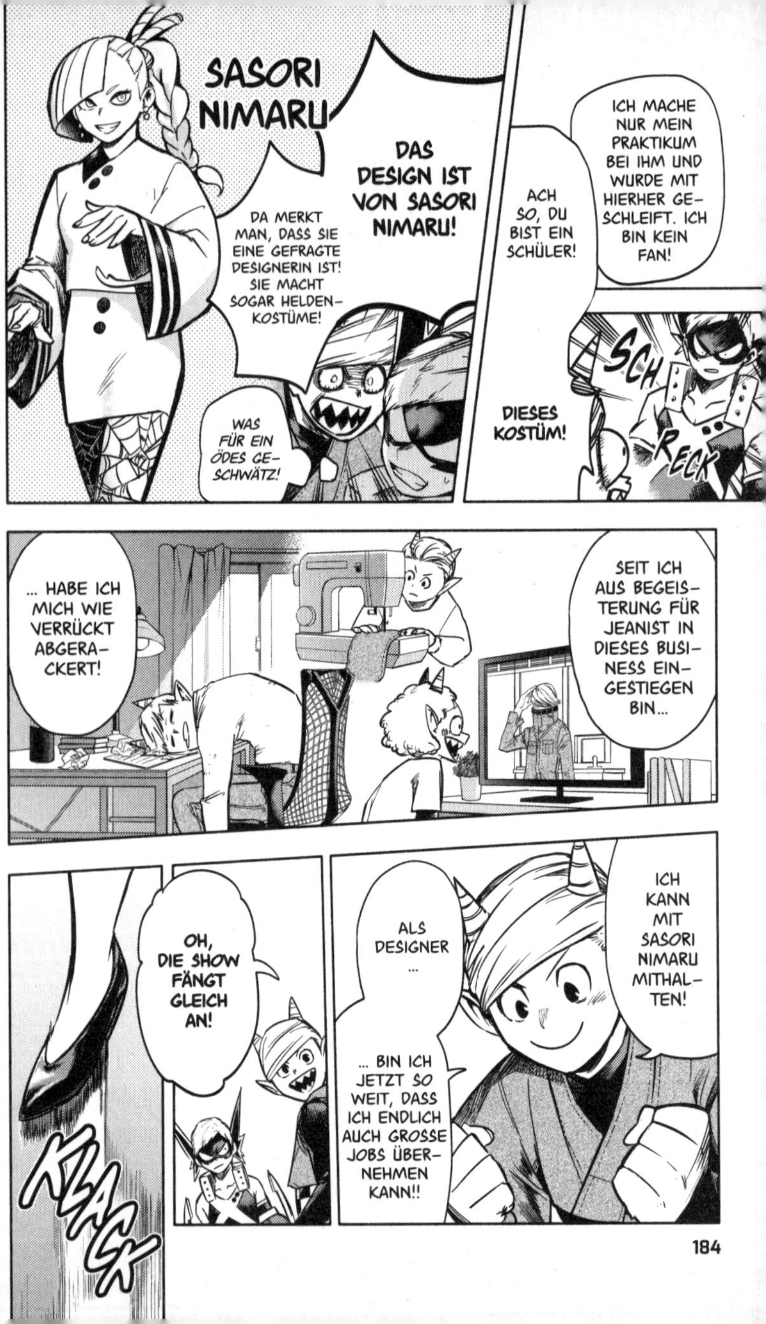
ICH MACHE NUR MEIN PRAKTIKUM BEI IHM UND WURDE MIT HIERHER GESCHLEIFT. ICH BIN KEIN FAN!
ACH SO, DU BIST EIN SCHÜLER!
DIESES KOSTÜM!
SCHRECK
DAS DESIGN IST VON SASORI NIMARU!
SASORI NIMARU
DA MERKT MAN, DASS SIE EINE GEFRAGTE DESIGNERIN IST! SIE MACHT SOGAR HELDENKOSTÜME!
WAS FÜR EIN ÖDES GESCHWÄTZ!
SEIT ICH AUS BEGEISTERUNG FÜR JEANIST IN DIESES BUSINESS EINGESTIEGEN BIN...
... HABE ICH MICH WIE VERRÜCKT ABGERACKERT!
ICH KANN MIT SASORI NIMARU MITHALTEN!
ALS DESIGNER ...
... BIN ICH JETZT SO WEIT, DASS ICH ENDLICH AUCH GROSSE JOBS ÜBERNEHMEN KANN!!
OH, DIE SHOW FÄNGT GLEICH AN!
KLACK

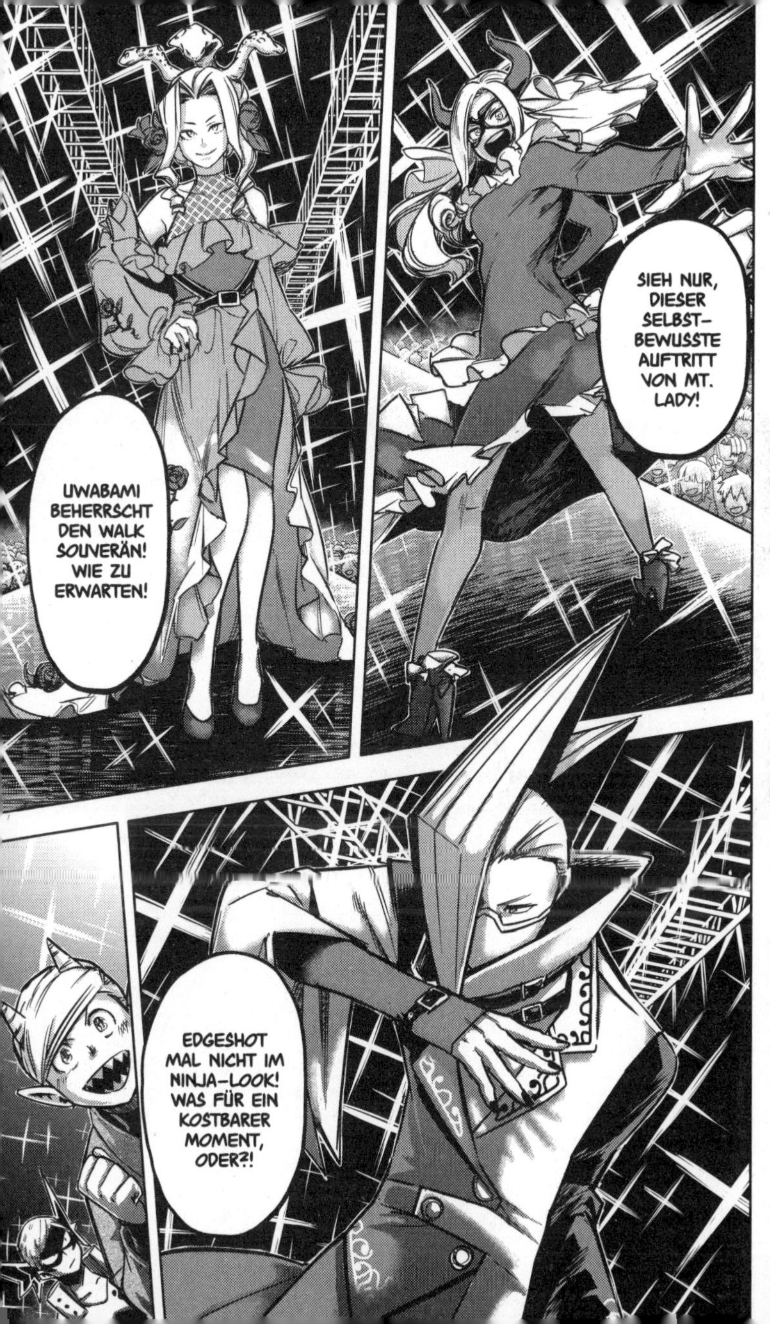
SIEH NUR, DIESER SELBST-BEWUSSTE AUFTRITT VON MT. LADY!
UWABAMI BEHERRSCHT DEN WALK SOUVERÄN! WIE ZU ERWARTEN!
EDGESHOT MAL NICHT IM NINJA-LOOK! WAS FÜR EIN KOSTBARER MOMENT, ODER?!

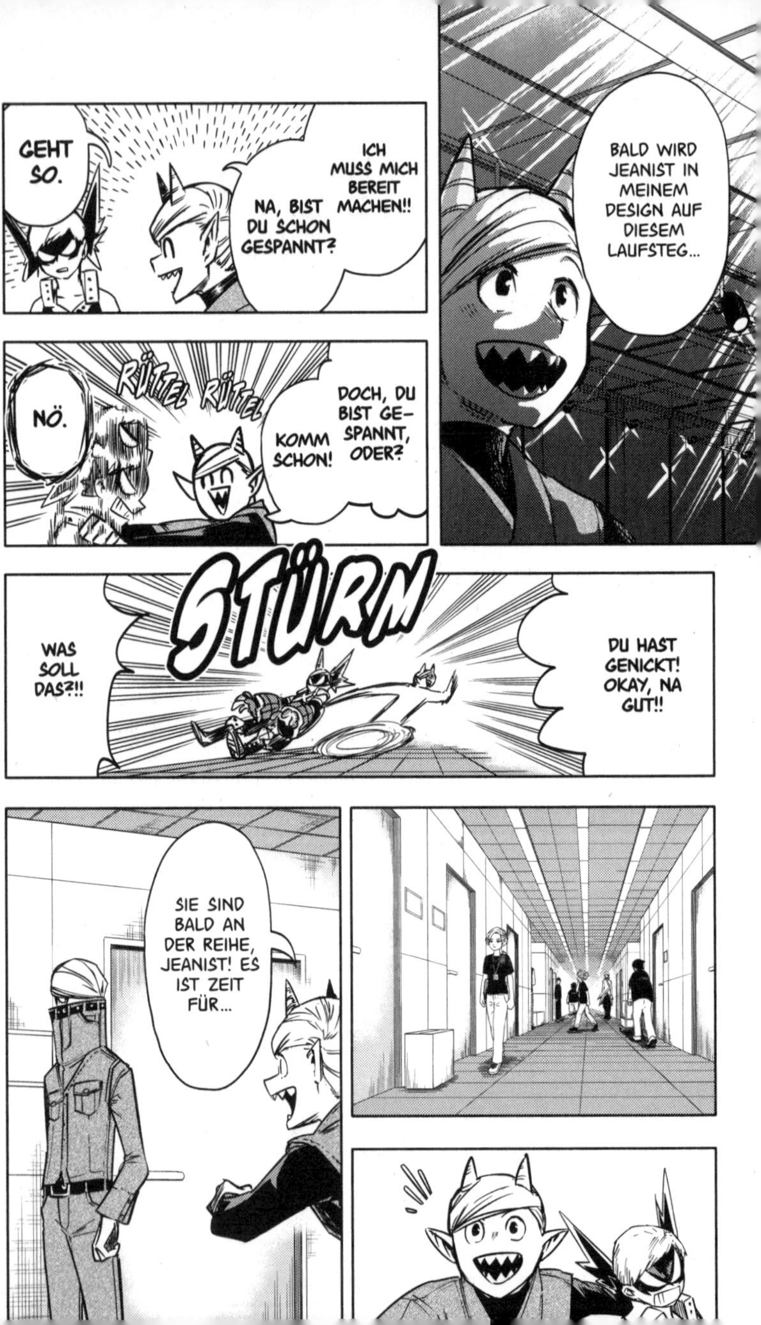
BALD WIRD JEANIST IN MEINEM DESIGN AUF DIESEM LAUFSTEG...
ICH MUSS MICH BEREIT MACHEN!!
NA, BIST DU SCHON GESPANNT?
GEHT SO.
DOCH, DU BIST GE-SPANNT, ODER?
KOMM SCHON!
RÜTTEL RÜTTEL
NÖ.
DU HAST GENICKT! OKAY, NA GUT!!
STÜRM
WAS SOLL DAS?!!
SIE SIND BALD AN DER REIHE, JEANIST! ES IST ZEIT FÜR...

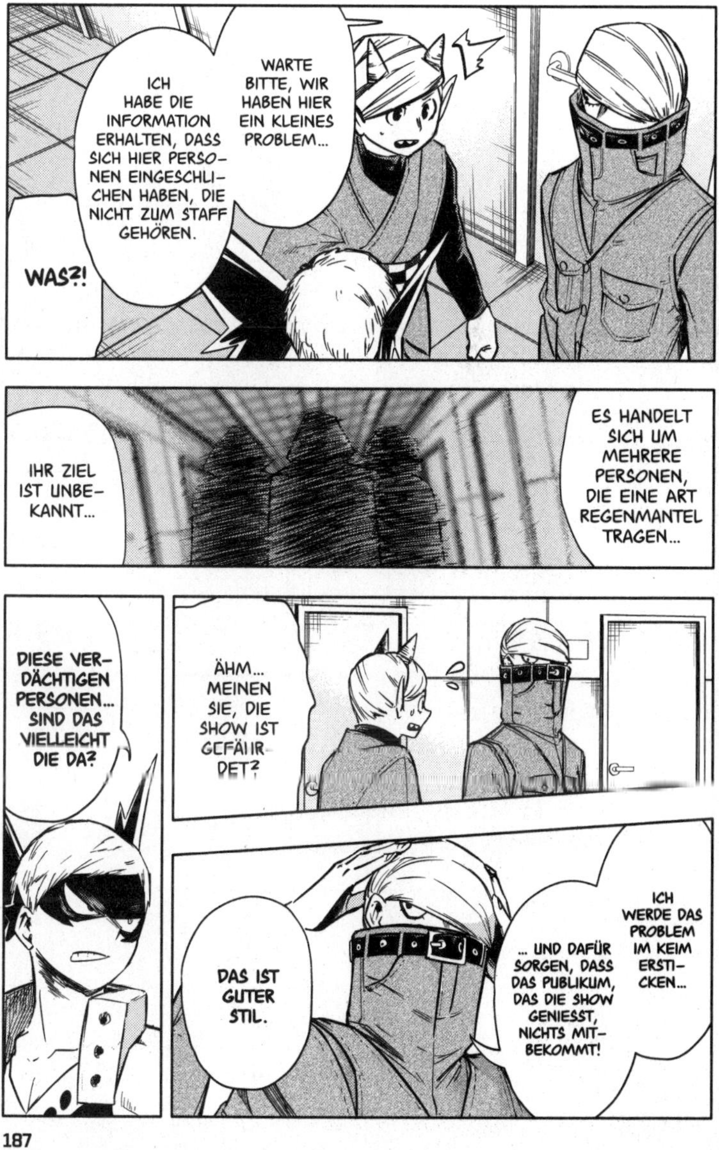

WARTE BITTE, WIR HABEN HIER EIN KLEINES PROBLEM...
ICH HABE DIE INFORMATION ERHALTEN, DASS SICH HIER PERSONEN EINGESCHLICHEN HABEN, DIE NICHT ZUM STAFF GEHÖREN.
WAS?!
ES HANDELT SICH UM MEHRERE PERSONEN, DIE EINE ART REGENMANTEL TRAGEN...
IHR ZIEL IST UNBEKANNT...
ÄHM... MEINEN SIE, DIE SHOW IST GEFÄHRDET?
ICH WERDE DAS PROBLEM IM KEIM ERSTICKEN...
... UND DAFÜR SORGEN, DASS DAS PUBLIKUM, DAS DIE SHOW GENIESST, NICHTS MITBEKOMMT!
DAS IST GUTER STIL.
DIESE VERDÄCHTIGEN PERSONEN... SIND DAS VIELLEICHT DIE DA?

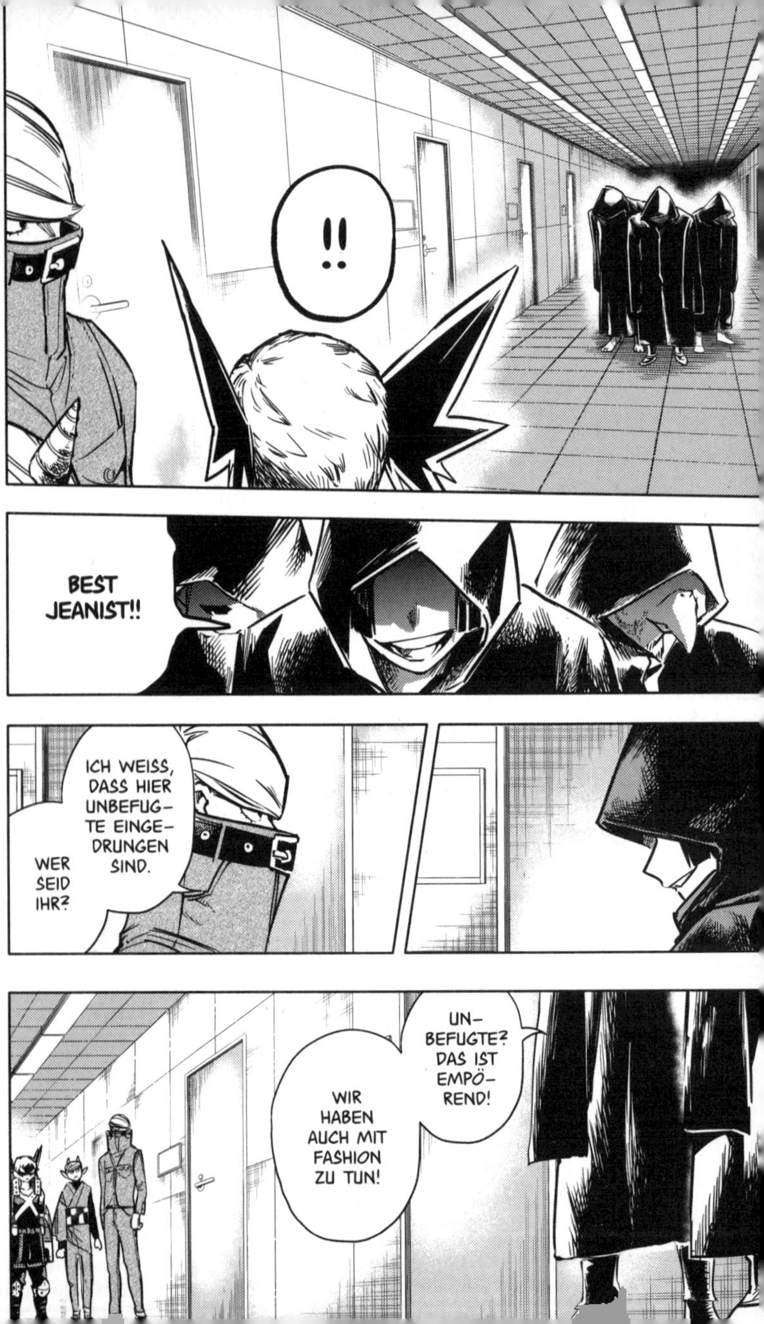
!!
BEST JEANIST!!
ICH WEISS, DASS HIER UNBEFUG-TE EINGE-DRUNGEN SIND.
WER SEID IHR?
UN-BEFUGTE? DAS IST EMPÖ-REND!
WIR HABEN AUCH MIT FASHION ZU TUN!

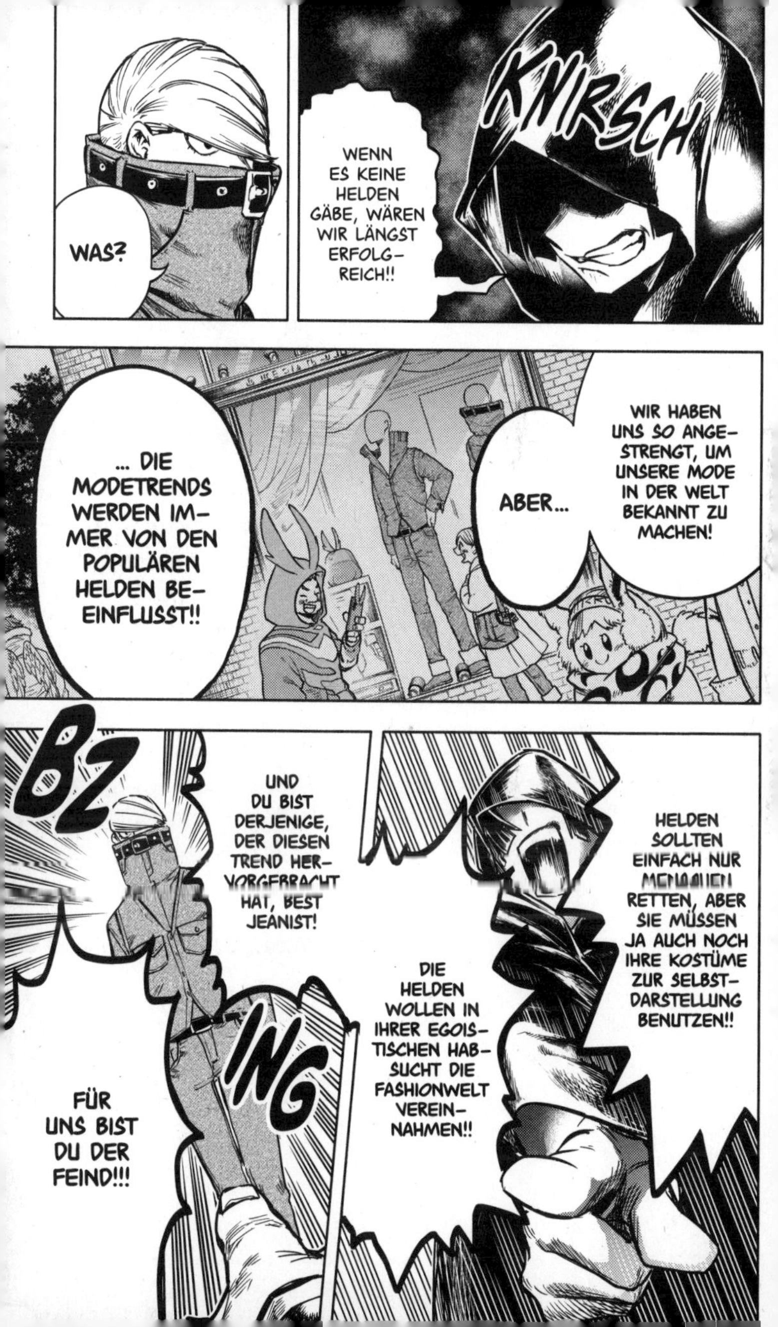

KNIRSCH
WENN ES KEINE HELDEN GÄBE, WÄREN WIR LÄNGST ERFOLGREICH!!
WAS?
WIR HABEN UNS SO ANGESTRENGT, UM UNSERE MODE IN DER WELT BEKANNT ZU MACHEN!
ABER…
… DIE MODETRENDS WERDEN IMMER VON DEN POPULÄREN HELDEN BEEINFLUSST!!
HELDEN SOLLTEN EINFACH NUR RETTEN, ABER SIE MÜSSEN JA AUCH NOCH IHRE KOSTÜME ZUR SELBSTDARSTELLUNG BENUTZEN!!
DIE HELDEN WOLLEN IN IHRER EGOISTISCHEN HABSUCHT DIE FASHIONWELT VEREINNAHMEN!!
UND DU BIST DERJENIGE, DER DIESEN TREND HERVORGEBRACHT HAT, BEST JEANIST!
BZ
ING
FÜR UNS BIST DU DER FEIND!!!

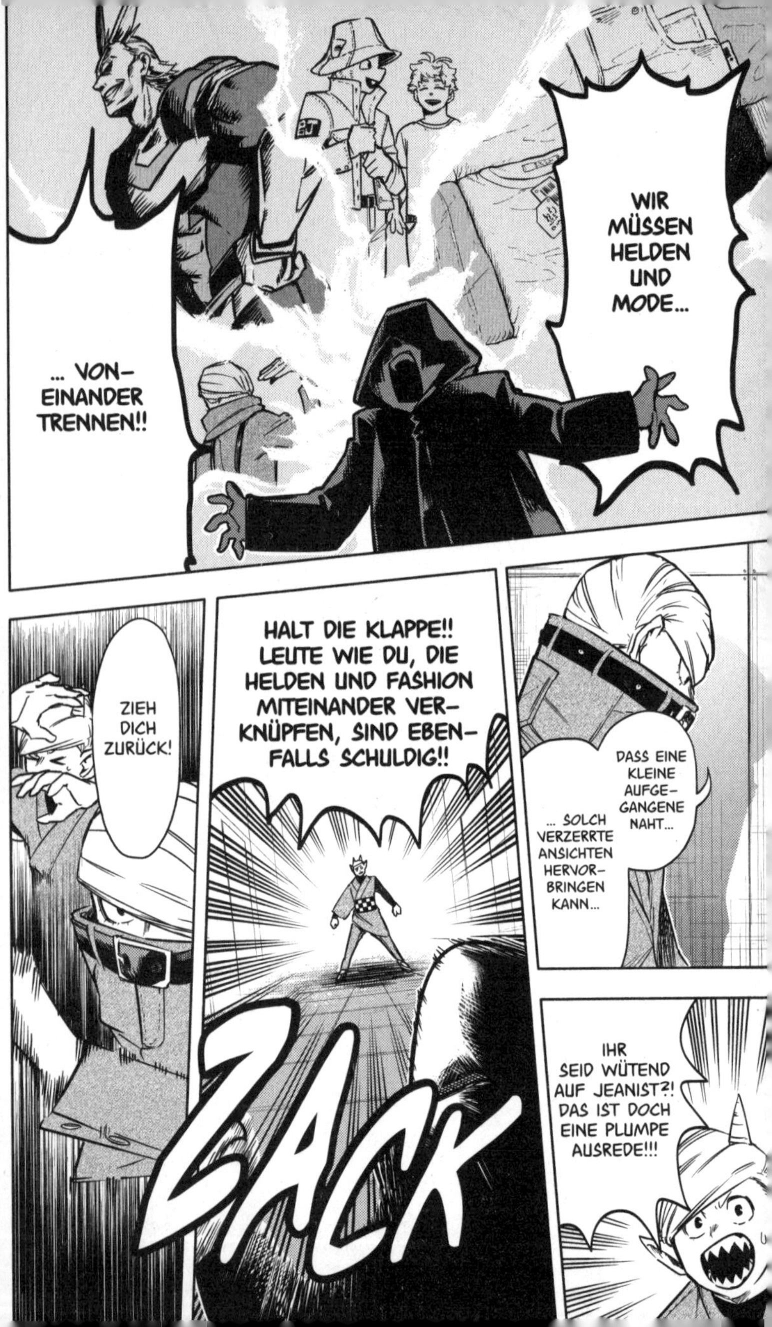
WIR MÜSSEN HELDEN UND MODE...
... VON-EINANDER TRENNEN!!
DASS EINE KLEINE AUFGE-GANGENE NAHT...
... SOLCH VERZERRTE ANSICHTEN HERVOR-BRINGEN KANN...
HALT DIE KLAPPE!! LEUTE WIE DU, DIE HELDEN UND FASHION MITEINANDER VER-KNÜPFEN, SIND EBEN-FALLS SCHULDIG!!
ZIEH DICH ZURÜCK!
IHR SEID WÜTEND AUF JEANIST?! DAS IST DOCH EINE PLUMPE AUSREDE!!!
ZACK

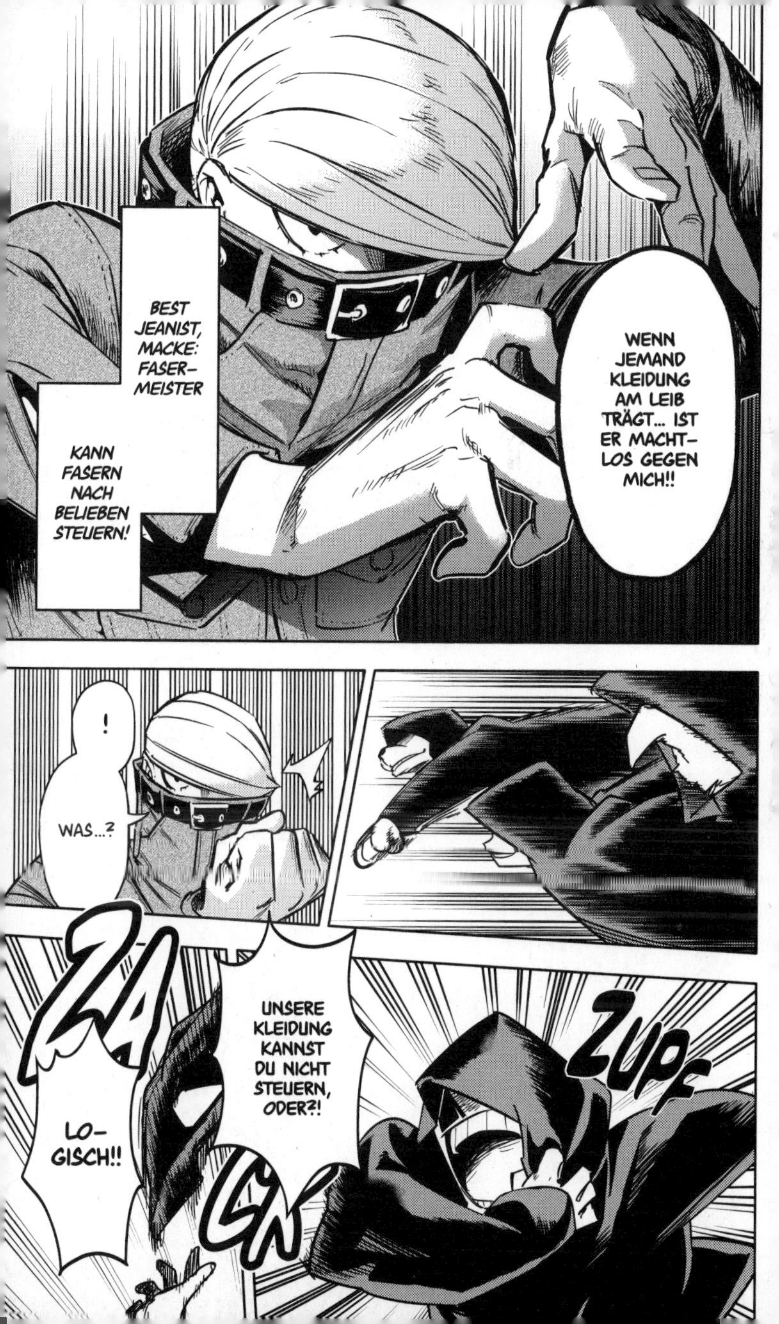
WENN JEMAND KLEIDUNG AM LEIB TRÄGT... IST ER MACHTLOS GEGEN MICH!!
BEST JEANIST, MACKE: FASER-MEISTER
KANN FASERN NACH BELIEBEN STEUERN!
!
WAS...?
ZUPF
UNSERE KLEIDUNG KANNST DU NICHT STEUERN, ODER?!
LO-GISCH!!
ZACK

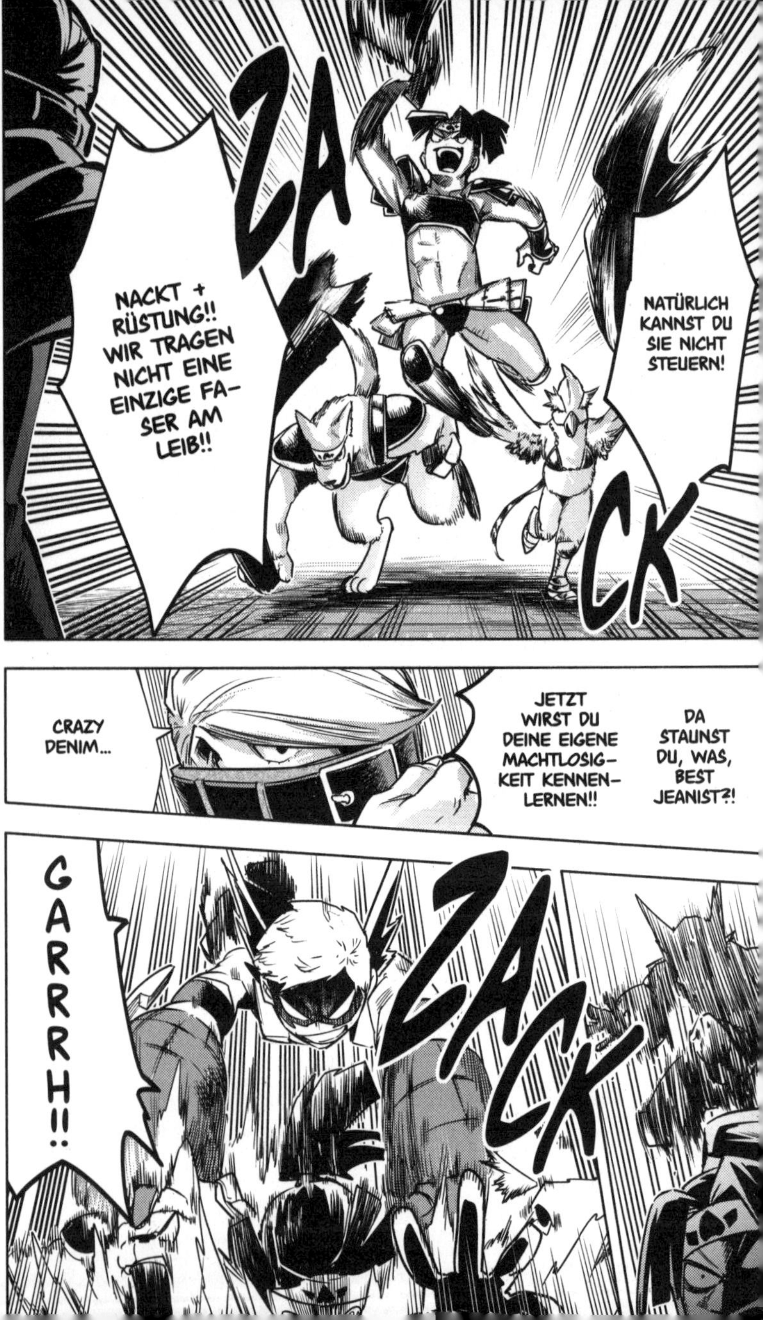
ZA
CK
NATÜRLICH KANNST DU SIE NICHT STEUERN!
NACKT + RÜSTUNG!! WIR TRAGEN NICHT EINE EINZIGE FA-SER AM LEIB!!
DA STAUNST DU, WAS, BEST JEANIST?!
JETZT WIRST DU DEINE EIGENE MACHTLOSIG-KEIT KENNEN-LERNEN!!
CRAZY DENIM...
ZACK
GARRRH!!

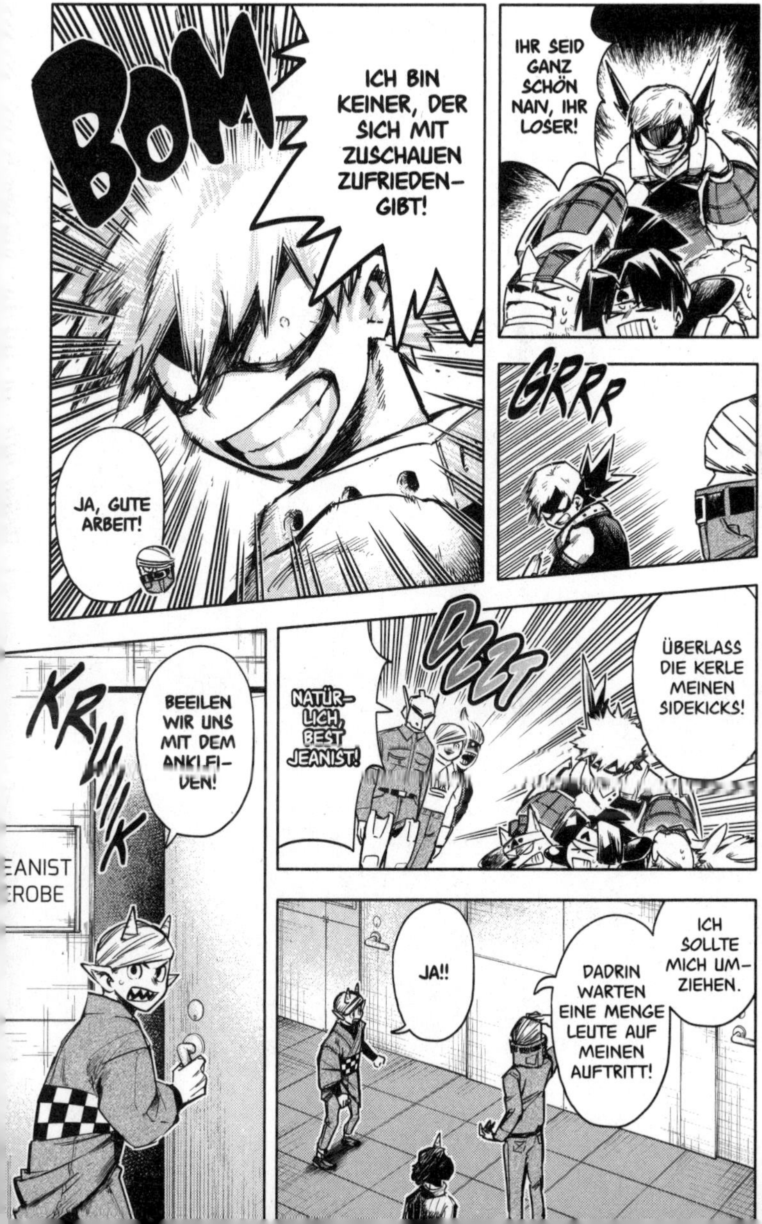
IHR SEID GANZ SCHÖN NAIV, IHR LOSER!
GRRR
BOM
ICH BIN KEINER, DER SICH MIT ZUSCHAUEN ZUFRIEDENGIBT!
JA, GUTE ARBEIT!
ÜBERLASS DIE KERLE MEINEN SIDEKICKS!
DZZT
NATÜRLICH, BEST JEANIST!
KRIIIK
BEEILEN WIR UNS MIT DEM ANKLEIDEN!
EANIST
EROBE
ICH SOLLTE MICH UMZIEHEN.
DADRIN WARTEN EINE MENGE LEUTE AUF MEINEN AUFTRITT!
JA!!

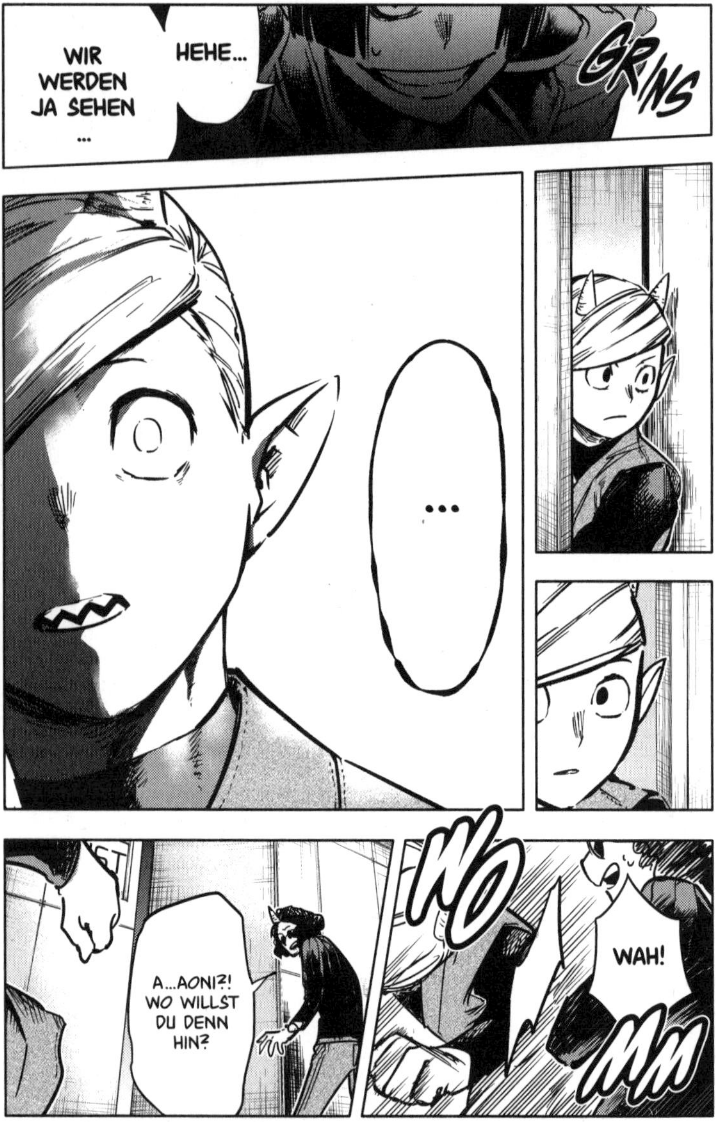
GRINS
HEHE...
WIR WERDEN JA SEHEN ...
...
WAH!
A...AONI?! WO WILLST DU DENN HIN?

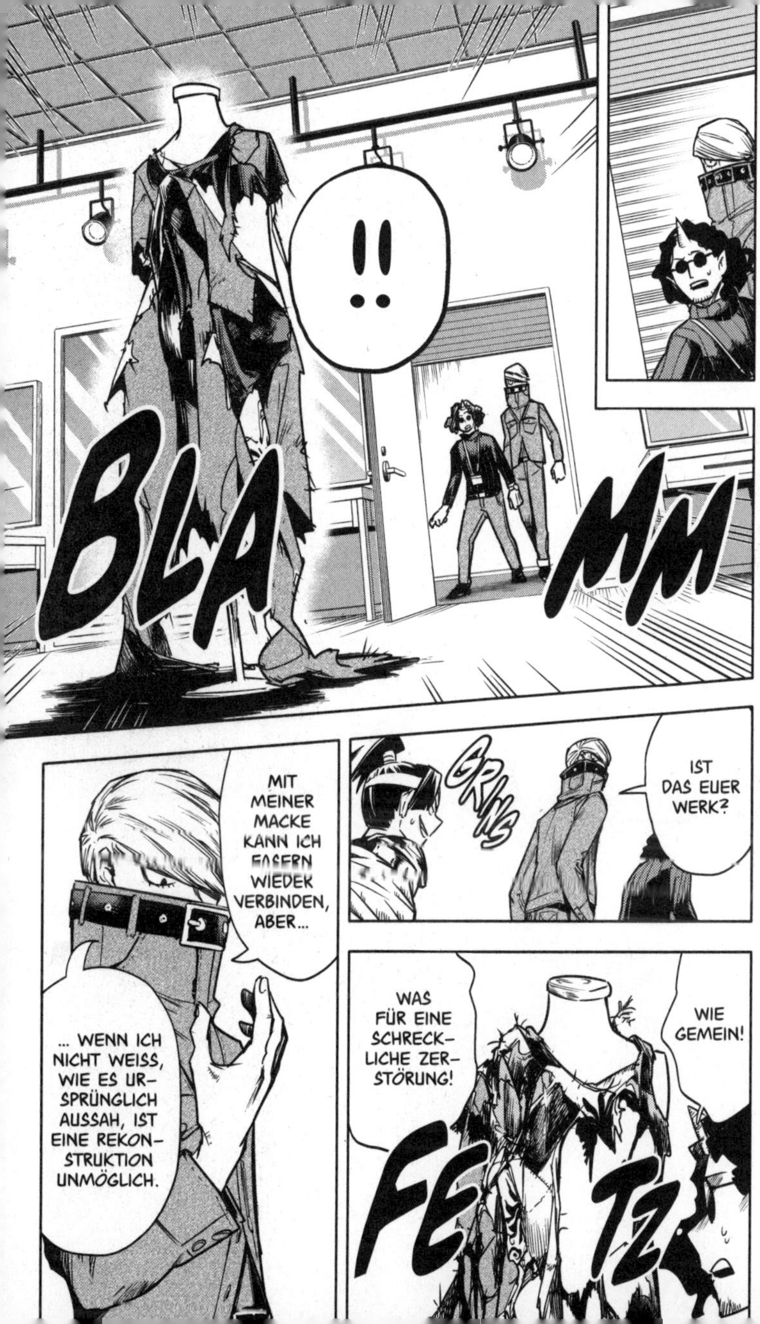
!!
BLAMM
IST DAS EUER WERK?
GRINS
WIE GEMEIN!
WAS FÜR EINE SCHRECKLICHE ZERSTÖRUNG!
FETZ
MIT MEINER MACKE KANN ICH FASERN WIEDER VERBINDEN, ABER...
... WENN ICH NICHT WEISS, WIE ES URSPRÜNGLICH AUSSAH, IST EINE REKONSTRUKTION UNMÖGLICH.

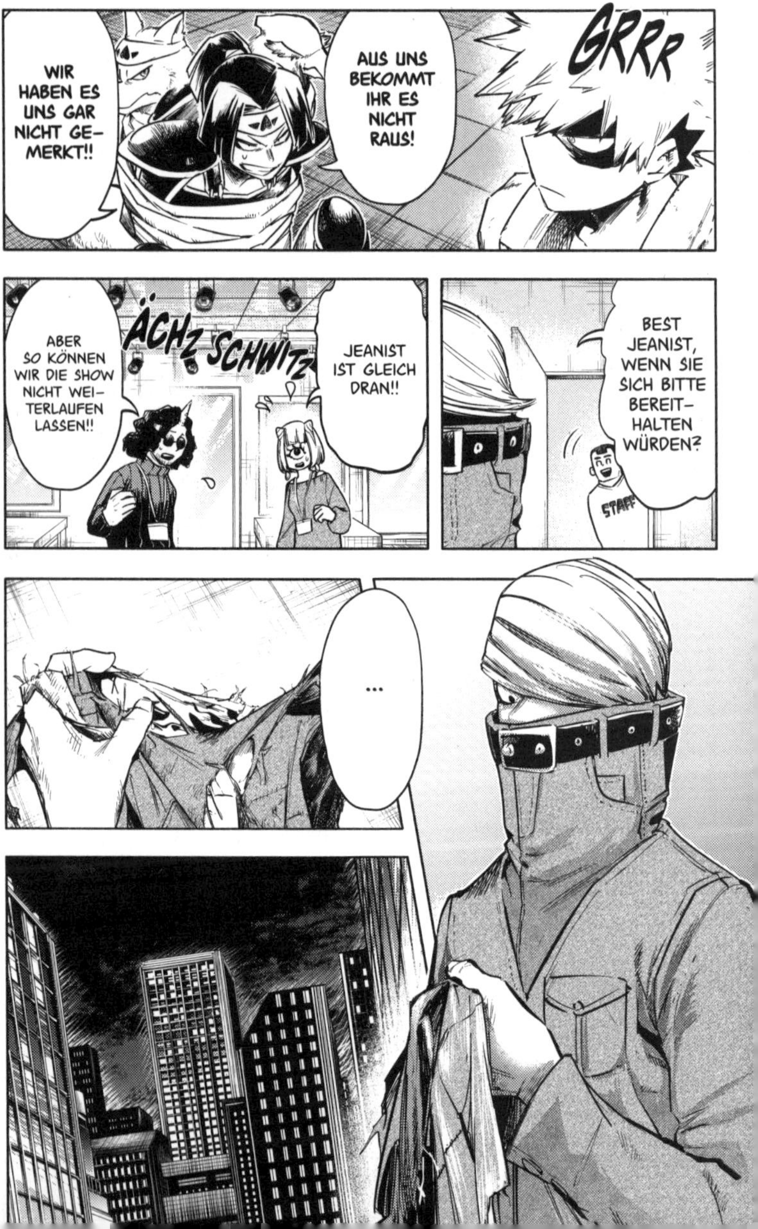
GRRR
AUS UNS BEKOMMT IHR ES NICHT RAUS!
WIR HABEN ES UNS GAR NICHT GE-MERKT!!
BEST JEANIST, WENN SIE SICH BITTE BEREIT-HALTEN WÜRDEN?
STAFF
JEANIST IST GLEICH DRAN!!
ÄCHZ SCHWITZ
ABER SO KÖNNEN WIR DIE SHOW NICHT WEI-TERLAUFEN LASSEN!!
...

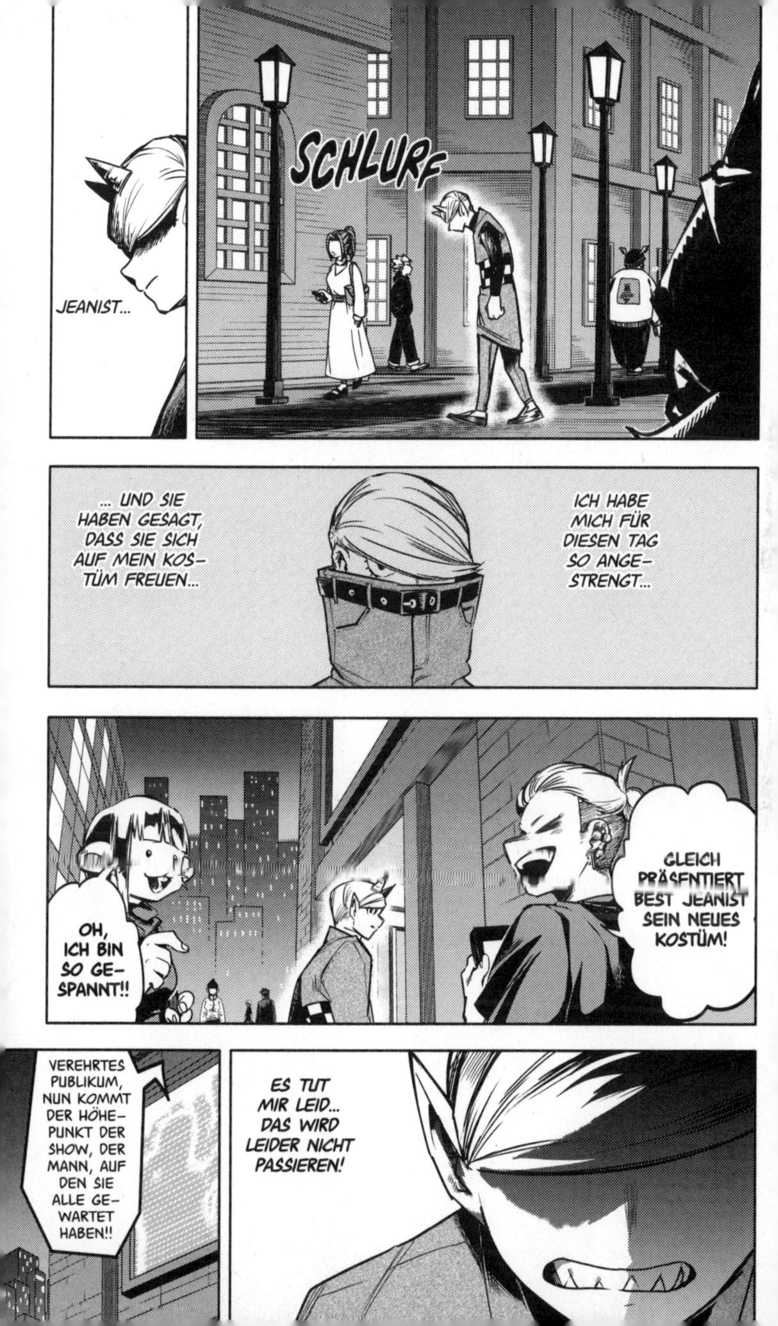

JEANIST...
SCHLURF
... UND SIE HABEN GESAGT, DASS SIE SICH AUF MEIN KOSTÜM FREUEN...
ICH HABE MICH FÜR DIESEN TAG SO ANGESTRENGT...
GLEICH PRÄSENTIERT BEST JEANIST SEIN NEUES KOSTÜM!
OH, ICH BIN SO GESPANNT!!
VEREHRTES PUBLIKUM, NUN KOMMT DER HÖHEPUNKT DER SHOW, DER MANN, AUF DEN SIE ALLE GEWARTET HABEN!!
ES TUT MIR LEID... DAS WIRD LEIDER NICHT PASSIEREN!

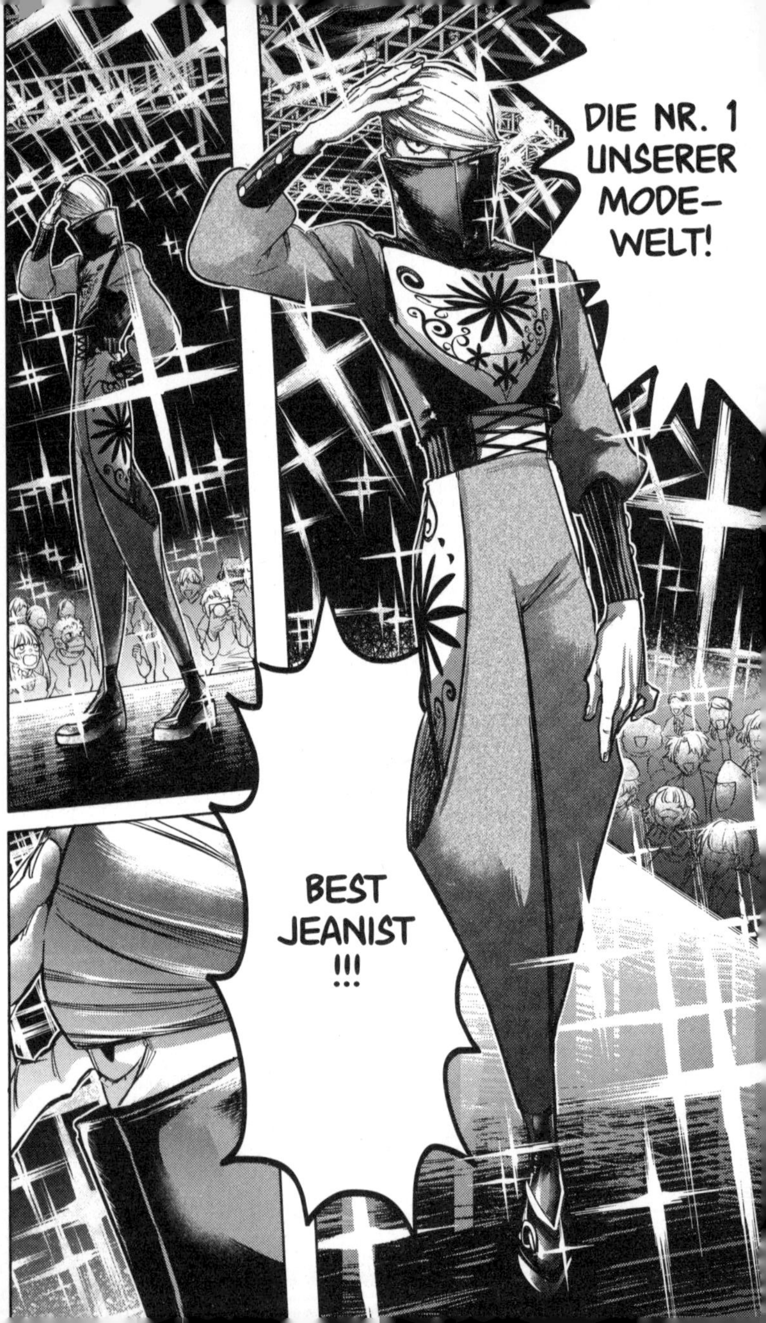
DIE NR. 1 UNSERER MODE-WELT!
BEST JEANIST !!!

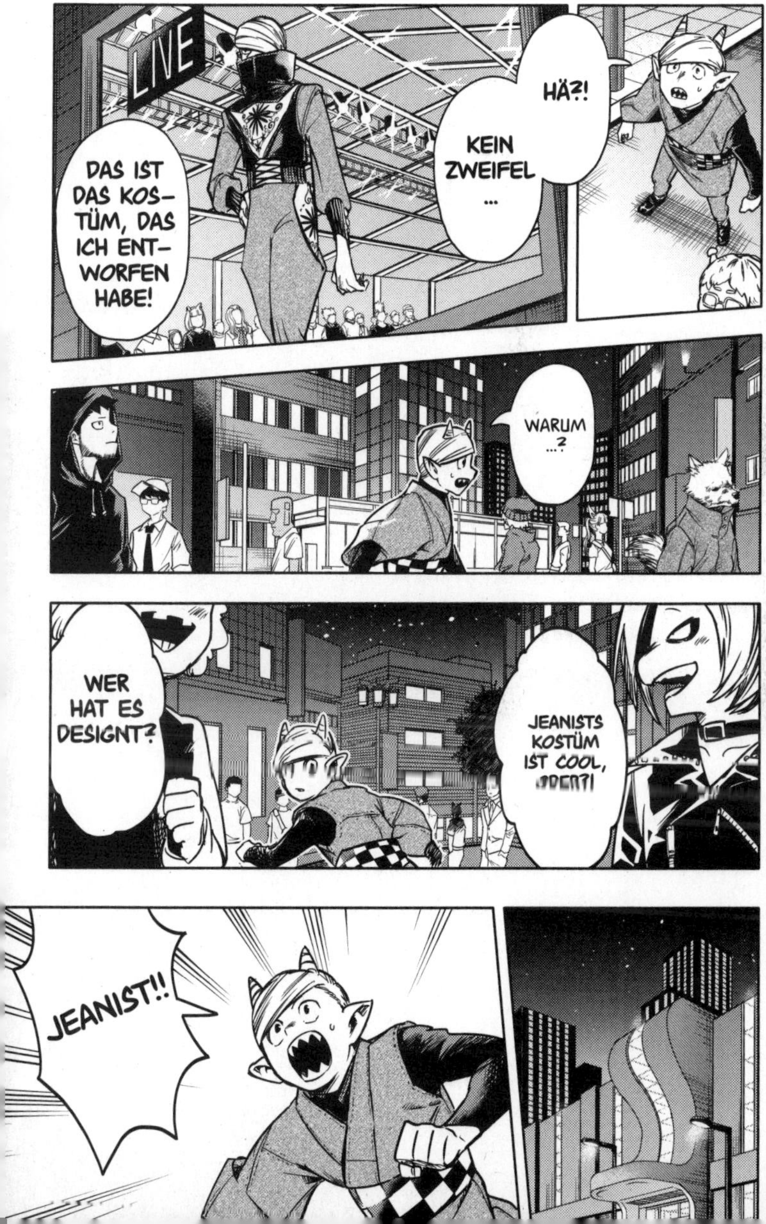
LIVE
HÄ?!
KEIN ZWEIFEL ...
DAS IST DAS KOSTÜM, DAS ICH ENTWORFEN HABE!
WARUM ...?
JEANISTS KOSTÜM IST COOL, ODER?!
WER HAT ES DESIGNT?
JEANIST!!

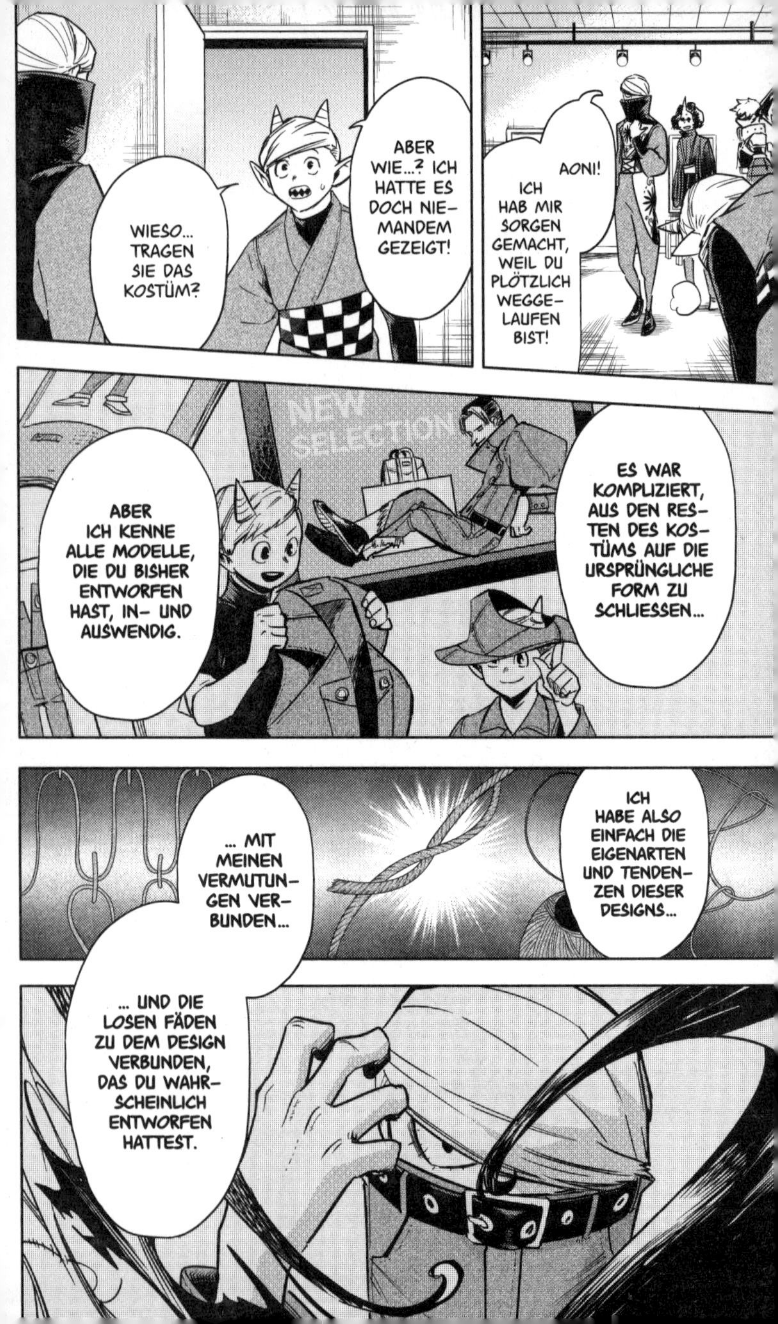
AONI!
ICH HAB MIR SORGEN GEMACHT, WEIL DU PLÖTZLICH WEGGELAUFEN BIST!
ABER WIE...? ICH HATTE ES DOCH NIEMANDEM GEZEIGT!
WIESO... TRAGEN SIE DAS KOSTÜM?
NEW SELECTION
ES WAR KOMPLIZIERT, AUS DEN RESTEN DES KOSTÜMS AUF DIE URSPRÜNGLICHE FORM ZU SCHLIESSEN...
ABER ICH KENNE ALLE MODELLE, DIE DU BISHER ENTWORFEN HAST, IN- UND AUSWENDIG.
ICH HABE ALSO EINFACH DIE EIGENARTEN UND TENDENZEN DIESER DESIGNS...
... MIT MEINEN VERMUTUNGEN VERBUNDEN...
... UND DIE LOSEN FÄDEN ZU DEM DESIGN VERBUNDEN, DAS DU WAHRSCHEINLICH ENTWORFEN HATTEST.

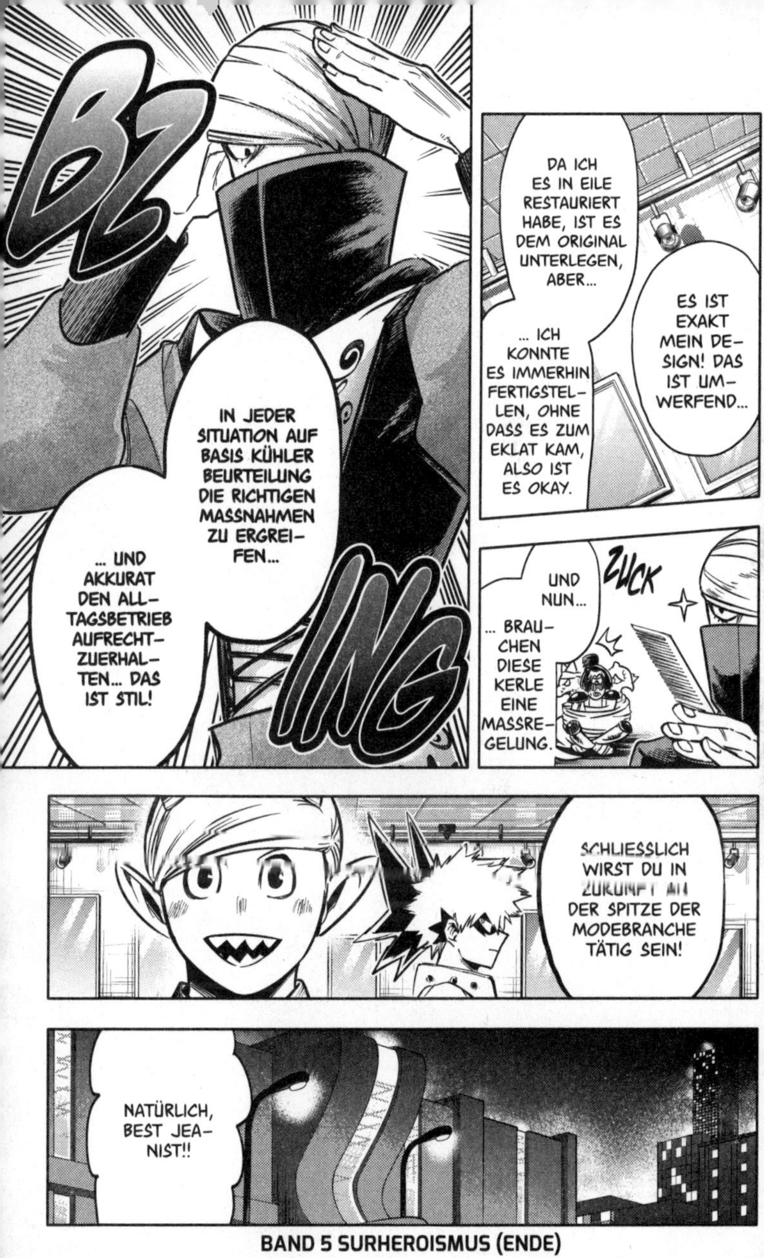

BAND 5 SURHEROISMUS (ENDE)

NACHWORT

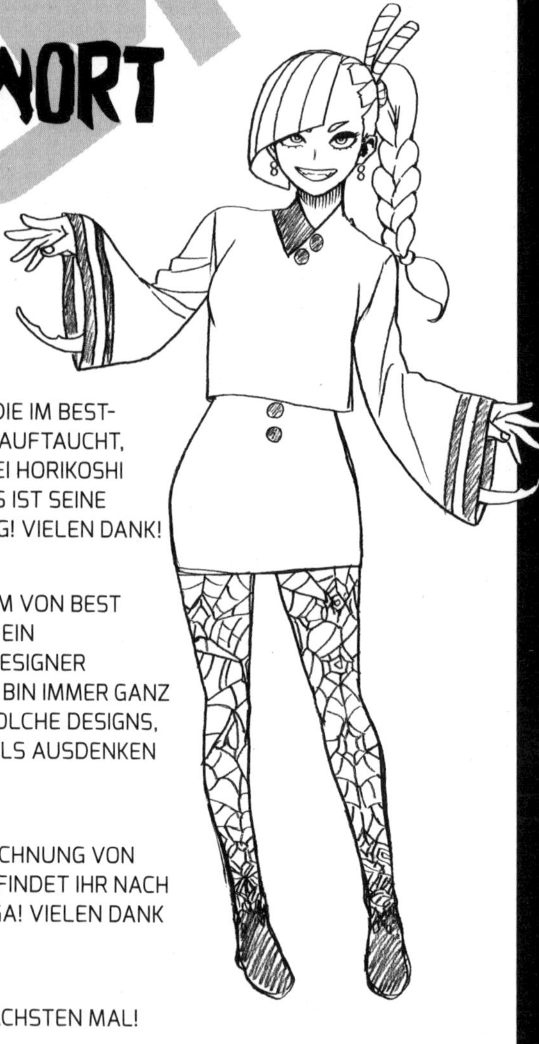

DESIGNERIN
SASORI NIMARU

SASORI NIMARU, DIE IM BEST-JEANIST-KAPITEL AUFTAUCHT, WURDE VON KOHEI HORIKOSHI ENTWORFEN. DIES IST SEINE DESIGNZEICHNUNG! VIELEN DANK!

AUCH DAS KOSTÜM VON BEST JEANIST HAT SICH EIN BEFREUNDETER DESIGNER AUSGEDACHT. ICH BIN IMMER GANZ GESPANNT AUF SOLCHE DESIGNS, DIE ICH MIR NIEMALS AUSDENKEN KÖNNTE!

DIE ERSEHNTE ZEICHNUNG VON KOHEI HORIKOSHI FINDET IHR NACH DEM BONUSMANGA! VIELEN DANK AUCH DAFÜR!

ALSO, BIS ZUM NÄCHSTEN MAL!

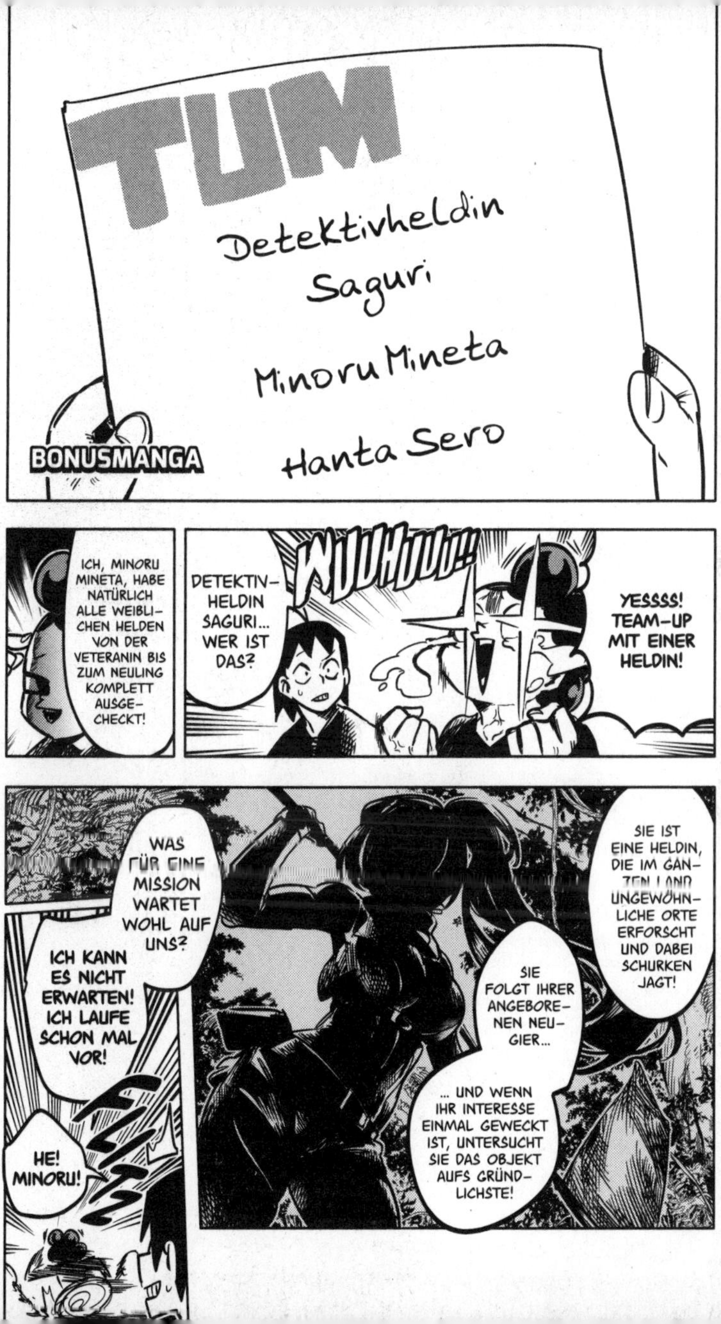
TUM
Detektivheldin Saguri
Minoru Mineta
Hanta Sero
BONUSMANGA
WUUHUUU!!
YESSSS! TEAM-UP MIT EINER HELDIN!
DETEKTIV-HELDIN SAGURI... WER IST DAS?
ICH, MINORU MINETA, HABE NATÜRLICH ALLE WEIBLICHEN HELDEN VON DER VETERANIN BIS ZUM NEULING KOMPLETT AUSGECHECKT!
SIE IST EINE HELDIN, DIE IM GANZEN LAND UNGEWÖHNLICHE ORTE ERFORSCHT UND DABEI SCHURKEN JAGT!
SIE FOLGT IHRER ANGEBORENEN NEUGIER...
... UND WENN IHR INTERESSE EINMAL GEWECKT IST, UNTERSUCHT SIE DAS OBJEKT AUFS GRÜNDLICHSTE!
WAS FÜR EINE MISSION WARTET WOHL AUF UNS?
ICH KANN ES NICHT ERWARTEN! ICH LAUFE SCHON MAL VOR!
HE! MINORU!

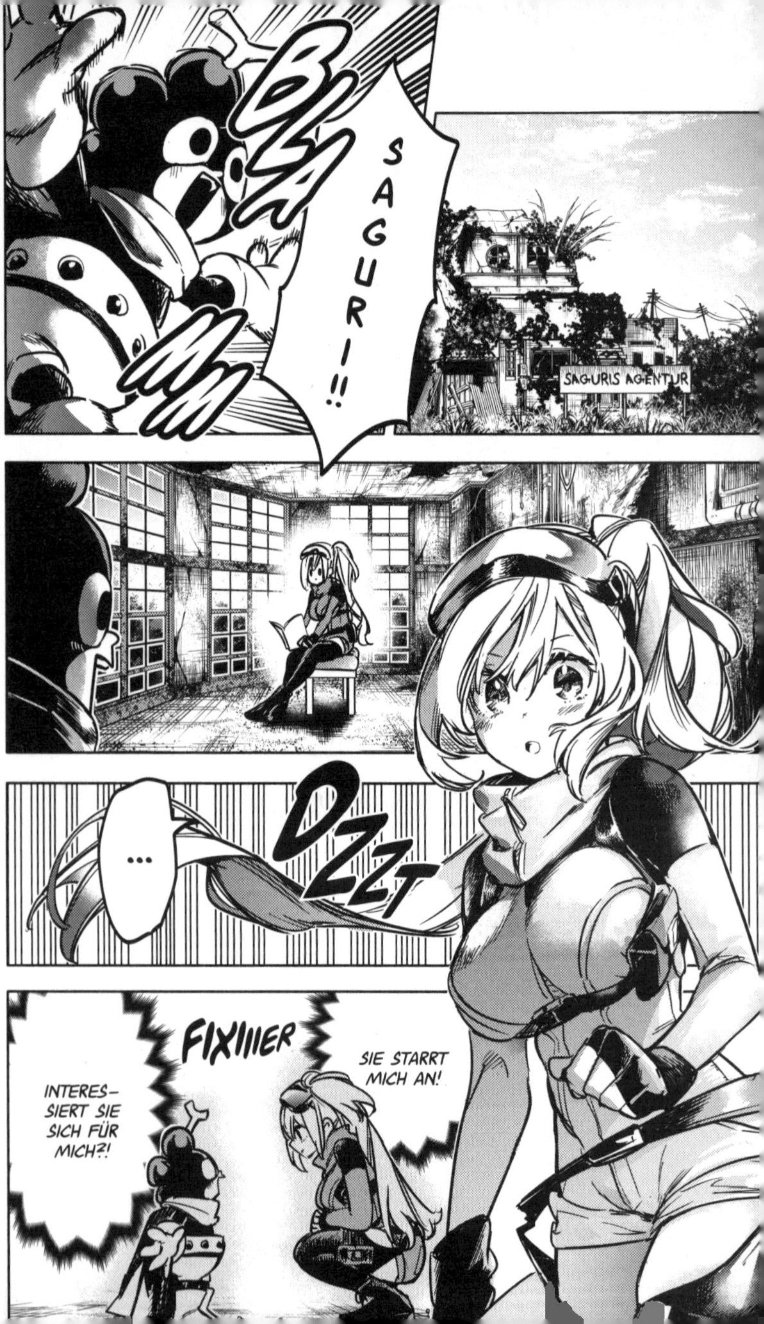
SAGURIS AGENTUR
SAGURI!!
...
DZZT
FIXIIIER
SIE STARRT MICH AN!
INTERES-SIERT SIE SICH FÜR MICH?!

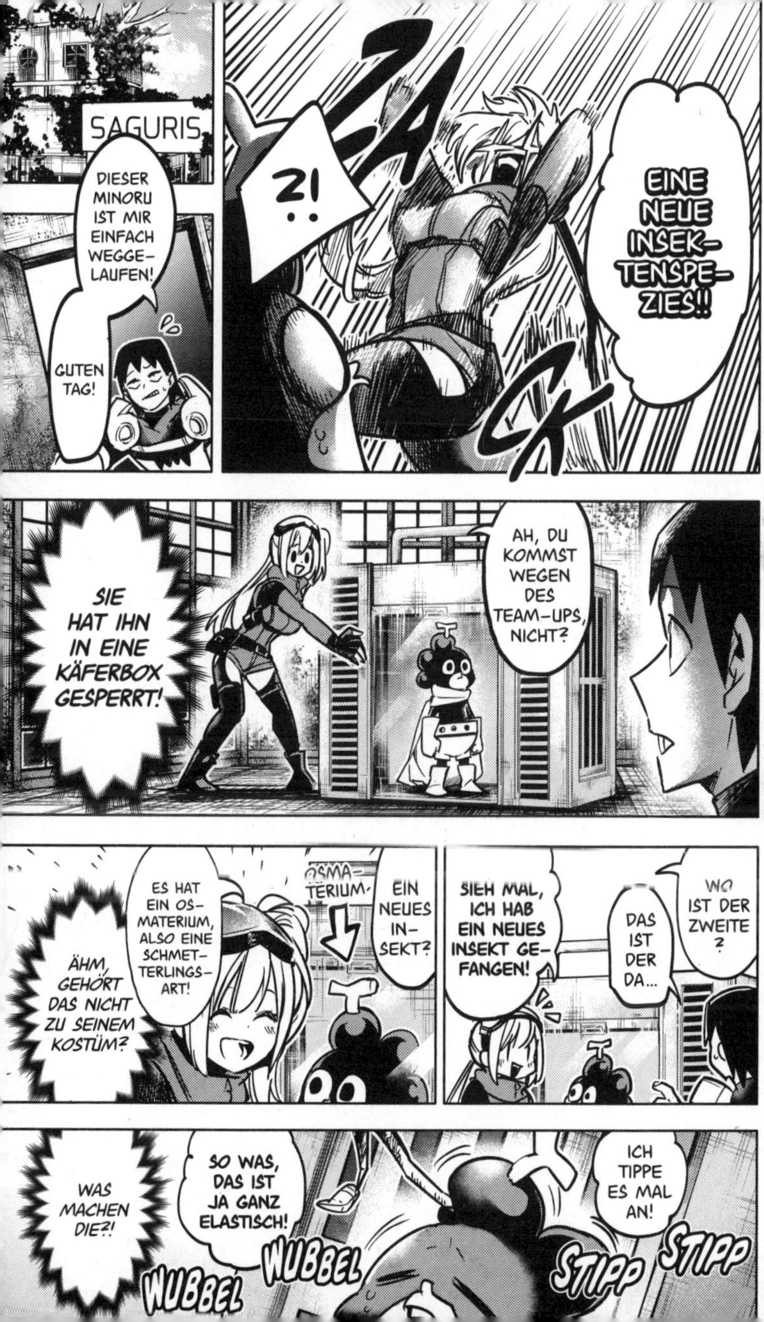
ZACK
Z!
EINE NEUE INSEKTENSPEZIES!!
SAGURIS
DIESER MINORU IST MIR EINFACH WEGGELAUFEN!
GUTEN TAG!
AH, DU KOMMST WEGEN DES TEAM-UPS, NICHT?
SIE HAT IHN IN EINE KÄFERBOX GESPERRT!
WO IST DER ZWEITE?
DAS IST DER DA...
SIEH MAL, ICH HAB EIN NEUES INSEKT GEFANGEN!
EIN NEUES INSEKT?
OSMATERIUM
ES HAT EIN OSMATERIUM, ALSO EINE SCHMETTERLINGSART!
ÄHM, GEHÖRT DAS NICHT ZU SEINEM KOSTÜM?
ICH TIPPE ES MAL AN!
STIPP
STIPP
SO WAS, DAS IST JA GANZ ELASTISCH!
WUBBEL
WUBBEL
WAS MACHEN DIE?!

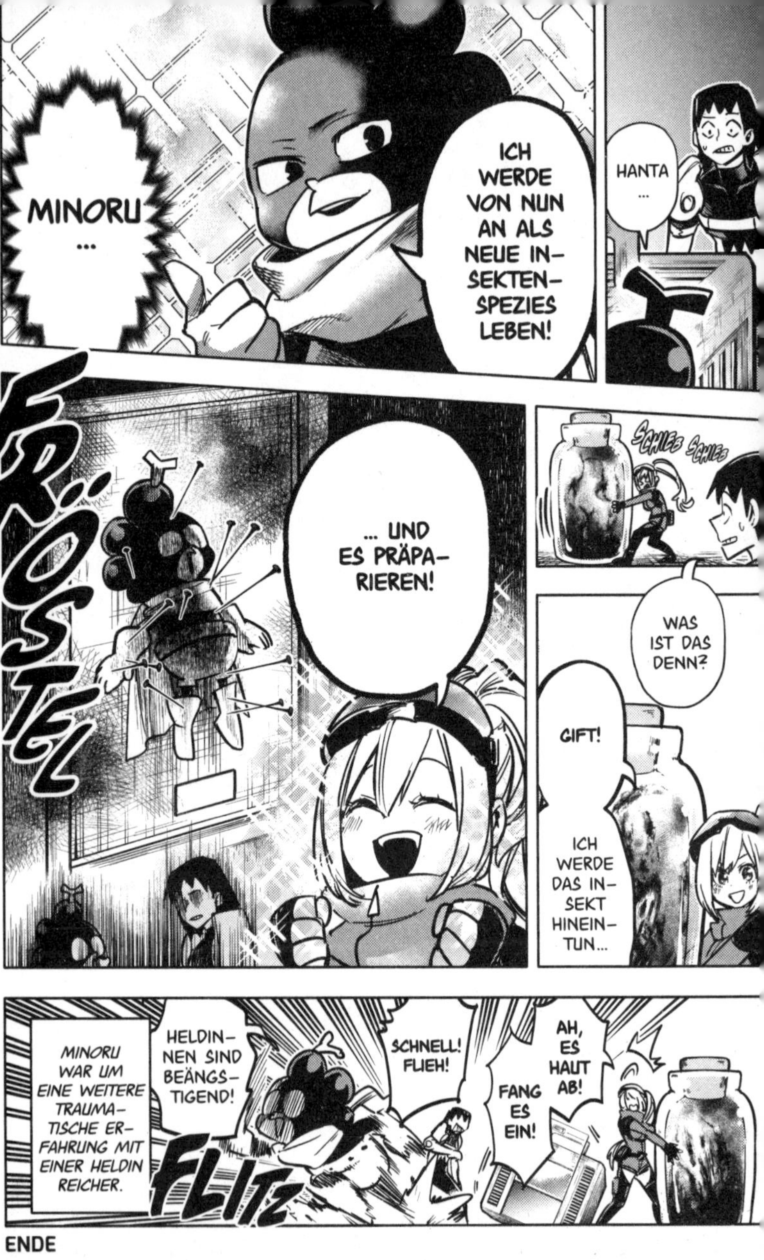
HANTA ...
ICH WERDE VON NUN AN ALS NEUE IN-SEKTEN-SPEZIES LEBEN!
MINORU ...
SCHIEB SCHIEB
WAS IST DAS DENN?
GIFT!
ICH WERDE DAS IN-SEKT HINEIN-TUN...
... UND ES PRÄPA-RIEREN!
FRÖSTEL
AH, ES HAUT AB!
FANG ES EIN!
SCHNELL! FLIEH!
HELDIN-NEN SIND BEÄNGS-TIGEND!
FLITZ
MINORU WAR UM EINE WEITERE TRAUMA-TISCHE ER-FAHRUNG MIT EINER HELDIN REICHER.

ENDE

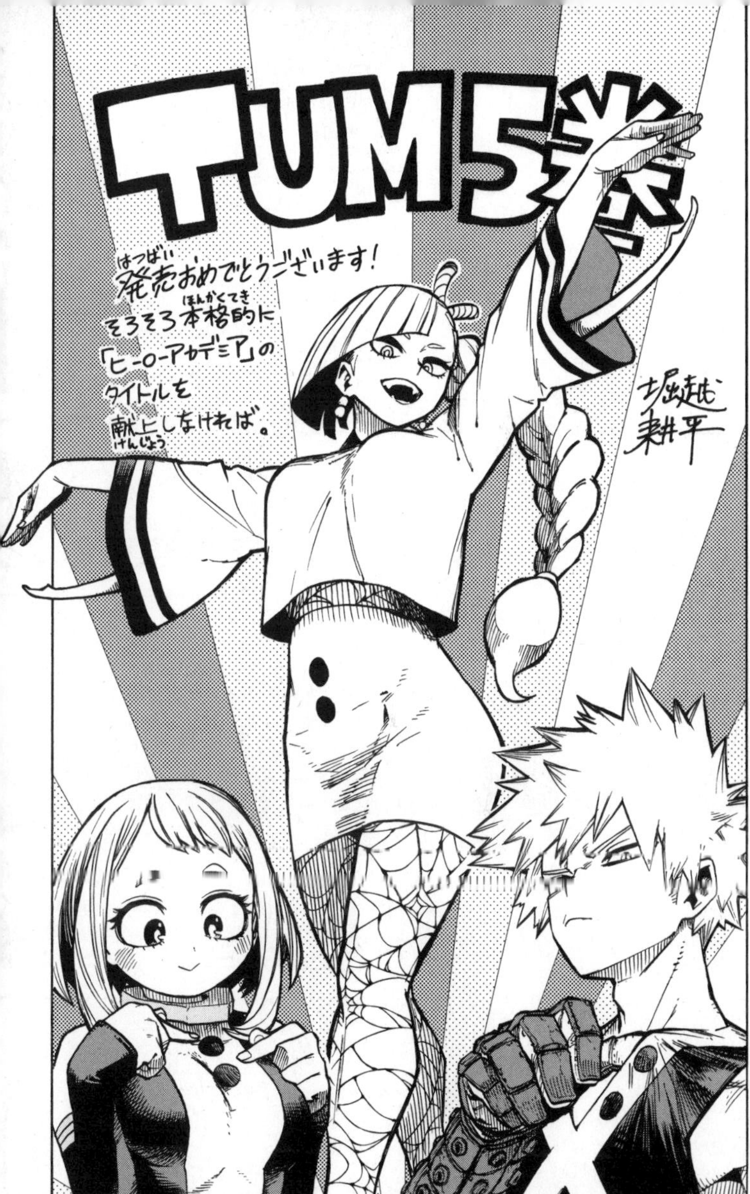

KOHEI HORIKOSHI

MESSAGE from KOHEI HORIKOSHI

HALT!

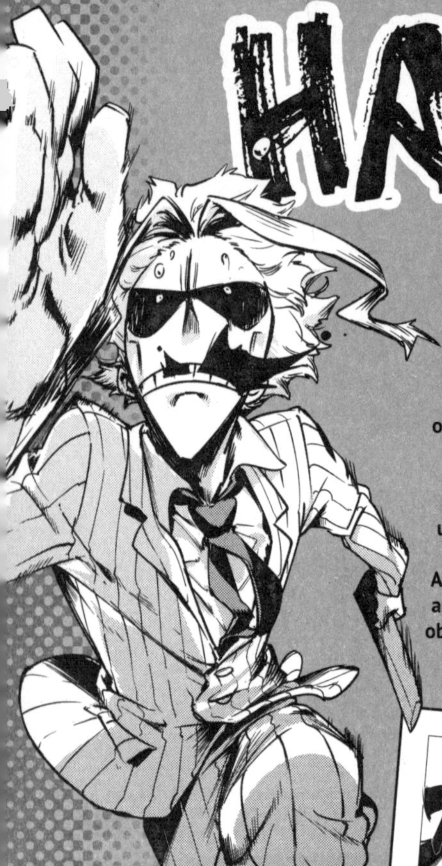

MY HERO ACADEMIA
Team Up Mission

ist eine japanische Serie, die originalgetreu von »hinten« nach »vorne« und von rechts nach links gelesen wird! Schlagt das Taschenbuch also »hinten« auf und blättert Seite für Seite nach »vorne« weiter!
Auch die Bilder und Sprechblasen auf jeder Seite werden von rechts oben nach links unten gelesen, wie es in der Grafik gezeigt wird!
Ihr seid alle Helden!

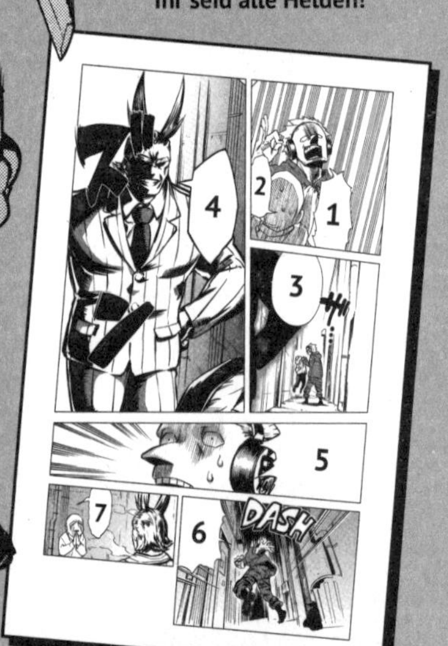